D1598130

LAS
amantes
DEL PODER

SANJUANA MARTÍNEZ

LAS
amantes
DEL PODER

temas 'de hoy.

Diseño de portada: Genoveva Saavedra / acidita diseño
Fotografía de portada: Shutterstock
Fotografía de autora: © Marina Taibo

© 2014, Sanjuana Martínez

Derechos reservados

© 2014, Editorial Planeta Mexicana, S.A. de C.V.
Bajo el sello editorial TEMAS DE HOY^{M.R.}
Avenida Presidente Masarik núm. 111, 2o. piso
Colonia Chapultepec Morales
C.P. 11570, México, D.F.
www.editorialplaneta.com.mx

Primera edición: abril de 2014
ISBN: 978-607-07-2112-0

También disponible en e-book

Impreso en los talleres de Litográfica Ingramex, S.A. de C.V.
Centeno núm. 162-1, colonia Granjas Esmeralda, México, D.F.
Impreso y hecho en México / *Printed and made in Mexico*

A semejanza de ciertas especies de animales donde el macho sólo es útil en el momento de la procreación, el marido en México, después de haber fecundado a la mujer, suele evadirse del hogar, del que huye para fundar otro que a su vez abandonará para fundar otro y así hasta la vejez.

—ROSARIO CASTELLANOS

Índice

Prólogo

TODO CABE EN UN JARRITO sabiéndolo acomodar. Podríamos acomodar el dicho a las relaciones amorosas. Sobre todo a la práctica, patrón común, de la amante o la casa chica, institución que bien sabemos tuvo su época dorada en las décadas posrevolucionarias, siendo su exponente más visible Maximino Ávila Camacho. Y aunque los tiempos han cambiado y la corrección política no empata con las mujeres en papeles de segunda o resignaciones de primera, el acomodo en el jarrito se sigue dando. Resulta más fácil o hasta conveniente si los involucrados pertenecen a las esferas del poder. ¿Quién dijo que la monogamia era un asunto fácil o natural? De alguna manera la institución del matrimonio, el "hasta que la muerte nos separe", forzó la salida en la bigamia o el adulterio. Una ilegalidad aceptada socialmente por mucho tiempo y hasta aplaudida cuando de ellos, los de los reflectores, presidentes, gobernadores, senadores, etc., se ha tratado. Fulano anda con mengana, mengana generalmente más joven que la esposa, pieza para lucir, tesorito que ponía medallas al mandatario o empresario (o dinosaurio). Un adulterio de marquesina. La clandestinidad expuesta como si ese secreto a voces nos diera a los ciudadanos complicidad y asombro. La esposa, generalmente una figura de porcelana, está en la vitrina de la oficialidad; la otra entre las sábanas de la pasión. La una supervisando las enfrijoladas de la merienda de los hijos, la otra comprando la ropa interior para el encuentro por la noche. Dos extremos de la misma ecuación.

Dice la investigadora Estrella Zúñiga Zenteno, quien titula su tesis doctoral *La casa chica en Chiapas*, que "se trata de una práctica normal y no transgresiva; la casa chica no es denunciable y no constituye una causal de divorcio". También sostiene que para mantener a la familia mexicana, esa cara de la normalidad, la existencia de "la otra" se volvió una práctica aceptada. Pareciera que lo ilegal sirviera para los fines loables de la sanidad familiar. El jarrito aguanta porque al poderoso no le van a hacer el sainete que lo rasgue y ponga en juego ese lugar que ocupa como artífice de los destinos emocionales de sus más cercanos. Al fin y al cabo él manda. Y si ella manda, porque también lo hace, sabe muy bien mover los hilos sutiles del poder íntimo y doméstico.

Sanjuana Martínez ha escogido un tema punzante; con su manera de asumir el compromiso del periodista, con su interés por indagar en el abuso del poder, pone en la hoguera de las vanidades (parafraseando a Tom Wolfe) relaciones sentimentales que han ocupado los espacios noticiosos y han sido sustento de la comidilla popular, que se solaza en ver cómo hasta los intocables tienen su corazoncito, pero también cómo siguen usando el látigo de su omnipotencia para que, caiga quien caiga, las cosas se acomoden a su gusto. Se compran jueces, se acaban amores que se juraban pasión inextinguible, se roban hijos, se niegan otros. Un tablero de estrategias de poderosos donde la familia y los afectos son un coto más de lo que se gobierna "como debe ser".

De las páginas del escándalo, de aquella foto en los periódicos que no olvidaremos donde Rosario Robles y la esposa de Carlos Ahumada esperaban en el reclusorio el turno de visita, Sanjuana habrá de investigar y revelar, de mostrar —como hacen la narrativa y el periodismo contemporáneo— para que el lector elabore sus conclusiones, que haga su propio juicio. Se trata de los hilos finos y vulnerables de las relaciones sentimentales, se trata del afecto filial, de la permanencia conyugal o de —como parece ser en estos días— que permanezca la figura de poder, con un nuevo adorno oficializado. Los chicharrones truenan, pero no los de todos. Aún sigue siendo el aplauso para ellos, la bigamia es prerrogativa de él, aceptación de ella. Quizás uno de los sucesos más indignantes, por el claro ejercicio del poder que contraviene las leyes que han privilegiado la custodia de los hijos por parte de las madres, es el del que puede despojar a la madre del derecho siquiera a verlos; cuando muchísimos padres llevan años luchando en los tribunales por la posibilidad de seguir viendo a los hijos. Con dinero baila el perro, y aunque músico pagado toca mal son, en estos casos se afinan y ufanan en la pista de baile.

Juegos de poder, donde el derecho a "poseer" implica acatar las reglas de uno u otro. Segundas o terceras mujeres que desconocen el derecho de los hijos anteriores a vivir en la nueva familia. Hijos secuestrados por las pugnas sentimentales, por las herencias que se fraguan en embestidas nocturnas; usados para obtener lo que se quiere. Historias que todos conocemos y que no sólo están en la esfera de las figuras públicas, pero que con ellas nos dan una lectura más clara de la realidad.

Sanjuana Martínez sabe tejer tinta desde los cotos de lo privado para enseñarnos un mundo desdentado. Esta vez ha escogido el espacio de los afectos y las diletancias de la intimidad. Un terreno donde no se pelean escaños políticos sino se labran o debieran labrarse complicidades emocionales. Ya Shakespeare nos había revelado lo que la ambición y la traición pueden hacer cuando la propia madre de Hamlet, ensabanada con el tío, mata a su marido, el rey. ¿Qué podemos hacer simples mortales ante los tableros del poder? Esperar el jaque. Mientras tanto, las palabras y la mirada de Sanjuana nos disponen a ocupar nuestro lugar en la tribuna. Observemos cómo se mueven las piezas y cuándo. Y lamentemos los añicos sentimentales, la impiedad con el amor.

MÓNICA LAVÍN

Introducción

Lo personal es político

> *La psicología del adulterio ha sido falsificada*
> *por la moral convencional, que excluye,*
> *en los países monógamos, que la atracción*
> *de una persona puede coexistir*
> *con el amor a otra.*
> *Todo el mundo sabe que esto es falso.*
> —BERTRAND RUSSELL

¿CUÁNDO DEJA DE SER PRIVADA la vida de un ser humano para convertirse en pública? Durante siglos la dicotomía entre público y privado ha servido para que el grupo dominante mantenga el control. Ese grupo ha defendido como vida privada los distintos tipos de violencia ejercida en casa, argumentando que lo que ocurre puertas adentro sólo compete al núcleo familiar.

El feminismo de los años 60 y 70 enarboló el lema "Lo personal es político" y fue Kate Millet quien analizó en su tesis doctoral *Sexual Politics* el patriarcado como un sistema de dominación autónomo y misógino, y denunció la misoginia y el heterosexismo de "grandes" hombres; una perspectiva teórica que profundiza en la filosofía política y las ciencias sociales.

A pesar de la intensa lucha de las feministas, aún se sigue creyendo que lo hecho por un hombre en su vida privada no debe incidir en su vida pública. Así conocemos decenas de Pro Hombres enaltecidos como ejemplo de virtudes en su espacio público, pero auténticos agresores en su vida privada. Sus abusos de carácter individual o familiar son un "secreto a voces" y se conocen sus infidelidades, adulterios, actos mezquinos, antiéticos e incluso delictivos, pero casi nadie dice ni hace nada, bajo un simple argumento: "Eso es personal".

La vulnerabilidad de quienes están bajo su dominio se multiplica cuando se trata de hombres públicos con poder: presidentes, senadores, diputados, ministros, funcionarios, policías, empresarios... Son ellos los que utilizan ese poder para dañar particularmente a quienes han sido sus parejas, amantes, esposas, compañeras.

Y es que en México los derechos de las mujeres aún están sometidos a una multiplicidad de poderes y dominios. La teoría parece ofrecernos todo tipo de garantías de igualdad ante la ley, pero en la práctica ello es una simulación y más cuando se trata de enfrentar los abusos de un hombre con poder. El Estado traiciona así su deber de acceso a la justicia y fracasa ante las exigencias de independencia e imparcialidad.

El "hogar" se ha considerado erróneamente un espacio de privacidad que carece de interés público y por tanto se ha creído que no está justificada la intervención del Estado. Pero es allí donde tiene lugar todo tipo de abusos, los cuales favorecen a los poderosos y golpean a los débiles. Al relegar a las mujeres y sus problemas al "hogar", se encubre también a los abusadores. Sin embargo, por lo general, lo que ocurre en lo privado, en la familia, tiene claramente consecuencias de un modo u otro en el ámbito social.

La política que debería defender los valores democráticos de igualdad y justicia es, para este tipo de hombres, un instrumento que les permite consumar venganzas personales sin pudor alguno, sabiendo que todo quedará en el contexto de lo privado y que podrán seguir gozando de impunidad. El velo de silencio y complicidad se extiende alrededor: compañeros, familiares, subalternos, jefes y una buena parte de la sociedad prefieren mirar hacia otro lado.

Es aquí donde hay que desarticular la dicotomía de lo público-privado, tal y como lo ha hecho un grupo de mujeres desde hace varias décadas bajo el mismo lema: "Lo personal es político". La desarticulación pretende romper el esquema de dominación de este tipo de hombre para eliminar las jerarquías de valores entre ambos polos: casa y calle; alcoba y despacho; imagen pública y hogar.

Cuando un hombre utiliza su poder, dinero o influencias para manipular la justicia o ejercer su superioridad sobre otra persona, está justificada su exhibición. La esfera pública y la esfera privada se funden. El hombre público aparece así con todos sus claroscuros, una gran distancia separa su imagen pública y la realidad. Algo que nos hace recordar la novela de Robert Louis Stevenson, *El extraño caso del doctor Jekyll y el señor Hyde*. Es como si se tratara de una doble personalidad; a veces tan extrema que, por más extraordinarias que hayan sido sus aportaciones a la humanidad, la parte oscura personal de este tipo de hombres supera toda su parte luminosa pública.

A pesar de ello, las víctimas son invisibilizadas y, lo que es peor, revictimizadas. La reacción de un espectro conservador de la sociedad es de condena. Las voces que critican a aquellas mujeres que rompieron el cerco de silencio para alzar la voz y denunciar lo que padecían argumentan que ellas son en parte responsables. Les adjudican la culpa de lo que viven. Y las rechazan porque a su juicio abrieron su intimidad, sus problemas personales, a la opinión pública.

Sin embargo, esos problemas "personales" son los problemas de todas las mujeres. Así surgió la solidaridad y la lucha colectiva, por problemas "personales" como la discriminación, la violencia familiar, el abuso de poder, la corrupción judicial, los delitos sexuales o la asignación de roles femeninos equivocados en la familia y el trabajo. Por tanto, las relaciones mujer-hombre son políticas cuando se establecen desde el poder y el dominio. Es así como Millet habla de "política sexual" y analiza el carácter patriarcal de las costumbres sexuales desde las estructuras de dominación que, consecuentemente, están marcadas por la política.

El poder, a la luz de la reflexión de Michel Foucault, tiene múltiples dimensiones, porque está presente en todos los niveles de la sociedad, en la vida pública y privada. "El poder se ejerce y es inherente a toda acción social", dice, y se expresa con la misma dicotomía: dominantes y dominados, explotadores y explotados.

En una sociedad machista como la mexicana, una forma de excluir a las mujeres de la igualdad es precisamente manteniendo sus problemas en la esfera privada doméstica, mientras que, en general, es el varón el que ostenta la "propiedad privada". Se trata de la privatización de la mujer. Sin una mujer privatizada no existiría el hombre público. Un hombre que en ocasiones se niega a aceptar que las violaciones a los derechos humanos y la violencia intrafamiliar producidas en el ámbito personal no es un asunto privado, sino público, y debe ser atendido por las instituciones y el poder judicial de manera imparcial.

Las amantes del poder indaga en el lado oscuro del hombre público para reivindicar el derecho de las mujeres a exhibir a esos *pater familias* mezquinos y golpeadores, capaces de cometer un delito de abuso de poder con el fin de dañarlas a ellas y a sus propios hijos. Un hombre que en la vida privada es un abusador no puede ser bueno en ninguna de sus facetas públicas. Ambos lados —personal y público— están unidos de manera indisoluble y de su actuar debe haber consecuencias en el orden social.

Este libro busca redefinir el sitio de la mujer frente a los hombres de poder. Pretende romper esa estructura que hace parecer normal el sometimiento de las mujeres. Es un ejercicio emancipador para reivindicar su derecho a la igualdad, rechazar esa dicotomía entre dominantes y dominados. Es importante que el hogar deje de considerarse espacio de privacidad cuando en él se abusa y se ejerce de muy distintas formas el poder masculino, incluido el sexual. Sólo haciendo públicos los abusos la mujer podrá salir de ese contexto de violencia.

Los ocho casos que aquí se incluyen muestran a hombres importantes en su carácter público, pero con un comportamiento seriamente cuestionable en lo personal. Son casos de interés general que han sido discutidos públicamente, pero sin ir a mayor profundidad, sin detenerse en las consecuencias que ellas han padecido a raíz de los abusos y que en ocasiones las han dañado aún más.

Fue difícil seleccionarlos. Abundan ejemplos en todos los partidos y en cualquier clase de ideología o religión. Aquí no importa si los personajes son de izquierda, centro o derecha; todos por igual pueden volverse agresores en su vida privada, manteniendo el *statu quo* de su vida pública. En todas las historias que aquí se presentan hay amor, desamor, infidelidad, violencia, mentiras, traiciones. Un laberinto de pasiones que encierra juegos de poder, mafias o complots. Estas relaciones de pareja incluso han influido en el destino del sistema político mexicano. Y en todas se aporta algo novedoso en la investigación periodística gracias a testimonios, entrevistas, expedientes judiciales, grabaciones, fotografías.

El libro inicia con el paradigmático caso de Enrique Peña Nieto, un hombre que fue cambiando de esposa, pero no de amante. Y que utiliza su poder no sólo para atacar jurídicamente a su ex pareja, sino para desatender a su propio hijo legítimo, que se encuentra excluido, marginado y discriminado en su entorno personal y público. Un sector de la sociedad parece considerar normal dicha exclusión, aun la actual esposa del mandatario, pero en realidad se trata de una actitud muy poco ética y moral de su parte.

Y qué decir de la sorpresa que causó ante la opinión pública el caso del ex ministro de la Suprema Corte de Justicia de la Nación (SCJN) Genaro Góngora Pimentel, el admirado hombre público progresista, un auténtico Pro Hombre calificado como intachable. El lado oscuro de su vida privada es nada menos que el estereotipo del hombre de poder despiadado, vengativo y mezquino, capaz de manipular la justicia para encarcelar a su ex pareja y de paso dañar a sus dos hijos.

El caso del ex gobernador del Estado de México, Arturo Montiel, es igualmente grave. Un hombre que utiliza su poder para manejar la justicia y arrebatarle a la madre sus tres hijos. Se trata de una historia llena de traiciones, corrupciones y delitos de carácter civil y penal. La madre de estos niños clama justicia en México, en Francia y ante la comunidad internacional sin que nadie solucione su problema, considerado por muchos un "asunto personal".

A veces estos casos se han convertido en auténticas novelas negras, como el caso de Juan Iván Peña Néder, nazi y miembro del círculo calderonista de la llamada "mafia de los casinos". El señor Peña Néder fue acusado de violación tumultuaria por su entonces esposa, estuvo preso dos años y salió libre, impune.

El narcisismo está presente en cada personalidad masculina aquí expuesta, como el caso del gobernador de Jalisco, Jorge Aristóteles Sandoval, quien primero convivió con su hijo fuera del matrimonio y luego lo negó. Se atrevió incluso a demandar a su ex pareja para justificar su mentira y utilizar todo el poder en su contra.

Hay relaciones de pareja que significaron un cisma para el sistema o el gobierno. Fueron tan importantes que aún no se ha dicho todo. Son los casos de Luis Téllez y Rosario Robles. Esta última fue incluida en el libro como excepción a la regla para mostrar cómo el poder corrompe sin importar sexo. En la historia de "amor" de la gran traidora de la izquierda se esconde todo tipo de deslealtades, ambiciones y corruptelas. Y si de casos emblemáticos se trata, allí está el del ex procurador de la República y ex consejero del IFE, Sergio García Ramírez, un ejemplo de perversión personal y símbolo de una patológica doble personalidad; un gran simulador.

Finalmente, corresponde a la sociedad transformarse, como dice Simone de Beauvoir, a partir de la "transformación del sitio de la mujer" en el mundo. Sobre ellas he escrito sin victimizarlas. Eligieron ser parejas de estos hombres. Algunas profundamente enamoradas, otras atraídas por la seducción del poder político y económico; viviendo primero un cuento de hadas y luego una película de terror. Cada una muestra sus virtudes y defectos, sus claroscuros. Dejo, pues, al lector la decisión de colocar a cada quien en su sitio.

SANJUANA MARTÍNEZ
Monterrey, enero de 2014

El hijo oculto del Presidente

Maritza Díaz Hernández y Enrique Peña Nieto

L A V O Z D E A N G É L I C A R I V E R A no tiene la dulzura conocida en sus telenovelas. Tampoco es la voz que usa en actos oficiales en su papel de Primera Dama. Mucho menos, la voz con la que concede entrevistas que se publican cotidianamente en la prensa rosa. La de ahora es una voz aguda, indignada.

Vocifera, grita, está enfurecida. Acaba de descubrir que Enrique Peña Nieto le es infiel. El presidente de México ha ido cambiando de esposa, pero no de amante. Angélica ha enfrentado la realidad: su marido, antes y después de casarse por segunda ocasión, continuó su relación extramarital con la misma mujer que lo acompañó durante los últimos años de matrimonio con Mónica Pretelini.

Angélica se siente engañada, traicionada. Su reacción es visceral. No lo entiende. ¿Por qué la mentira?, ¿por qué tanta falsedad? Fue una burla. Siente que Enrique subestimó su inteligencia. Él pensó que nunca lo iba a descubrir. Bien dicen que la mentira dura hasta que la verdad llega.

Es una mezcla de sentimientos. Está enojada con él y con ella. Su odio tiene una dirección definida: Maritza Díaz Hernández, la mujer con la que Enrique ha compartido su vida clandestinamente a lo largo de nueve años y con la que tiene un hijo a quien le dio su apellido en 2010.

La verdad que acaba de descubrir es aplastante: a pesar de la fastuosa boda celebrada a bombo y platillo, de la propaganda oficial auspiciada por Televisa, del boato edulcorante que se quiso vender a los mexicanos sobre la maravillosa historia de amor de la nueva pareja rumbo a Los Pinos, todo era una simulación: Enrique Peña Nieto continuó su relación con su amante de siempre, con el "gran amor" de su vida, la mujer con la que repetía en público y en privado que quería envejecer y ver crecer a sus hijos.

Maritza y Enrique juntos por la noche, por el día. ¿Cuántas veces le mintió para estar con ella? ¿Cuántas veces durmió con ella mientras supuestamente estaba de viaje? ¿Cuántas veces le dijo que tenía un compromiso de trabajo y se fue a su encuentro?

La esposa es la última en enterarse, dicen. Y ella lo ha comprobado. Aunque al parecer la larga relación extramarital de Peña Nieto era conocida en diversos círculos laborales y familiares, él nunca tuvo el valor de confesarle la verdad a Angélica.

Maritza era una sombra del pasado, algo pasajero, un *affaire* sin importancia. Eso pensaba ella, hasta que en 2010 supo que Enrique había decidido darle el apellido a su hijo de siete años. Nació en Estados Unidos, por orden de Arturo Montiel. El padrino de Peña Nieto habría evitado cualquier especulación o escándalo y enviado a la madre a dar a luz al vecino país, lejos del padre de la criatura.

Angélica sabía de la existencia de ese niño, de ese "hijo natural" producto del adulterio. Aquel pequeño era un hijo ilegítimo aunque llevara el apellido de su marido. Y nunca, de ninguna manera, sería considerado parte de la familia. Jamás aparecería en la foto oficial, ni tampoco en las entrevistas realizadas por la prensa del corazón. Era un hijo oculto, escondido, secreto hasta cierto punto.

Todo estaba bien arreglado. Había quedado claro cuando inició su relación con Enrique. Angélica pensó que tenía el control de la situación. Que cualquier hombre tiene un hijo regado por allí. Además, su marido cumplía cabalmente con la manutención del menor y otras obligaciones económicas elementales.

Sobre la convivencia con ese "hijo natural" nunca habían hablado, pero era claro que Enrique veía de vez en cuando al niño. De eso, Angélica prefería no enterarse desde su posición de novia. Le daba coraje pensar en esa criatura y en su origen inmoral. Sus firmes convicciones católicas le impedían abrir su mente. Bastante era haberse convertido en la madrastra de los tres hijos de Enrique y formar una familia junto con sus tres niñas, lo cual había sido una señal de modernidad, de apertura, de rompimiento con el modelo tradicional de familia.

Pero la infidelidad es otra cuestión. En eso no está dispuesta a ceder. No piensa tragarse la traición. Está dolida y así se lo hace saber a Enrique en una acalorada discusión. La pelea no termina sino hasta que él le promete que terminará todo.

—Júrame que jamás volverás a estar con ella —le dice.

Él evita la tormenta. Asiente. Quiere concluir la pelea.

Ella, sin embargo, continúa con sus pretensiones. Le exige de manera severa:

—Voy a hablar con ella y tú te vas a quedar aquí para que escuches lo que le voy a decir.

Entonces le espeta a bocajarro a Maritza, que contesta de manera habitual su Nextel:

—¡Eres una puta! Eso que le hiciste a Mónica ahora me lo haces a mí. Pues quiero que sepas que Enrique está sentado aquí a mi lado para escuchar lo que te voy a decir.

La grabación de la conversación denota una voz ruda, un tono mucho más agudo:

—Tu hijo es un bastardo —le dice elevando el volumen, casi gritando.

Maritza no contesta, la deja hablar. Angélica le hace una advertencia:

—Enrique me ha prometido que jamás volverá contigo. ¿Entendiste?

Como si fuera un diálogo de telenovela, Angélica, insulta sin cortapisas a la amante de su marido. Sus frases parecen tomadas de un libreto de Televisa:

—¡Eres una puta! —le repite.

Y le recuerda el "daño" que le hizo a la anterior esposa, Mónica Pretelini. Le deja claro algo tremendo y ofensivo relacionado con su hijo Diego, el hijo de ambos, el hijo que lleva el apellido Peña. Angélica no está dispuesta a aceptarlo.

A pesar de que sus tres hijas son de otro hombre y su marido las "adoptó" para formar una familia, rechaza a Diego. No permite la convivencia con sus medios hermanos. Resulta triste la mezquindad de una supuesta humanista Primera Dama, quien debería ser un modelo para las mujeres mexicanas.

HISTORIA DE AMOR

La historia entre Enrique Peña Nieto y Maritza Díaz Hernández comenzó en el Estado de México. Ella, licenciada en administración de empresas, trabajaba para el gobierno local cuando el joven funcionario llegó a la administración de Arturo Montiel Rojas.

Él estaba casado con Mónica Pretelini y ella tenía novio. Era funcionaria de la Secretaría de Finanzas. Cuenta que, durante meses, se resistió al cortejo que inició Peña Nieto. Él se encaprichó con ella. Insistía en salir, la invitaba constantemente, le enviaba flores. La cortejó todo ese tiempo hasta que ella finalmente aceptó. La llamaba varias veces al día, la buscaba en la oficina. Cualquier oportunidad era buena para verla. La relación duró nueve años. Más adelante, el político mexiquense cambió de esposa, pero no a su compañera sentimental.

El romance empezó sin planearlo. Él era un hombre típicamente infiel. Se sabía que ya había tenido otras relaciones extramaritales. De su esposa Mónica no hablaba, aunque se quejaba de no ser feliz con ella. Su matrimonio era una relación para las convenciones sociales, una pantalla. En realidad aquello no funcionaba desde hacía años. Y Maritza prefirió siempre no meterse en la intimidad conyugal, ni preguntar.

Con el paso de los meses, se enamoró perdidamente de él. Dejó a su novio. Y decidió asumir un papel que jamás imaginó para ella: el de amante. Al principio era la amante de un funcionario destacado de la administración de Montiel; después se convirtió en la amante del gobernador del Estado de México.

Poder y clandestinidad. El coctel de adrenalina estaba servido. Sus encuentros amorosos eran cada día más intensos. Se amaban con locura. En las noches de pasión, él le repetía que era la mujer de su vida, el amor más importante. Más aún, le aseguraba:

"Terminaré envejeciendo contigo. Vamos a terminar unidos al final".

Diego llegó sin planearlo. Fue un embarazo muy lindo. Enrique se mostró feliz, entusiasmado de tener un hijo. Después de Alejandro, llegaría otro varón. La llenó de atenciones, de cuidados. Estaba siempre al pendiente de sus necesidades pero, a medida que se acercaba la hora de dar a luz, sus temores aumentaban.

Un día, Arturo Montiel la mandó llamar a su despacho. Le dijo a bocajarro que ese niño no podía nacer en México y le ordenó por el bien de Enrique que se fuera a tenerlo a Estados Unidos. Fue muy difícil. Maritza accedió y estuvo sola durante el parto. Él llamaba por teléfono para enterarse de los detalles.

En el extranjero, sin su pareja, las circunstancias adversas motivaron a Maritza a registrar a su hijo Diego con sus apellidos. El niño es estadounidense y tiene la doble nacionalidad. También en México la madre optó por ponerle sus apellidos para no obligar a Peña Nieto a tomar una decisión no deseada.

Cuando Maritza y Diego regresaron a México, Enrique organizó todo para que no les faltara nunca nada. Acudía constantemente a ver a su hijo. Estableció una relación paternofilial acorde a su situación. El amor entre Enrique y Maritza aumentó, se consolidó.

A pesar de que Enrique era viudo, jamás le propuso matrimonio. Maritza tenía claro que al término de su periodo como gobernador sería inminente la puesta en marcha de la operación para llevarlo a

Los Pinos. Televisa tenía todo preparado, incluida la esposa, una actriz de telenovelas.

Para Maritza fue un duro golpe enterarse de que su amante sostenía una relación "seria" con la actriz. En sus planes nunca había estado ser candidato a la Presidencia de la República. Fue el elegido de su padrino Arturo Montiel y Carlos Salinas de Gortari. Aquello dio un vuelco a la vida de ambos, a su vida en común.

Cuando ella se enojaba, él la buscaba desesperadamente, incluso saltaba por la barda de su casa para verla.

—Eres como una droga —le decía mientras la besaba apasionadamente—. Seguiremos juntos, como siempre, juntos hasta el final.

Peña Nieto aprovechaba cualquier pretexto para estar con ella. Llevaba una doble vida. Por una parte, Angélica y los reflectores, y por otra, Maritza y la clandestinidad, esa adrenalina, ese delirio que no lo dejaba vivir en paz, ni alcanzar el sosiego necesario para conducirse con propiedad en su trabajo, en su nuevo objetivo.

Su fama como buen amante le precedía. Maritza sabía que había sostenido relaciones con otras mujeres, durante y después de la muerte de su esposa. Entre sus otras amantes destaca Yessica de Lamadrid Téllez, quien trabajó en su campaña para gobernador del Estado de México en 2005. La relación fue intensa. Una noche, Enrique la llamó llorando. El hijo que había tenido con Yessica había fallecido de cáncer, tres semanas después de la muerte de Mónica Pretelini. Estaba desolado, sin poder hablar.

Las amantes se convierten en amigas, confidentes. Se supone que ellos no tienen necesidad de mentir. Aun así, Peña Nieto era un mentiroso. Y Maritza lo sabía. Para ella fue muy difícil aceptar que la primera novia oficial después de que quedó viudo fuera la regiomontana Rebecca Solano de Hoyos, conductora del programa de televisión *TransformaT*. Rebecca aparecía con él en actos oficiales, la prensa la mencionaba como pareja oficial e incluso se hablaba de boda, pero el idilio duró poco.

No fue la única. Hubo más, muchas más, unas más duraderas, otras fugaces. Entre sus *affaires* más sonados está Nora Sotocampa González, heredera de un negocio maderero. Él la mostró públicamente después de su rompimiento con Rebecca, incluso asistieron juntos a la boda de la hija del senador Manlio Fabio Beltrones en junio de 2008.

Maritza sabía que Enrique siempre sostuvo relaciones paralelas. No era gratuita su fama de mujeriego, de conquistador. A pesar de todo, él llegaba invariablemente al lecho de Maritza. Perpetuamente volvía a sus sábanas. Ella estaba segura de que la historia de amor entre ambos era tan sólida que trascendía cualquier vínculo pasajero o duradero que él tuviera con otras mujeres.

En abril de 2008 el destino de ambos cambió: Enrique conoció a la que hoy es su esposa. Angélica Rivera era protagonista de la telenovela *Destilando amor* y fue llamada a la oficina del entonces gobernador del Estado de México, ubicada en las Lomas de Chapultepec. Le propusieron ser la imagen propagandística de su gobierno para la campaña "300 compromisos cumplidos".

Dos meses después, la actriz aceptó una invitación de Enrique para cenar: "La cita fue a las nueve de la noche y yo estaba muy nerviosa porque después de haber tenido una relación de 16 años con mi ex marido, José Alberto Castro, con el que me fui a vivir a los 20 años, en la vida había salido con alguien", dijo en aquella ocasión *la Gaviota* a la revista de la prensa del corazón *Quién*.

Angélica Rivera confesó en aquella entrevista que le conquistó "la sinceridad y la honestidad" del gobernador mexiquense: "Enrique [que enviudó en enero de 2007] también me habló de su vida de una manera muy honesta y sincera. Obviamente lo vi muy guapo, no te voy a decir que no. Nos quedamos desde las nueve de la noche hasta la una de la mañana platicando. La verdad la pasamos muy bien y cuando nos despedimos quedamos en volver a vernos pronto".

Se les vio en público en los restaurantes Philippe y San Ángel Inn. Y finalmente Enrique confesó en el programa *Shalalá*, conducido en ese entonces por Katia D'Artigues y Sabina Berman, que andaba de novio con *la Gaviota*. Luego se dejaron ver en la boda de Ninfa Salinas y Bernardo Sepúlveda, en la de Chantal Andere y Enrique Rivero Lake, e incluso acudieron juntos para dejarse fotografiar al estadio Nemesio Díez de Toluca.

El noviazgo entre *la Gaviota* y Peña Nieto fue corto: año y medio. Luego él le propuso matrimonio. Ella inmediatamente dijo que sí, porque la conquistaron sus detalles: "Los detalles que tiene conmigo. A mí en la vida nadie me había movido la silla para que me sentara. Entonces empecé a ver cosas que nunca había vivido".

Maritza iba leyendo la campaña publicitaria en torno al famoso noviazgo en la prensa del corazón, mientras su relación con Peña Nieto se sostenía como siempre a base de adrenalina y amor. Pero una cosa le preocupó: el anuncio de la boda con la actriz. Algo muy serio se aproximaba. La inquietó saberse de nuevo en la posición vulnerable de amante. Esta vez, amante del candidato a la Presidencia de la República y muy posiblemente amante del Señor Presidente. Las cosas iban a cambiar drásticamente, pero ella estaba segura de que el auténtico amor que la unía a Enrique podía con eso y más. La relación entre Enrique y Maritza continuó en la clandestinidad, mientras públicamente él desarrollaba a cabalidad, con su amada "prometida", el papel asignado.

LA GAVIOTA Y TELEVISA

Maritza asistió a la metamorfosis de Enrique Peña Nieto. Pronto reconoció en él los rasgos de una mercadotecnia aplicada con alevosía y ventaja. Enrique nunca aspiró a ser presidente. En alguna ocasión él mismo le confesó que no estaba en sus planes llegar a ocupar la Silla del Águila. No tenía esas expectativas. Jamás imaginó ser "el elegido". Sin embargo, su estrecha relación con Arturo Montiel y Carlos Salinas de Gortari habían dado sus frutos. El joven ex gobernador tenía el perfil exacto de lo que andaban buscando.

Los cambios de imagen fueron inmediatos. Su publicitado noviazgo con *la Gaviota* le irritaba. Era obvio que atrás había una operación propagandística. Pronto adivinó el motor que movía la maquinaria: Televisa. Pero jamás imaginó a qué grado.

La fabricación del candidato a la Presidencia estaba en marcha. Carlos Salinas de Gortari, el gran operador del sistema político mexicano, movía los hilos, mientras Televisa señalaba el momento preciso para darle más popularidad al "elegido". En diciembre de 2009 fue al Vaticano para armar toda una operación "amorosa" en torno a su prometida. En la Basílica de San Pedro, frente a la imagen de Jesucristo le pidió matrimonio y le entregó el anillo de compromiso. Y ambos fueron bendecidos con sus respectivos hijos por el papa Benedicto XVI en audiencia pública, durante la cual el gobernador le regaló un árbol navideño y un nacimiento hecho por artesanos del Estado de México. La Iglesia legitimaba así al próximo candidato del PRI a la Presidencia de la República.

En la numerosa delegación que acudió al Vaticano estaba representada la Conferencia Episcopal Mexicana (CEM) con un grupo de 11 obispos encabezados por su presidente, monseñor Carlos Aguiar Retes. La novela rosa urdida por Televisa tenía el apoyo de la jerarquía católica. Las fuerzas vivas del poder político y religioso daban su aprobación.

Peña Nieto le agradeció personalmente al Pontífice el gesto del Vaticano al anular el anterior matrimonio religioso de Angélica Rivera y José Alberto *el Güero* Castro. Y anunció que la boda se llevaría a cabo el sábado 27 de noviembre de 2010. Todo estaba listo para culminar la operación de Televisa de llevarlo directamente a Los Pinos. Su vida privada formaba parte del *marketing* empresarial y político. Ambos hacían una "bella" pareja, ideal para vender ilusiones a los mexicanos, muy al estilo de la serie televisiva *La Rosa de Guadalupe*.

La trama iba a consumarse con una fastuosa y pomposa boda, violando el Derecho Canónico que estipula que después de una anulación religiosa el segundo matrimonio deberá efectuarse en ceremonia sencilla y discreta. No fue el caso. Peña Nieto y *la Gaviota* se casaron por todo lo alto en la catedral de Toluca. Ofició la ceremonia el arzobispo de Chihuahua, monseñor Constantino Miranda, a quien se le escogió por haber sido obispo de Atlacomulco. Cumplieron el rito. Él le juro "amor eterno" y serle "fiel en lo próspero y en lo adverso, en la salud y en la enfermedad".

Los protagonistas de la ceremonia fueron los hijos de la pareja.

Paulina, la hija mayor del gobernador mexiquense, entregó a su padre, mientras que su hijo Alejandro fue padrino de arras y llevó del brazo a Angélica Rivera. Regina, hija de Angélica, le dio el ramo a su mamá; Nicole, la hija más pequeña de él, fue la madrina de Biblia y rosario; Paulina y Sofía fueron madrinas de lazo y Fernanda llevó los anillos.

¿Y Diego? El segundo hijo de Peña Nieto no asistió a la boda. No fue invitado. La fiesta fue en la Hacienda Cantalagua, en el municipio de Atlacomulco, y asistieron políticos priistas, entre ellos cuatro ex gobernadores, aunque faltaron su padrino Arturo Montiel y el ex presidente Carlos Salinas de Gortari. La primera canción que bailaron fue "Eres el amor de mi vida", del grupo Camila. Al terminar, los reporteros le preguntaron al gobernador si tendría más hijos con *la Gaviota*; él asintió y agregó: "Claro que me gustaría tener muchos hijos con Angélica, fruto de nuestro amor. […] Igual ocurre que nos aventamos por ahí un bebé".

SEGUNDA ESPOSA E INFIDELIDAD

Después de casado, Peña Nieto siguió estrechando su relación con Maritza. Continuaron los encuentros. Cada día la vida entre ambos iba cambiando por la agitada agenda de él, que aprovechaba viajes y reuniones para escaparse a verla y disfrutar unas horas con su hijo Diego. Fue un año intenso.

En diciembre de 2011 la bomba estalló. *La Gaviota* descubrió la relación extramarital que Enrique sostenía con Maritza. No podía creer que le hubiera sido infiel desde el noviazgo y después del matrimonio. Fue entonces cuando, iracunda, llamó por teléfono a Maritza para reclamarle y le dijo que tenía sentado a Peña Nieto a su lado. Él no hablaba.

Meses antes, Maritza se había enterado por las revistas del corazón de que Peña Nieto tenía casa nueva. La residencia, ubicada en las Lomas de Chapultepec en el Distrito Federal, fue diseñada por el arquitecto Miguel Ángel Aragonés. Se trata de una casa inteligente compuesta por siete recámaras con tapanco y baño; sala, comedor, *home theatre* y piscina. La casa original tenía mil 200 metros cuadrados, pero creció 800 metros cuadrados más cuando compraron los terrenos aledaños. El metro cuadrado en esa exclusiva zona residencial ronda los 23 mil 600 pesos.

Maritza sabía que Peña Nieto tenía otras propiedades; en concreto, las que declaró públicamente durante su campaña: cuatro casas en el Estado de México: en Metepec, Ixtapan de la Sal, Atlacomulco y Toluca; y un departamento en Acapulco. Sin embargo, al enterarse por la prensa del nuevo "nidito de amor" de la pareja presidencial se molestó.

—No sabía que le habías comprado una casa a tu esposa —le reclamó en la primera oportunidad, vía telefónica.

—Yo no se la compré —reviró Peña Nieto.

—¿Entonces quién?

—Televisa.

—¿Televisa les compró una casa?

—Sí, Televisa acostumbra comprar casas a sus artistas —contestó con toda normalidad.

La grabación no deja dudas: la operación de Televisa para llevar a Peña Nieto a la Presidencia era integral; la empresa propiedad de Emilio Azcárraga hasta casa les compró.

Maritza iba atando cabos. Había escuchado todo tipo de especulaciones sobre el hombre que fue su pareja durante nueve años. Una de ellas tenía que ver con la extraña muerte de Mónica Pretelini en circunstancias aún no aclaradas. Recordaba aquel el *e-mail* de una supuesta amiga de la esposa de Peña Nieto que aseguraba que su muerte no había sido un accidente. Y si antes confiaba plenamente en él, ahora tenía sus dudas. Aquel mensaje fue enviado de forma masiva por correo electrónico: "Mónica falleció de manera inexplicable, no sabría qué fue lo que realmente le sucedió, pero estoy segura que no fue un accidente. La vida de Mónica cambió mucho desde que su esposo se convirtió en gobernador. Ella me lo confesaba, y yo me daba cuenta al verla sufrir tanto. Su esposo no sólo la engañaba con otras mujeres, sino que cada vez estaba más involucrado con el crimen organizado; eso fue lo que terminó psicológicamente con ella. Mónica me decía: 'Desde que mi esposo es el gobernador, todos los días está obsesionado con la Presidencia de la Republica. No habla de otra cosa. Cada día es un hombre más alejado de sus hijos; sólo se acuerda de ellos para llevarlos a hacer campaña política. La fama y el poder lo están destruyendo por dentro; sólo le importa su imagen, y lo que digan los medios de comunicación sobre su apariencia'. No puedo saber si su esposo la mató o no, sólo sé que el narcotráfico estuvo involucrado, porque ella me lo decía: 'El narco tiene mucho poder dentro del PRI, y mi esposo sólo es un peón más dentro de toda esa mafia; a ellos no les importa la vida de los mexicanos, sólo les importa su dinero y tener esclavizado al pueblo'". El texto estaba firmado por T.D.

Viudo Enrique Peña Nieto, las preguntas quedan en el aire: ¿por qué Maritza no se convirtió en su esposa? ¿Por qué permaneció en su rol de amante? ¿Nunca deseó convertirse en la señora de Peña Nieto?

Es la primera pregunta que le hago a Maritza durante la entrevista. Ella sonríe. Guarda silencio. Busca las palabras adecuadas para contestar. Sentada en el salón de su casa, respira profundamente. Su mirada serena es la de una mujer acostumbrada a decir la verdad:

—Nunca. ¿Para qué? Yo lo tenía a él, no necesitaba ser la esposa. Ni decir: "Ese lugar es para mí". No. Es algo que nunca me planteé, ni él.

Tampoco pensó que la vida le llevaría a esa posición, pero se enamoró. Mucho menos creyó que su relación con Enrique, el amor de su vida, terminaría en un juzgado.

A Peña Nieto no se le habría dificultado echar mano de su poder para afectar jurídicamente a la madre de su hijo. Presuntamente desde su posición como presidente de la República habría podido manipular jueces y encauzar la justicia en su beneficio. Si antes le entregaba 200 mil pesos a Maritza por concepto de pensión, ahora esa cantidad se había reducido a 40 mil pesos, con la aparente complicidad del sistema judicial. Obviamente, el Presidente no buscó reducir la pensión por falta de dinero. Quizá lo hizo para perjudicar a su ex pareja, ya que uno de los principales instrumentos de agresión contra la mujer es la violencia económica. Además, Peña Nieto traicionó la confianza de Maritza al prometerle que no la demandaría y fue lo primero que hizo para disminuir la pensión. Y, según ella, habría cometido otra irregularidad: influir para que los procesos fueran turnados a un juzgado del Estado de México para su propio beneficio.

Después de todo, el modelo de hombre poderoso para afectar a sus parejas o ex parejas es común en México.

Los hermanos

Pucca, la perra de Diego, corretea por la casa sin parar. El niño tiene fotos de su padre en un corcho colgado en la pared. Dice que lo extraña. La última vez que lo vio fue en la Navidad de 2011. Diego no convive con sus tres medios hermanos. De hecho, cuando Enrique se casó con Angélica Rivera las cosas cambiaron. Ella no acepta al niño; al contrario, lo desprecia. Peña Nieto dijo recientemente que tenía seis hijos, sin contar a su niño más pequeño.

La ficha oficial del Presidente habla de sólo tres hijos: Paulina, Alejandro y Nicole Peña Pretelini. No incluye a su hijo Diego, a pesar de que lleva sus apellidos.

—Diego ha estado esperando durante mucho tiempo el encuentro con sus hermanos. Son hermanos, llevan la misma sangre —dice Maritza con tono de pena.

—¿Qué sentiste cuando Peña Nieto dijo que tenía seis hijos y no siete?

—Es un tema muy delicado. Es una discriminación. Suena fuerte que un presidente discrimine a su propio hijo. Él lleva programas de gobierno para promover la igualdad y la equidad. Mi hijo no lo supo; yo trato de controlar los medios, pero llegará el día que lo sepa y le va a doler mucho. Yo se lo dije a Enrique: "Piensa lo que tu hijo va a sentir al ver eso".

—Asumió la paternidad de tres hijas que no son de él. ¿Por qué crees que se ha alejado de tu hijo?

—Es algo que no alcanzo a asimilar. Que él acepte a tres niñas como sus hijas habla bien de él… si no fuera porque está abandonando a un niño que lleva su sangre.

—¿Diego sabe que tiene hermanos?

—Sí sabe. Es un tema que el propio Enrique tocó con él. El propio Enrique le abrió ese tema. Mi hijo, todas las noches, en sus oraciones, pide por su padre y por sus hermanos.

—¿Sería ideal que todos convivieran?

—Obviamente, pero no lo sé. Tendríamos que manejarlo muy bien para ambos, para mi hijo y sus hijos.

—¿Para ti es importante que diga que tiene siete hijos?

—O que no dé un número. Que diga: "Mis hijos", o en el mejor de los casos, que lo tome en cuenta. Es su hijo, hay un acta de nacimiento con sus apellidos.

Peña Nieto reconoció legalmente a su hijo en 2010, en México, pero no solucionó los documentos de su identidad en Estados Unidos, donde nació el niño. Diego Peña Díaz tiene dos identidades: en el vecino país conserva los apellidos de su madre, aunque aparece el nombre del padre en el acta de nacimiento. Es una irregularidad que preocupa a Maritza.

—Efectivamente, cuando vi un sello de la Corte de Estados Unidos, entendí que ya estaba haciendo todos los trámites necesarios para darle su apellido a Diego. En agosto me manda un abogado y me dice ya está el acta de nacimiento. Yo pedí que me la entregaran, pero se negó. Fue cuando yo la solicité porque soy la madre. La pedí vía Internet para que me la mandaran por mensajería. Y cuál fue mi sorpresa que efectivamente en el acta aparece él como padre, pero olvidó, o con intención, no cambió el apellido, lo sigue dejando como Díaz. Ese trámite está a medias. Sí se registró como padre, pero no solicitó el cambio de apellido.

—¿Y qué va a pasar?

—Yo llamé a Estados Unidos, les decía: "Ya está el papá, sólo cámbienle el apellido". Pero me dijeron que es necesario abrir otra vez [un juicio en la] Corte y firmar documentos.

—Entonces, ¿Diego tiene una identidad en sus documentos mexicanos con el apellido Peña, pero en Estados Unidos tiene otra identidad con el apellido tuyo?

—Ése es el gran motivo de pedirle arreglar los papeles. Precisamente que estuviera el mismo apellido. Que su acta de Estados Unidos coincidiera con su acta en México.

—¿Y tú le has dicho a Peña Nieto que es importante?

—Lo he platicado varias veces con él, le supliqué que lo arreglara. Pero su respuesta simplemente ha sido "no", sin ninguna justificación ni explicación del porqué.

—¿Estás consciente de que te enfrentas a un hombre poderoso? ¿Al presidente de México?

—Estoy defendiendo a mi hijo y lo defenderé de quien sea. Incluso de él. Que tocó que el padre de mi hijo ahora sea el hombre más poderoso, híjole, pues ni modo. Si lo tengo que defender de él, lo he hecho y voy a seguir haciéndolo. Yo demandé al padre de mi hijo, que es el presidente de México. Esa circunstancia me ha tocado vivir.

—Una de las críticas que he escuchado contra ti es que tú salgas ahora a exigir la no discriminación justo cuando él es el presidente. Como queriendo obtener los beneficios del poder o que lo incluyan en la foto oficial.

—No, no… Créeme que estar en esto no es fácil. La relación de mi hijo con su padre no tiene que ser pública. Seguro que mi hijo sólo quiere ver a su papi, no que haya fotógrafos. Tal vez mucha gente se está enterando ahorita de la existencia de Diego. Antes no hice nada porque él lo reconoció hasta 2010. En marzo de 2011 abrí mi tema; que la gente ahorita se entere, pues es su asunto. Pero esto no fue de campaña, ni de ahora. No tiene que ver con Los Pinos. Ése es un tema que ni a mí ni a mi hijo nos interesa.

LOS PLEITOS

En agosto de 2012, Enrique Peña Nieto demandó a Maritza Díaz Hernández para bajar el monto de la pensión. Exigió que fuera considerado su sueldo antes de ser presidente. Y el juez aceptó. Con base en datos públicos, consta el expediente 614/12 ante el juez Tercero de lo Familiar de Toluca, en Metepec, Estado de México.

Dos meses después, ella lo demandó con la finalidad de exigir protección para su hijo por parte del Estado Mayor Presidencial, tal como lo estipula la Constitución de México. Sin embargo, aunque desde marzo de 2013 se dio una sentencia a su favor, no se ha cumplido debidamente:

—Es un proceso con bastantes irregularidades, como la competencia del juez. Yo vivo en la Ciudad de México desde enero de 2012 y él me demanda en el Estado de México. Y el juez se asume competente. Es irregular, porque tanto él como el niño y yo vivimos en la Ciudad de México —comenta Maritza.

—¿Él te demandó primero?

—Sí, y al ver que él sólo quería bajar la pensión y había muchos temas pendientes, yo interpuse una demanda en el Distrito Federal, donde solicito cuestiones mínimas e indispensables, como su seguridad, igualdad, equidad y la no discriminación. También su identidad, sus documentos.

—¿Qué otras irregularidades hay? ¿Se puede decir que está infringiendo la ley?

—Existe una irregularidad muy fuerte. Su abogado pide que se junten los dos procesos. Y el juez del Distrito Federal acepta la conexidad de causas. Es ilegal. Por lo que el juez del Estado de México está llevando los dos expedientes.

—¿Qué quiere Enrique Peña Nieto?

—Hay una cláusula en el Estado de México que me prohíbe hablar o publicar de los procesos. Según ellos es una cláusula por "el bienestar del niño", pero lo dudo; es más bien, "no hables para que cometan irregularidades".

—¿Consideras que hay parcialidad judicial a favor de Peña Nieto?

—Sí, totalmente. De todo, lo único que he ganado es una sentencia interlocutoria a favor de mi hijo, dictada el 8 de marzo del presente año, y no se ha cumplido.

—¿Por qué si es un padre, como tú has dicho, que aparentemente quiere a su hijo Diego, está haciendo esto contra él?

—No lo sé, estoy desconcertada. Me preocupa porque no es la persona que yo conocí. Lo digo porque tuve una relación de nueve años. Me sorprende mucho su actitud. No alcanzo a ver qué es lo que hay detrás de todo.

—¿Peña Nieto ha sido un padre presente o ausente?

—Estuvo conmigo desde que el niño nació y hasta que cumplió seis años. No fue un padre de todos los días, fue un padre ocupado con el cargo de gobernador. Pero sí estaba presente con su hijo: le hablaba, lo iba a ver, convivían, salían juntos a comer. En Navidad siempre estaba allí, le llevaba regalos… También en su cumpleaños. En todas las fechas especiales siempre estaba con su hijo.

—Los hijos tarde o temprano reclaman a los padres sus malas decisiones. ¿Diego le ha reclamado algo a su padre?

—Sí, Diego es muy sensible. Le ha cuestionado cosas fuertes a su papá. Enrique se sorprende con lo que le pregunta su hijo. Diego tiene muy claro que en el futuro habrá un encuentro con su papá o por lo menos lo espera.

—¿Cómo ha vivido la ausencia de su padre a lo largo de estos meses?

—Son muy pocas ocasiones las que Diego me ha pedido buscar a su papá. Son tres en estos nueve años. Y una de ésas fue en enero pasado [2013]. Me pidió hablar con él. Lo buscamos; con mi hijo a un lado hice la llamada y le dejé el mensaje de que su hijo Diego quería hablar con él. Se quedó esperando tres días muy al pendiente, después del cuarto día Diego entendió que no iba a haber respuesta. Y hasta la fecha no ha habido respuesta.

—¿Le marcaron al celular o a su oficina?

—A su oficina. No tenemos su celular. No tenemos contacto directo con él.

—¿Esto tiene relación con su nueva esposa, Angélica Rivera?

—Un hijo es un hijo. El padre de mi hijo es Enrique, es él quien tiene la responsabilidad, el sentimiento; los que llevan la misma sangre son Enrique y Diego. La situación que él viva con su relación no es inherente a mí, ni a Diego.

—¿Qué te deja tu relación con Peña Nieto?

—Híjole, yo nunca me imaginé que iba a estar en algo así. Conocí a Enrique cuando él no tenía poder. Ni él sabía que iba a estar donde está ahorita. Ni yo lo sabía. Eso me consta. Lo conocí en 2004 cuando él ni siquiera era gobernador. ¿Qué me ha dejado esta relación? Un aprendizaje, una fortaleza. Yo misma me sorprendo de lo fuerte que tengo que ser. Ante todo está mi hijo. Luchar por él es mi responsabilidad, y mi instinto, protegerlo. Reaccionar a favor de mi hijo. Lo tengo que hacer ante quien sea. A Diego le tocó que su padre sea presidente, pero lo voy a defender de quien sea.

—¿Qué tan difícil fue vivir en la clandestinidad con una figura pública como Peña Nieto? —le pregunto.

—Pues sí y no. Mi relación con Enrique era de amor, no importaba lo de afuera. Éramos él y yo, y después nuestro hijo cuando nació. Sin importar lo que públicamente pasaba.

—Y de ese amor que hubo, ¿se puede rescatar algo?

—Diego vio esa relación, le consta que había amor. Veía a mamá y a papá juntos. No como cualquier otra pareja, por otras razones.

—Luego de la muerte de Mónica Pretelini, ¿en algún momento pensaste que ibas a ser su esposa?

—No, nunca.

—¿Y qué piensas de la fidelidad o la lealtad?

—Son dos definiciones que muchas veces las queremos alinear. Y no. Son cosas distintas.

—¿Él fue leal a ti, a pesar de todo?

—Sí, era una relación de nueve años. El tiempo dice que no fue algo pasajero. Fue una relación muy linda, desgraciadamente terminó.

—¿Cuándo terminó y por qué?

—Terminó en procesos legales. Es una situación muy triste.

—¿Cómo es Peña Nieto como pareja? ¿Es un hombre sensible?

—Sí… Yo abrí las redes sociales para expresar situaciones y responsabilidades que hay. Muchas veces la gente ha tratado de querer llegar al lado sentimental. Yo sí me he querido mantener al margen de eso. Mi lucha no es política ni de sentimientos.

—¿Por qué?

—Lo que vivimos él y yo lo sabemos él y yo. Y eso nunca lo va a revelar él, ni yo tampoco. Los temas sentimentales, lo lindo, lo hermoso y desagradable, lo conocemos él y yo. Es un tema que siempre he dejado de lado.

DOS IDENTIDADES

El 3 de junio de 2013, Maritza publicó un video de cinco minutos en YouTube en el cual denunciaba su situación: "Soy padre y madre de un hijo maravilloso que al igual que muchas mujeres en México y en el mundo asumen esta responsabilidad", se dirigió a Peña Nieto al señalar los problemas con él, como la manutención y la identidad de Diego, que quedaron pendientes.

"Estoy abierta al diálogo, a conciliar, a acordar; tú te has manifestado públicamente a favor del diálogo. ¿Por qué no hacerlo para nuestro hijo? A ti, Enrique, te quiero pedir cinco minutos de tu tiempo para que lo dediques al bienestar de tu hijo, que es un ser inocente que te ama y llevas 17 meses que no lo ves", dijo en el video.

—Sobre la situación legal de Diego en cuanto a su identidad, ¿qué es lo que más te preocupa? —le pregunto.

—En campaña le pedí que arreglara sus documentos y me dijo que sí. "Sólo te pido que no me demandes", me dijo. Lo cual yo no tenía pensado hacerlo, aunque después él me demandó a mí [risas]. Fue un "No me demandes, para yo demandarte".

—¿Cómo te sentiste después de grabar el último video para las redes sociales?

—Me costó muchísimo. Ese día me sentía muy rara, muy mal. Todo esto que he tenido que hacer ha sido en contra de mi voluntad. Todo esto no sería necesario, porque nos lo evitaríamos si se asumieran responsabilidades. No es necesario que mi hijo estuviera en un juzgado, que yo tuviera que recurrir a hablar, y simplemente se hubiera cumplido con lo que se tenía que cumplir. No era necesario todo esto.

—¿Para ti fue una sorpresa que Peña Nieto te demandara?

—Increíble. Me sorprendió. No me lo esperaba. El día que recibí la demanda lo busqué de inmediato. Le dejé recados. Me he pasado casi un año buscándolo por varios medios. Ya en Twitter le pedí una audiencia. Increíble que la madre de su hijo tenga que pedir audiencia. No es un asunto oficial. Quiero llegar un acuerdo, conciliar, terminar los procesos en beneficio de nuestro hijo.

—¿Ha sido muy difícil este periodo de procesos?

—Yo tengo que estar con Diego presente y ahorita con esto tengo que salir, tengo que hablar con abogados, me ve llorar, me ve triste. Es un desajuste muy fuerte.

—Y tampoco tiene a su papá…

—No lo tiene, es algo que le está afectando mucho. Su papá es un hombre muy público, si fuera un hombre sin esa notoriedad… Pero no está, nunca lo ve y no pasa nada. El problema es que su papá está en todas partes, en la tele, en conversaciones de niños. Increíblemente los niños están en todo, saben nombres, conocen los candidatos, y mi hijo hasta sabía las encuestas.

—¿En la escuela saben de quién es hijo?

—Sí, los niños lo cuestionan, le preguntan y los niños de secundaria se le acercan para decirle: "¿Tú eres hijo del Presidente?" Y luego le dicen: "Mientes, porque tú no estás en las fotos". Es muy cruel. Mi hijo lo ve injusto, me dice: "Mamá, yo no miento".

—¿Cuándo fue la última vez que Peña Nieto vio a Diego?

—En diciembre de 2012. Siempre las veces que Diego ve a su padre lo ve con gusto, con amor. No le reclama. Ojalá Enrique reflexione, porque Diego es muy noble. A la fecha, se refiere a él como su papi.

—¿Tú le has explicado esta situación?

—Sí, yo hablé con él, le enseñé el video un día antes. Le comenté que lo iba a publicar. He tratado que mi hijo sepa todo, no quiero que crezca en una burbuja de mentiras, que después alguien le truene la burbuja. He tratado que a su edad y a su debido tiempo, en base a [*sic*] sus preguntas, sepa todo.

—¿Cómo ha reaccionado la opinión pública contigo?

—Al principio, cuando empezó todo esto, eran muchas críticas. Twitter es muy fuerte. Me tocó llorar durante tres días después de leer las cosas que me decían. Pero con el paso del tiempo la gente se ha dado cuenta, ahora es un cambio total de 180 grados. Estoy recibiendo un apoyo total, no falta algún comentario feo, pero veo las cuentas y las acaban de abrir y tienen cinco tuits y los cinco son para mí.

—Hay solidaridad…

—Sí, porque no soy el único caso. Hay miles y miles de mujeres como yo. Muchas me cuentan que son divorciadas y están en mi misma situación. Me cuentan sobre madres solteras y me encuentro que es más común de lo que imaginamos. Hay cierta solidaridad en ese aspecto.

—¿Los procesos legales te han afectado?

—Hay un desgaste.

—¿Has tenido problemas para conseguir un abogado?

—Muchos. Ha sido un viacrucis conseguir abogados. No me ha sido nada fácil. El primer abogado, 15 días antes de una audiencia, me abandonó los asuntos. Y de allí buscar otro. Hablé con 15 abogados y todos me dijeron que no.

—¿Qué te decían?

—Uno me dijo: "Señora, no hay tribunal para su asunto". Otro: "La ley no se aplica a los poderosos". Imagínate qué fuerte que te digan: "No hay ningún juzgado para usted. Olvídese que usted pueda hacer algo". No ha sido nada fácil tener un abogado que defienda la causa y el bienestar del niño.

—El cacareado "bien superior del menor", ¿es una frase un poco hueca?

—Bastante hueca. Frase bonita, pero es lo que menos se da, lo que menos se privilegia es a los niños. No debería de importar quién es el padre, lo importante es el niño.

—¿El sistema judicial civil en México en torno a mujeres y niños es una simulación, una mentira?

—Sí, la división de poderes es una ilusión. No existe.

—¿Para ti la impartición de justicia ha sido nula?

—Totalmente, lo único que he ganado es una sentencia y no se ha cumplido. La relativa a la seguridad de Diego del Estado Mayor Presidencial. Enrique no la ha cumplido debidamente desde hace seis meses.

—¿Eso es lo que estás reivindicando?

—Es uno de los temas fundamentales, delicado, que además a Enrique no le cuesta nada. Es un tema relativamente sencillo. Y no lo hace.

—¿Peña Nieto ha mostrado alguna preocupación por la seguridad de su hijo?

—Ha asumido unas responsabilidades y otras no. Nunca he dicho que no dé manutención, pidió rebajarla. Pero un niño no solamente con manutención es feliz. Hay muchas otras cosas alrededor del bienestar del hijo.

EL MIEDO

—¿Hasta dónde piensas llegar?

—Ésta es una primera etapa. Lo estoy llamando al acuerdo, a conciliar. Quiero cinco minutos […]. Es muy difícil tratar con un apoderado que no tiene ni el más mínimo sentimiento hacia mi hijo. Él sólo conoce el uno por ciento de los hechos y con eso se dedica a hablar y a decir cosas. Es inaceptable. Un hijo es un ser propio. Yo estoy segura [de] que lo podemos arreglar y evitar todo esto. No creo que esto le agrade a Enrique, ni le dé paz. Lo más fácil es arreglarlo en beneficio de nuestro hijo. Debemos tener madurez como padres. Esto no debería estar pasando. No era necesario.

—¿Y por qué no lo arregla?

—Es raro. No sé cuáles son las razones.

—¿Has tenido alguna respuesta?

—No, pero espero que se dé una plática, y en esa plática arreglemos todo.

—¿Tienes miedo?

—Sí. Tengo miedo. Temo por mi seguridad y la de mi hijo. Sí sé que Enrique tiene un grupo de asesores que ve mi asunto. No sé qué se les pueda ocurrir.

—¿Cómo sabes que hay un grupo de asesores?

—El apoderado me dijo. Que mi asunto pasa por un grupo especial que revisa mi caso. Un grupo de asesores. Sin embargo, quiero decir que Enrique conmigo ha sido un hombre bueno y apelo a esa bondad que yo conocí y viví. No creo que me quiera hacer daño.

—¿Nunca has pensado que esto que está haciendo Peña Nieto es una venganza porque ya no estás con él?

—No lo sé. Si hay una respuesta a eso, lo tiene que decir Enrique.

—¿Él sigue enamorado de ti?

—No lo sé. Qué raro. Si fuese verdad, qué raro... lastimar a quien quieres.

—¿Qué ha sido lo más difícil para ti?

—Muchas cosas; enfrentar la demanda, buscar abogados que estén conmigo y no se vendan. Aunque lo más fuerte es mi hijo, que me dice: "¿Por qué lloras, por qué ya no sonríes como antes, por qué te vas tanto?" Ese daño se puede reparar. Estamos a tiempo de arreglarlo.

—Diego crecerá, ¿qué imagen tendrá de su padre?

—Una vez se lo dije a Enrique. No me gustaría que Diego creciera con un rencor hacia su padre. Ahorita es un niño de nueve años. Cuando sea un hombre, ojalá no sea un reclamo, un enfrentamiento. Esto se puede recuperar todavía. Enrique tiene a su hijo. Sería tan fácil salvar esa relación. Es un niño muy cariñoso. La Presidencia dura seis años, los hijos son para siempre.

—¿Peña Nieto es un padre desobligado?

—No sé las circunstancias por las que está actuando así con Diego. No fue desobligado antes, estuvo presente. No entiendo por qué. Diego es un niño inocente, pequeño, indefenso, que además lo quiere. Me tiene a mí para defenderse. Yo soy la voz de mi hijo.

—Mucha gente dice que, si hace eso con su hijo, qué no hará con el país...

—Claro, increíblemente no puedes tener un doble discurso. Y Enrique lo tiene. Yo entiendo que hay frases que tiene que decir. El Día de la Madre, del Padre o el Día del Niño. Pero en la realidad no lo lleva a la práctica.

—La prensa, ¿qué tal se ha portado contigo, han ignorado tu asunto?

—Es obvio. Están alineados. Los medios volvieron a estar a las órdenes del presidente. Todos formalitos. Hablan de todo, menos de mí. El mensaje es: "Pregúntenme de todo, menos de Maritza Díaz". Es un tema que no van a tocar en seis años, quién sabe después. La mayor parte de la prensa está muy sometida.

—¿Tu lucha puede durar seis años?

—Ojalá y no. Ojalá esto termine pronto. Por eso he llegado a estos extremos, porque no quiero seguir viviendo así, no es sano.

Un ministro de hielo

Ana María Orozco Castillo
y Genaro Góngora Pimentel

"FUE UN FLECHAZO" lo que sucedió entre ambos. Como cada día, el ministro de la Suprema Corte de Justicia de la Nación (SCJN), Genaro David Góngora Pimentel, acudía a desayunar al Vips de Plaza Inn en la avenida Insurgentes Sur. Allí lo recibía con una amplia sonrisa Ana María Orozco Castillo, quien había sido mesera y gracias a su dedicación en el trabajo había ascendido hasta convertirse en gerente de ese restaurante.

Le tenía una gran admiración. Conocía su trabajo, sus dictámenes históricos, su defensa de los derechos humanos, preocupado por los grupos vulnerables, defensor de las mujeres y los niños. Para Ana María, el ministro era un auténtico héroe de la justicia. Por eso no podía creer que la invitara a salir. Fue muy caballeroso. Y respetuoso. Ana María, de origen humilde, sólo había estudiado hasta la secundaria, aunque eso no fue impedimento para que ambos establecieran una relación de amistad. Diariamente lo esperaba emocionada. El intercambio de miradas, sonrisas y frases se fue haciendo más intenso.

Hasta que un día el ministro se le declaró abiertamente. Fue así como iniciaron una relación íntima en 2003. Los 40 años de diferencia de edad no importaba: ella tenía 26 años; él, 66.

El ministro estaba casado desde hacía años con la eminente abogada Ligia E. de la Borbolla y Rondero, quien llevaba asuntos fiscales del Grupo Alfa ubicado en Monterrey. Ambos habían decidido no tener hijos. Sostenían una "relación abierta". Las infidelidades del ministro eran conocidas y públicas. Y seguramente ella estaba enterada. Sin embargo, no parecían ser motivo de separación o divorcio.

Ana María inició su vínculo sentimental con Góngora Pimentel sin esperar nada, mucho menos que él dejara a su esposa. Estaba consciente de que se había convertido en la amante.

El ministro en retiro vivía una doble vida. En su último día en la SCJN antes de la jubilación, en 2009, ofreció un discurso de despedida y dijo: "Le dedicaré mi tiempo y mi cariño a mi querida esposa. Gracias por tu apoyo Ligia". Finalmente, enviudó en marzo de 2013.

Su imagen pública distaba mucho del comportamiento que tenía en su vida privada. Durante los siguientes dos años sostuvo una relación intermitente con Ana María. El chofer del entonces ministro lo llevaba a la casa de ella en Xochimilco. Pero en 2005 las cosas cambiaron radicalmente. Góngora Pimentel la llevó a trabajar a la SCJN. El ministro tenía la costumbre de integrar a su equipo a sus "amigas" o parejas sentimentales. Era algo que se sabía. Tal vez por eso su llegada no sorprendió al resto del personal. A pesar de que Ana María carecía del nivel de estudios necesario para ocupar el puesto que se le había asignado, fue escalando posiciones y llegó a ocupar tres puestos distintos.

La relación con Góngora Pimentel iba estupendamente. A los dos años decidieron tener un hijo. Nació David y las condiciones laborales mejoraron. Obtuvo seguro de gastos médicos y un coche. Dos años después llegó Ulises. Pero la alegría de la llegada de sus hijos fue trastocada por la enfermedad. David empezó a dar los primeros síntomas: no se interesaba por otros niños, sus juegos eran repetitivos o rituales y consistían en ordenar objetos en fila; se interesaba por un solo juguete. No utilizaba el dedo índice para señalar, no quería compartir actividades ni veía directamente a los ojos, sólo de reojo. A veces daba la impresión de ser sordo y hacía movimientos raros. El diagnóstico fue contundente: autismo. Había temores fundados de que la enfermedad se repitiera en Ulises. A los pocos meses descubrieron que el segundo hijo padecía la misma enfermedad.

¿Qué era el autismo? Ana María se dedicó de lleno a investigar el problema de sus hijos. Buscó terapia para cada uno. Le explicaron que el autismo es un trastorno con déficit del desarrollo permanente y profundo. Pudo saber que la enfermedad de sus pequeños hijos afectaba la socialización, la comunicación y por supuesto la reciprocidad emocional. Los síntomas del autismo se hicieron más presentes con los movimientos incontrolados de las manos y, claro, la dificultad de interacción social y el aislamiento.

Además del impacto de asumir la maternidad de dos niños con autismo, Ana María tuvo que enfrentarse al rechazo de su pareja sentimental. Góngora Pimentel conoció a los niños cuando nacieron, pero no mantenía una relación paternofilial con ellos. Era algo muy doloroso. Debido a que cada día los niños necesitaban más atención y cuidados, ella se vio obligada a renunciar a su puesto en la SCJN. Eso le molesto a él, al grado que dejó de hablarle y de verla.

Las dificultades económicas para atender las necesidades de los niños iban en aumento. Ana María iba a visitar al padre a su oficina particular en la colonia Florida a fin de pedirle dinero para la manutención de los niños. Él le daba para "el gasto".

"Recuerdo que una vez que lo visité llevé a los niños y me tenía preparado el dinero del gasto mensual. Me pedía que lo tomara y me fuera".

No obstante, la cantidad era insuficiente para mantener a David y Ulises. Cuando ella le reclamaba, el ahora ministro en retiro le exigía que le entregara a los niños para darles atención, pero ella se negaba porque veía su desinterés por ellos. Ana María no tuvo más remedio que interponer una demanda para obtener una pensión alimenticia.

"Si bien es cierto que el ministro me proporcionaba al principio de nuestra relación recursos para la alimentación de nuestros hijos, la forma y la cantidad que aportaba me resultaba totalmente insuficiente para sufragar los medicamentos, consultas médicas y tratamientos que ambos requieren, pues padecen un grave problema de autismo que los hace unos niños totalmente hiperactivos, y que requieren la asistencia diaria de especialistas, llamados 'sombras', para sus atenciones", expuso en sus argumentos.

La juez del Juzgado Segundo de lo Familiar del Distrito Federal dictaminó una pensión provisional del 35 por ciento del sueldo que percibe en la SCJN, en la Universidad Nacional Autónoma de México (UNAM) y en Editorial Porrúa.

—Fue una pensión alimenticia congruente con los ingresos del ex ministro y las necesidades apremiantes de nuestros dos menores hijos —refirió ella.

Pero Góngora Pimentel entró en cólera y se mostró inconforme con el porcentaje. Echó mano del recurso de apelación y el caso llegó a la Cuarta Sala de lo Familiar del Tribunal (Toca 1868/2011). Al parecer, en ese momento empezó el tráfico de influencias y la manipulación de la justicia. El magistrado de la Cuarta Sala de lo Familiar, del Tribunal Superior de Justicia del Distrito Federal, Juan Luis González Alcántara Carrancá, amigo de Góngora Pimentel, ordenó reducir la pensión de manera inmediata.

"Arropado por su amigo el magistrado Juan Luis González A. Carrancá, quien ha sido comensal por años del ex ministro Góngora Pimentel, vía corta y adoptando una posición de defensor y proteccionista, más que de juzgador, modificó en su totalidad el auto admisorio y en lugar de haberse abstenido de conocer del asunto por la íntima relación de amistad que tiene con el apelante, resolvió en forma totalmente irregular y contradictoria; por un lado condena al señor Genaro David Góngora Pimentel al pago de la mínima cantidad de $13,789.18 pesos y en el siguiente párrafo fijó una pensión por una cantidad cierta de $50,000.00 pesos mensuales sólo a favor de los menores, haciendo notar [...] que en el expediente hay constancias, hasta el momento, de que en la Corte percibe un total neto de $343,871.46, y en la UNAM percibe la cantidad de $23,321.00, más otros múltiples beneficios, como son tres bonos trimestrales que le hacen de un mes de sueldo de sus percepciones sin descuento alguno, entre otros, sin considerar las regalías que percibe en la Editorial Porrúa", señaló Ana María para explicar lo sucedido en un documento legal.

Su abogado Jesús Mora Lardizábal me cuenta en entrevista:

—En esa Cuarta Sala modificaron el porcentaje del 35 por ciento y redujeron la pensión a 50 mil pesos mensuales. Se tramitó el recurso porque vimos con sorpresa que dictaminaron la reducción a la brevedad. Me fui a un amparo, en el cual se le otorgó la protección de la justicia federal a Ana María, para los efectos de que se quedara subsistente el 35 por ciento, que significaban 90 o 100 mil pesos mensuales. Sin embargo, él interpuso nuevamente un recurso de queja. De hecho, ella nunca cobró la pensión alimenticia del 35 por ciento. En dos días, así de rápido, se ordenó la reducción a los 50 mil pesos.

El ministro en retiro, pues, no estaba dispuesto a ceder. Quería pagar lo que él consideraba justo, sin apego a la justicia que paradójicamente él representaba.

—De lo anterior se desprende que él mismo, haciendo uso de sus influencias y de su poder político, redujo en perjuicio de nuestros dos menores hijos el monto de la pensión alimenticia del 35 por ciento decretado en el expediente a las cantidades ya anotadas, que es el equivalente a menos del 10 por ciento de su sueldo, lo cual resulta totalmente ilógico y arbitrario, dados los elevados ingresos del demandado. Nótese cómo el citado magistrado, Juan Luis González A. Carrancá, se bajó de su pedestal como juzgador y se colocó en el lugar del ángel protector [del ex ministro Góngora Pimentel), pues al fijar una cantidad cierta en lugar de un porcentaje priva a nuestros hijos de un incremento periódico [y] de múltiples beneficios como son: participación en los bonos, aguinaldo, etcétera —agregó Ana María.

Su abogado promovió una demanda de amparo indirecto en contra de la resolución de Segunda Instancia, que fue admitida por el Juzgado Primero de Distrito en Materia Civil en el Distrito Federal, Juicio de Amparo 970/2011-III, y recibió la protección de la justicia federal. La respuesta de Góngora Pimentel fue un recurso de queja que, igualmente, llegó a las manos de sus amigos magistrados que integran el

Tercer Tribunal Colegiado en Materia Civil del Primer Circuito en el Distrito Federal, con el número QC81/2011.

—Fueron ellos quienes, sin siquiera notificar al Juzgado Segundo Familiar, a la Cuarta Sala Familiar y mucho menos a la suscrita, le dieron trámite "vía corta" y exprés, ordenando al día siguiente la negativa de la suspensión provisional dictada por la juez Primero de Distrito, motivo por el cual fue imposible que mis hijos recibieran el mencionado porcentaje del 35 por ciento del sueldo y demás prestaciones que percibe el ex ministro por concepto de pensión por jubilación, en la SCJN, ni del sueldo que percibe en la UNAM, y mucho menos de las regalías que percibe en la Editorial Porrúa, lo que demuestra que él mismo continúa haciendo uso de su poder político y de sus influencias, ya que, como lo he mencionado, en sus *spots* televisivos y en sus conferencias dice haber cumplido y hacer cumplir las reglas y normas establecidas en nuestras leyes y, sin embargo, para con nuestros menores hijos evade el cumplimiento de sus obligaciones alimentarias, resultando perfectamente aplicable al caso, *a contrario sensu*, la frase que dice: "El que predica la práctica debe practicar la prédica".

Nuevamente había indicios de que las autoridades tanto federales como locales ignoraban legislaciones como la Constitución Política de los Estados Unidos Mexicanos, el Código Civil para el Distrito Federal, el Código de Procedimientos Civiles para el Distrito Federal, así como la Ley de los Derechos de las Niñas y Niños en el Distrito Federal, las cuales, según el abogado de Ana María, habían sido reiteradamente infringidas, poniendo en primero y único lugar los intereses del ex ministro de la SCJN y no los de sus menores hijos.

Ana María expuso sus argumentos en desacuerdo:

"La resolución dictada en Segunda Instancia por el C. magistrado Juan Luis González A. Carrancá viola en perjuicio de mis dos menores hijos sus derechos y garantías constitucionales, pues se abstiene de tomar en consideración la condición física y mental actual de ambos menores, así como los requerimientos especiales que necesitan para su formación e integración a escuelas regulares y a la sociedad, ya que ambos padecen síndrome de autismo, un trastorno neurológico que se caracteriza por una alteración grave y generalizada de tres áreas específicas: habilidades de interacción social, habilidades de comunicación y la presencia de comportamiento, intereses y actividades estereotipadas. Aunque los dos son afectados por esta condición, [...] presentan características muy diferentes en su comportamiento habitual. A continuación se detalla brevemente el diagnóstico de cada uno de ellos:

"David Góngora Orozco, seis años.

"Diagnóstico: Autista moderado atípico.

"No habla, tiene problemas con el sistema psicomotriz fino, sus tiempos de concentración son medios y tiene crisis esporádicas de ansiedad. Actualmente se encuentra medicado con Risperdal.

"Ulises Góngora Orozco, cuatro años.

"Diagnóstico: Autista severo.

"No habla, tiene problemas con el sistema psicomotriz fino y grueso, sus tiempos de concentración son cortos y tiene crisis frecuentes de ansiedad sin causa aparente donde incluso puede hacerse daño, morderse, golpearse la cabeza, correr sin dirección o gritar sin control sin permitir que lo calmen. Este comportamiento llega incluso a dañar físicamente a la persona que en ese momento cuide de él. En adición a lo descrito anteriormente tiene detectado un quiste en el cerebro. Actualmente se encuentra medicado con Risperdal, Atemperator y Tradea. Haciendo de su conocimiento que integrarlos a una escuela regular implica recibir una instrucción especial que les permita desarrollar sus máximas capacidades para interactuar en situaciones normales. Actualmente son pocas las instituciones que atienden de manera profesional a personas con este padecimiento, una de ellas ampliamente reconocida por su alta especialización en sus programas de integración educativa y laboral de personas con TEA (Trastorno del Espectro Autista) es Domus. Con más de 30 años de experiencia, atienden e integran a la sociedad a niños, jóvenes y adultos con autismo".

Ana María insistió ante los jueces: "Como su madre, el interés personal de la suscrita está basado en poder proporcionarles las herramientas que les permitan disfrutar de una vida de calidad, a su máxima expresión, hasta donde ellos puedan extender sus capacidades. La atención personalizada para David y Ulises será necesaria *toda su vida*; por tal motivo solicité se tomara en consideración la información proporcionada, para los efectos de que en el momento de resolver se valorara el estado de gravedad física y mental en que se encuentran y se dictara una resolución estrictamente apegada a derecho, pues como ya lo he mencionado, tanto la autoridad que resolvió en Segunda Instancia reducir el monto de la pensión alimenticia, como la que decretó dejar sin efectos la suspensión provisional dictada por la juez Primero de Distrito en Materia Civil en el Distrito Federal, influidos por el poder político del ex ministro, con una celeridad, y parcialidad, demostraron que en efecto el mismo hizo uso de sus grandes influencias en el medio judicial, pues basta con leer los autos para percatarnos de que, en la misma semana en que llegó el recurso de apelación ante la autoridad que resolvió la Segunda Instancia, se dictó la correspondiente sentencia, ordenando la modificación y reducción de la pensión alimenticia que la C. juez Segundo de lo Familiar había decretado a favor de mis menores hijos, en un 35 por ciento…"

SIN COMPASIÓN

La exposición de motivos para argumentar los gastos de los niños no conmovió a Góngora Pimentel. En una reacción que semejaba una venganza, le fincó responsabilidad penal ante la Procuraduría General de Justicia del Distrito Federal (PGJDF) por un delito de fraude genérico, cuyo fundamento estuvo a cargo del propio procurador, y sus subalternos, concretamente un fiscal y sus auxiliares.

Góngora Pimentel estaba muy enojado. Incluso le reclamó a Ana María que lo hubiera demandado.

—Me exhibiste con la gente de la Corte, con la gente de la UNAM, de la Editorial Porrúa —le dijo, molesto.

La acusación penal en contra de Ana María parecía la culminación de un plan urdido por el propio Góngora Pimentel, pues meses atrás le había entregado a Ana María 2 millones 300 mil pesos para comprar una casa y ponerla a nombre de los niños. Era evidente que el inmueble no podía estar a nombre de dos niños con autismo. Ana María recuerda perfectamente que, cuando el ministro le dio el dinero, éste le dijo que escriturara la casa a su nombre en vista del problema de salud de los niños, que los incapacita jurídicamente aun cuando lleguen a la mayoría de edad, según establece el Código Civil. A la hora de declarar lo dijo: "Cuando el ex ministro me proporcionó los recursos para la adquisición de la casa, desde luego que estuvo de acuerdo en que se comprara el terreno y se construyera la casa para nuestros hijos, dándome la indicación de que se pusieran a mi nombre las escrituras tomando en consideración la discapacidad que nuestros dos menores hijos padecen, quienes aún llegando a la mayoría de edad no podrán realizar actos jurídicos por sí mismos, debido al grave padecimiento de autismo que desde su nacimiento han sufrido".

Ana María relató que incluso intentó que él acudiera ante el notario público para hacer el registro del inmueble, pero se negó. La otra opción era obvia:

—Genaro, voy a poner la casa a mi nombre —le dijo finalmente por teléfono.

Él le contestó de forma escueta:

—Está bien.

Otra trampa

Góngora Pimentel planeaba atacar a Ana María desde dos frentes: por una parte, trataría de encarcelar a la madre de sus hijos; por otra, demostrar que ella maltrataba a David y Ulises, con la finalidad de quedarse con la patria potestad.

Ana María jamás imaginó que las intenciones del hombre al que amó con profunda admiración eran aún más perversas. Al parecer, intentaba arrebatarle la custodia para después dar en adopción a los dos pequeños. De esa manera eliminaría de forma definitiva el problema de la pensión alimenticia. El delito inventado generó un juicio que duró siete meses. Ana María estaba inmersa en una maraña judicial que parecía no tener salida.

"La única forma de lograr quitarme la patria potestad de mis hijos es comprobar maltrato infantil. Si eso se confirma, él puede reclamarla, y después argumentar al juez que él es adulto mayor, que no puede hacerse cargo de los niños, y entonces entregarlos en adopción, lo cual me parecería una aberración, siendo su propio padre", dijo.

Góngora Pimentel se valió nuevamente de su amistad con el magistrado de la Cuarta Sala de lo Familiar del Tribunal Superior de Justicia del Distrito Federal, Juan Luis González Alcántara Carrancá, quien solicitó un estudio psicológico para confirmar si los niños sufrían maltrato. El abogado de Ana María también se hizo cargo de este caso. Fueron momentos de tensión, papeleo, testigos, citas constantes para audiencias y presentación de pruebas:

"Cuando pretendieron fincar responsabilidad penal por violencia familiar, la defendimos —señaló el abogado—. Se lo quisieron armar. Pero la psicóloga de la procuraduría dijo claramente que los niños no tenían ningún síntoma de violencia, ni ella presentaba rasgos de ser generadora de violencia".

El ministro en retiro y su equipo intentaron todo. Al final, la averiguación previa se fue al no ejercicio de la acción penal. Y en ese momento Ana María se dio cuenta de que el asunto debía hacerse público. Buscó a la periodista Carmen Aristegui, a quien en alguna ocasión le había concretado una cita para comer con el ministro Góngora Pimentel. Fue ella quien dio la exclusiva de este caso. Y en MVS Noticias siguió puntualmente con detalle el desarrollo del mismo. Ana María le había planteado a Federico Harta Sánchez, abogado de su ex pareja, la idea de hacer pública su situación, pero él fue tajante y muy cruel en su respuesta:

—Usted le mencionó al señor ministro que podía acudir ante los medios de comunicación y hacer público el asunto. Puede estar segura de que no le tenemos miedo. Haga lo que quiera. Nosotros vamos a ejercitar la acción penal hasta meterla a la cárcel. Le vamos a quitar a los niños para darlos en adopción o meterlos a un internado.

Ana María salió del despacho decepcionada. No sabía cómo manejar un asunto que se tornaba cada día más difícil y en perjuicio de sus hijos. Cada vez que intentaba hablar con la parte acusadora se encontraba con amenazas.

Su abogado Mora Lardizábal quiso convencerla de hacer pública su situación inmediatamente después de su encarcelamiento, pero ella tenía mucho miedo.

—Anita, hay que hacerlo del conocimiento de la opinión pública —le decía.

—No, licenciado, no me vaya a pasar algo. Luego quién va a cuidar de mis niños.

UNA NOCHE ACIAGA

La otra estrategia seguía latente. Ana María se preguntaba: "¿Será capaz de meterme a la cárcel?" Jamás creyó en esa posibilidad. De hecho, estaba completamente segura de que el hombre del que se enamoró, porque era intachable y comprometido con sus principios, sería incapaz de hacerle semejante canallada.

En la noche del 7 de junio de 2012, Ana María llegó a su domicilio cansada después del ajetreo procesal que vivía. De pronto aparecieron varias patrullas de la PGJDF y tres elementos de la policía ministerial la aprehendieron. Se la llevaron directamente al Centro Femenil de Readaptación de Santa Martha Acatitla. Todo indicaba que Góngora Pimentel había movido sus influencias ante el procurador general de Justicia del Distrito Federal y del fiscal de Procesos en Juzgados Familiares, el licenciado José Gómez González, así como del encargado de la Septuagésimo Quinta Agencia Investigadora, el licenciado Alejandro López Magaña, para que en vía corta y al vapor se integrara la averiguación previa número FPMPF/75/T3/1001/11-12.

Su abogado no daba crédito. Ese mismo día había intentado seguir el curso normal del proceso.

—Cuando teníamos la fecha para aportar pruebas y presentar a nuestros testigos, el Ministerio Público me informó que ya se había ejercitado la acción penal. El señor que me atendió en el juzgado se disculpó y se apenó mucho.

El secretario confirmó sus temores:

—Su expediente ya se fue a otro juzgado —le dijo sin precisarle cuál era el nuevo juzgado, un dato que no pudo averiguar.

Ana María hace memoria:

—De igual manera, se le brindó en la Procuraduría y concretamente en la Fiscalía ya mencionada todo tipo de facilidades para perjudicarme, pues me impidieron presentar a diversos testigos para acreditar el precio del terreno, los honorarios que se cubrieron al constructor de la casa, así como los múltiples gastos que se realizaron para amueblarla y dejarla habitable; y en lugar de recibirme a mis testigos, en dicha Agencia 75 del Ministerio Público nos trajeron a las vueltas hasta que se le informó a mi defensor particular que ya era imposible presentar testigos porque el expediente de la averiguación previa ya se había consignado, sin detenido, ante la autoridad judicial competente, motivo por el cual actualmente me encontraba en grave riesgo de perder la libertad personal.

De hecho, esa tarde, el abogado Mora Lardizábal habló del tema con Ana María.

—Hay que tomar medidas —señaló—. Necesitamos promover un amparo para evitar que me la vayan a detener.

—No, licenciado, ayer hablé con Genaro y me dijo que no hay ninguna orden de aprehensión. Que estuviera tranquila.

Pero esa misma noche lo llamó angustiada durante el trayecto al penal.

—Licenciado, usted tiene boca de profeta. Ya me detuvieron. Me llevan camino a Santa Martha Acatitla.

Mora Lardizábal no podía luchar por su libertad. Ana María no tenía derecho a ese beneficio bajo fianza porque el monto del supuesto fraude era de 2 millones 300 mil pesos. Se trataba de un delito grave de acuerdo con la cuantía.

Ella exponía y denunciaba la situación ante los juzgados: "El ahora ex ministro, no conforme con abusar de su poder político, presentó una querella en mi contra, acusándome de un delito de fraude y falsedad de declaraciones, con el solo propósito de intimidar a la suscrita, para que me desistiera del juicio de alimentos ante el Juzgado Segundo de lo Familiar, y en una reunión privada, llevada a cabo en su domicilio, por conducto y voz de su abogado patrono de nombre Federico Harta Sánchez Herrera, me amenazó de meter en prisión, de quitarme la guarda y custodia, así como la patria potestad, de mis dos menores hijos para darlos en adopción y promover la cancelación de la pensión alimenticia que tiene a su cargo actualmente, demostrando con ello que ante cualquier autoridad tiene mayor poder que la suscrita, y de los niños ni siquiera se acuerda, pues ni los visita, ni les habla siquiera por teléfono, olvidándose de la gravedad de salud que ambos menores padecen…"

CALLEJÓN SIN SALIDA

Ana María empezaba su vida en la prisión. Compartía celda con otras reclusas. A veces tenía que dormir en una colchoneta en el suelo. El hacinamiento es un grave problema que afecta a la mayoría de las prisiones de México. Se inscribió en todas las actividades que pudo: deportes, pintura, literatura, e inició estudios de preparatoria. Mientras estuvo privada de su libertad, la juez Segundo de lo Familiar le otorgó la guarda y custodia a la abuela materna, Margarita Castillo Valdovín, y a la tía María Auxilio Verónica Orozco Castillo. Ellas cuidaron a los niños durante todo el año.

La tristeza y la depresión la acompañaban. Los meses pasaban y su caso no avanzaba en los juzgados. Cada vez que Mora Lardizábal acudía para presentar pruebas y testigos en las audiencias, la parte acusadora no se presentaba. Góngora Pimentel y sus abogados no acudieron a 12 citas que fueron ordenadas en el Juzgado Sexagésimo Noveno de lo Penal del Distrito Federal, con sede en el Centro de Readaptación Social de Santa Martha Acatitla. Era evidente el objetivo: alargar el juicio para mantener a Ana María en prisión.

El abogado Mora Lardizábal protestó.

"Fue un juicio penal lleno de irregularidades. Hasta que un

día llegué con una copia certificada del Juzgado Segundo Familiar
—donde el ex ministro se excusaba de no acudir a las citas por 'motivo de su edad'— para solicitarle a la juez Sexagésimo Noveno de lo
Penal de Santa Martha Acatitla, Nelly Ivonne Cortés Silva, que las di-
ligencias se realizaran en el domicilio del ministro en retiro tomando
en cuenta su avanzada edad y estado de salud".

La juez no tuvo más remedio que acceder. Y se llevó a cabo la audiencia en su domicilio. Aquel día una camioneta "móvil", como le
llaman en el penal, trasladó a Ana María con ocho elementos que
la custodiaban. Parecía que traían una narcotraficante: le colocaron un
chaleco antibalas y la esposaron. Cuando entró a la oficina del ex ministro, estaba todo el personal esperándola. Ana María se sentó. Para
su sorpresa, le quitaron las esposas únicamente para volvérselas a poner en una de las muñecas, atada al brazo del sillón. Se sentía humillada. Jamás imaginó que esa cita sería tan denigrante. Góngora Pimentel
observaba la escena con tranquilidad, impasible.

La audiencia dio inicio. Nerviosa, Ana María no podía creer que
aquello fuera real. Miró a los ojos a Genaro. Él no tenía el valor de verla a la cara. Estaba distante. A ella le dio un vuelco el corazón. Tenía
enfrente al hombre con el que había compartido los últimos años de
su vida; ese ser que admiraba e idolatraba se había convertido en su
enemigo, en alguien capaz de provocarle tanto dolor. A Ana María le
empezaron a sudar las manos. Sintió la urgencia de pasar al baño. La
acompañaron dos custodios mujeres, una de las cuales entró con ella
al servicio y frente a la cual tuvo que orinar. Se sintió nuevamente humillada. Le parecía indigno el trato que recibía. Deseaba que aquello
terminara cuanto antes.

El acto se desarrolló conforme a lo planeado. El abogado Mora
Lardizábal expuso sus argumentos para contrarrestar el delito que le
imputaban a Ana María. Presentó sus testigos. Y la juez Sexagésimo
Noveno de lo Penal Nelly Ivonne Cortés Silva dio por concluida la
audiencia. Antes de retirarse hubo un detalle importante... su señoría
se disculpó con el ex ministro:

—Lamento las molestias que le hemos causado. Muchas gracias
por recibirnos en su domicilio.

No fue la única expresión de sometimiento. Una de las emplea-
das que acompañaba al secretario de acuerdos se mostró igualmente
agradecida y hasta cierto punto servil. Le dijo:

—¿Me puede dar su autógrafo, ministro Góngora?

Él accedió con una sonrisa.

—Yo le tengo mucha admiración, mucho respeto. Quisiera pedirle que me firme aquí —agregó mientras le acercaba tímidamente una
Ley de Amparo.

—Sí, como no. Con todo gusto —contestó Góngora Pimentel al
tiempo que tomaba una pluma Montblanc para estampar su firma,
con dedicatoria incluida.

Ana María observó la escena con estupor. Mientras ella recibía un
trato de delincuente peligrosa, a él lo trataban como una estrella de
la televisión. Estaba angustiada, triste, confundida. Tenía una mezcla
de sentimientos incapaz de definir. Sintió deseo de ir nuevamente al
baño. Y la escena con los dos custodios se repitió. Cuando salió, un
empleado ordenó que la condujeran a la camioneta para regresar al
penal. Volteó para despedirse del que había sido su pareja sentimental. No hubo oportunidad. Y él tampoco estaba receptivo. Más bien,
parecía satisfecho de haberla visto allí humillada.

En el trayecto de vuelta, Ana María hacía recuento de su vida.

EL ESCÁNDALO

El de Ana María y Góngora Pimentel se convirtió en un caso mediático intenso. La prensa destacó las canalladas del ministro en
retiro. Por supuesto, una parte de los medios de comunicación po-
litizaron el asunto. No hubo reflexión sobre el cumplimiento de la
obligación paterna de otorgar pensión a los hijos después del divorcio, más bien se generó una especie de linchamiento para atacar a la
izquierda representada por Andrés Manuel López Obrador, ya que el
ex ministro lo apoyaba desde que dejó la Corte. De hecho, se unió
al movimiento y López Obrador sostuvo durante su campaña presidencial que, de llegar a Los Pinos, lo haría su "consejero jurídico".

"Será el faro que guíe mis decisiones jurídicas si llego a la Presidencia", dijo el candidato por el Movimiento Progresista. "Nos guiaremos con una frase muy sencilla: nada al margen de la ley y nadie por encima de la ley", dijo en aquel entonces al considerar la figura supuestamente intachable del ministro en retiro.

Góngora Pimentel (nacido el 8 de septiembre de 1937) fue ministro de la SCJN de 1995 a 2009 y presidente del máximo tribunal y del Consejo de la Judicatura del 4 de enero de 1999 al 4 de enero de 2003. Dedicó su vida al Poder Judicial y siempre destacó por su inteligencia y erudición en el conocimiento de las leyes. Era considerado un magistrado brillante y progresista. Y sufrió el acoso de los gobiernos conservadores del Partido Acción Nacional y la jerarquía católica cuando determinó la constitucionalidad de las reformas aprobadas por la Asamblea Legislativa del Distrito Federal en torno a la despenalización del aborto dentro de las primeras 12 semanas de gestación.

Al dejar la Corte se dedicó a la docencia. Durante más de 40 años fue maestro de derecho marítimo, mercantil y amparo en la Facultad de Derecho de la UNAM, y de derecho fiscal en la Universidad Anáhuac. Al retirarse de la SCJN, reinició su actividad de litigante. Uno de los casos más sonados que llevó fue el de la Cooperativa la Cruz Azul S.C.L. a favor de Guillermo Álvarez Cuevas. El ministro en retiró cobró más de 10 millones de pesos por ese proceso. Es autor de ocho libros y otros tantos más en colaboración con diversos juristas.

Su currículo contrasta con su vida personal y el ejercicio de su paternidad. Mientras Ana María estaba en la cárcel, el ministro en retiro jamás fue a ver a sus hijos, ni los llamó por teléfono, ni se preocupó por su situación médica. La madre de Ana María, Margarita Castillo Valdovín, acusó a Góngora Pimentel de querer sobornarla para declarar contra Ana María. Aseguró que el ex ministro le ofreció dinero para conseguir quitarle a los niños y darlos en adopción.

Después, les propuso a ella y a su otra hija cambiar la terapia para los niños. Lo explica Ana María: "Mediante engaños, Genaro David Góngora Pimentel citó a mi señora madre y a mi hermana en un consultorio particular, con el argumento de que dichos médicos podrían proporcionarles a mis dos menores hijos tratamientos adecuados que mejorarían su situación y estado de salud, lo cual resultó ser un artimaña, ya que dichos profesionistas en realidad lo que hicieron fue simular una prueba pericial en materia de psiquiatría, llegando al extremo de poner en [la misma] frases que mi señora madre jamás pronunció, como lo son el hecho de que la suscrita hubiera dados malos tratos y ejercido violencia sobre los dos niños, lo cual mi señora madre ha negado ante el Ministerio Público, que conoce de la reciente denuncia formulada en mi contra, denuncia que sólo tiene el propósito de fincarme responsabilidad penal para llevar posteriormente un juicio ordinario civil y demandarme ante los juzgados familiares, [provocándome así] la pérdida de la patria potestad, que la suscrita ejerce sobre mis dos niños, a los cuales su progenitor jamás ha visitado, jamás los ha cuidado y mucho menos los ha llevado a sus consultas o terapias, motivo por el cual ambos menores no lo identifican como su padre ni tienen la figura paterna en él".

Góngora Pimentel tiene un sueldo aproximado de 350 mil pesos y su argumento para reducir la pensión a sus hijos era que con 12 mil 818 pesos para cada niño era suficiente, pues pertenecen a un estatus social de "clase media baja". Además, para dar menos dinero de pensión, exponía que, como los dos niños padecen autismo, "se ven imposibilitados para divertirse".

La opinión pública criticó duramente al ministro en retiro. Los analistas consideraron que era el peor final para su carrera judicial. Él intentó disculparse con una carta que refutaba las versiones de los hechos dadas a conocer por el abogado y los familiares de Ana María. El ministro en retiro aseguraba que hubo circunstancias que le orillaron a tomar acciones legales contra la madre de sus hijos, aunque no reveló cuáles fueron en realidad. "Nunca tuve el afán de afectar a Ana María, ni mucho menos a mis menores hijos David y Ulises; reconozco que me dejé llevar por mis emociones de desconcierto por la situación que en ese momento mis hijos vivían a lado de su señora madre, no lo creí justo ni para ellos ni para mí. Hay algo que sí deseo mencionar y que no debe dejarse pasar por alto: es el hecho de que jamás he faltado a mi deber de padre con mis hijos, jamás he dejado de ver por ellos, siempre he estado al pendiente de sus necesidades emocionales, físicas, materiales y espirituales".

La mediatización del caso y la gran exposición de argumentos absolutorios del licenciado Mora Lardizábal consiguieron la libertad para Ana María. La juez 69 de lo Penal cerró la instrucción y pasó al periodo de conclusiones. El Ministerio Público no presentó conclusiones acusatorias, porque obviamente carecía de elementos, y mandó un oficio fuera del procedimiento al procurador en el cual le decía que no había razones para solicitar una condena. El abogado Mora Lardizábal exhibió sus conclusiones absolutorias muy bien fincadas, con argumentos claros. No había elementos para que Ana María siguiera retenida en prisión. Las circunstancias indicaban que todo había sido un montaje. Finalmente, el 7 de junio de 2013, exactamente un año después de permanecer en la cárcel, la juez Nelly Ivonne Cortés Silva ordenó la inmediata puesta en libertad de Ana María.

"Me siento feliz de poder regresar a casa para reunirme con mis hijos. Quiero buscar más opciones de terapias para ellos, porque el autismo necesita mucha investigación y actualización. Solamente quiero pedirle a Genaro que tome conciencia y si gusta acompañarme para que él mismo verifique los costos de las terapias de nuestros hijos", dijo a los periodistas al salir del penal.

LOS OTROS HIJOS

Si Góngora Pimentel pensaba que el escándalo que terminó con su buena imagen había terminado, estaba muy equivocado. Durante la vorágine de información apareció la ex magistrada Rosalba Becerril Velásquez, otra amante del ministro en retiro que le exigía la pensión alimenticia para sus dos hijos. El 10 de junio de 2013 demandó al ex ministro, a quien acusó de nunca haberse ocupado de sus vástagos de siete y 17 años.

"Nunca nos ha pagado una renta de vivienda ni nos ha otorgado una vivienda digna y decorosa, ni mucho menos ha proporcionado ningún tipo de servicio médico para nuestros menores hijos, no obstante que se lo he requerido de manera extrajudicial desde el año de 1996", señaló en su demanda.

De acuerdo con el texto que fue presentado el 21 de junio ante la Fiscalía para Asuntos Familiares de la PGJDF, la ex magistrada argumentó que por "motivos de salud" había dejado de formar parte del Poder Judicial en 2008. El 24 de junio se turnó a la Octava Sala en Materia Familiar, del Tribunal Superior de Justicia del Distrito Federal.

La ex pareja de Góngora Pimentel le solicitaba una pensión con carácter retroactivo, debido a que había contraído deudas para la manutención de los hijos desde que nacieron: "El pago de una pensión alimenticia provisional y en su momento definitiva y retroactiva desde las fechas ya referidas para la atención de las necesidades de los menores que represento y el pago de los gastos que se generen en el presente juicio".

Sin embargo, en 2008 la Procuraduría General de la República (PGR) estaba investigándola por presuntamente haber alterado las sentencias de 477 expedientes judiciales. Ese mismo año fue removida de su cargo por el Consejo de la Judicatura Federal, por la dilación en la resolución de juicios a su cargo y por acusaciones de resolver asuntos judiciales sin elaborar proyectos.

Luego de denunciar a Góngora Pimentel, concretamente el 3 de julio, la mujer aseveró que su familia había sido amenazada, por lo que solicitó el resguardo de la autoridad judicial. "Pido que la PGR brinde seguridad a mi persona y a mis hijos, ya que hemos recibido amenazas de muerte y tememos por nuestra integridad física", dijo en conferencia de prensa cuando detalló que el 21 de junio habían intentado secuestrar a su hijo mayor, Edwin Diego Góngora Becerril, quien tres días antes había sido intimidado durante una llamada telefónica. La ex magistrada contó que había presentado la documentación a la Comisión Internacional de Derechos Humanos, la cual remitió oficios a la PGR y la PGJDF a fin de solicitar que le brindaran vigilancia especial.

Becerril Velásquez se defendió de las acusaciones que pesaban sobre su trabajo y señaló que como magistrada en materia administrativa siempre fue transparente y actuó con responsabilidad profesional.

"Nunca fui protegida y, mucho menos, se me investigó por alterar expedientes. Jamás alteré el sentido de ninguna resolución o sentencia, jamás removí hojas de expedientes ni lucré con un acto relacionado con alteración de expedientes […]. No es justo que mi carrera se la atribuyan a una tercera persona", ha puntualizado haciendo alusión a su relación con Góngora Pimentel.

Sin embargo, la periodista María Idalia Gómez publicó información sobre ella en su cuenta de Twitter. "La relación de Rosalba Becerril con Góngora le dio mucho poder en el Poder Judicial y pretendió hundir a sus colegas que no la respaldaban", sostuvo en un primer comentario. Al parecer, eran tantos los delitos y las faltas cometidos por la magistrada que Góngora sólo pudo negociar que no la ratificaran en su cargo, pero un magistrado, a quien Rosalba Becerril trató de arruinar, la denunció penalmente por alteración de documentos. El expediente sigue abierto. Por eso Rosalba Becerril tuvo que aceptar retirarse del Poder Judicial; además, Góngora ya se había jubilado de la Corte. No obstante, ante la mirada pública Rosalba Becerril se habría ido con mucho dinero, por los negocios que hizo al alterar documentos y la gratificación que le dio el Poder Judicial.

La ex magistrada se defendió y dijo que el proceso que se le siguió estuvo "viciado".

Su historia de amor con el ministro Góngora Pimentel inició cuando ella era una joven estudiante de la Facultad de Derecho de la UNAM y mantuvo una relación estrictamente académica, profesional, pero de profunda admiración, con el que era considerado el "jurista más reconocido de México".

La ex magistrada se mostró molesta porque dijo que fue lanzada al escrutinio público por una demanda familiar que debió mantenerse al margen de su trayectoria profesional: "Han dicho que Góngora Pimentel me creó como jurista. Soy hechura de mi propio esfuerzo. Tengo una carrera desde 1985 y no sólo he trabajado con Genaro Góngora Pimentel […]. Si me protegiera Góngora Pimentel, ¿me habrían sancionado? Hay magistrados y jueces que tienen muchísimas más quejas y ocurre que las sanciones no son mayores. Tengo cuatro o cinco quejas cuando otros tienen más. Me fabricaron quejas falsas para no ser ratificada". Y a pesar de todo, defendió a Góngora Pimentel, porque añadió que por un "error personal" se quiere empañar la trayectoria del jurista más reconocido del país.

INAUDITO

Por si fuera poco el escándalo para el ministro en retiro, luego de la liberación de Ana María Orozco ocurrió algo que sorprendió a todos: contrario a lo que él mismo había manifestado a través de la "disculpa pública", Góngora Pimentel apeló la liberación de su ex pareja sentimental, Ana María Orozco. El ex ministro había sostenido: "Voy a procurar los medios para intentar la libertad de Ana María", y sin embargo interpuso el recurso cuando se emitió la sentencia absolutoria.

"El día lunes se le vencía el plazo para interponer su recurso de apelación contra la sentencia que decretó la libertad de Ana María Orozco. Hoy fuimos al Juzgado 69 Penal y nos dijeron que sí, que había interpuesto el recurso de apelación que tiene dos finalidades: que se revoque la libertad de Ana María y la otra que se repare el daño económico que presuntamente él o el patrimonio de sus dos hijos hayan sufrido. La apelación nos dejó, la verdad, muy defraudados, porque ya van varias ocasiones que el ex ministro [...] literalmente presenta un escrito y a los pocos días menciona 'Vengo a retractarme del contenido de mi escrito de tal fecha', y ahorita, de hecho, se contradice y se retracta de lo que le dijo por escrito a Ana María, donde públicamente él se disculpó por los daños que le pudo haber ocasionado a Ana María, a sus hijos y a su familia. Incluso llegó a comentar que lo había hecho en un momento de ofuscación y que iba a apoyar a la autoridad ministerial para que a la brevedad posible se obtuviera la libertad [...]. Ana María está muy nerviosa y preocupada con todo esto, pues ya habíamos convenido el fin de la controversia", señaló el abogado Mora Lardizábal.

Ante la presión mediática y las críticas de distintos sectores de la sociedad, Góngora Pimentel finalmente se desistió de apelar la libertad de su ex pareja y madre de dos de sus hijos. El abogado Mora Lardizábal externó su asombro por la indiferencia del ministro en retiro hacia sus vástagos:

—No hay trato del ex ministro con los niños. Nunca lo ha habido. Cuando nacieron los fue a conocer. Nunca más regresó a verlos.

—¿Por qué cree que el ex ministro urdió esta venganza contra Ana María? —le pregunté casi al final de nuestra entrevista.

—Recibió una asesoría inadecuada. Tuvo a Federico Harta Sánchez como abogado patrono. Nos reunimos en dos o tres ocasiones para ver la posibilidad de resolver este problema de una vez. El ex ministro no hablaba una palabra. Todo lo que quería decir lo hacía por conducto de su abogado patrono. Pensamos que él fue el que ideó que metieran a la cárcel a Ana María para quitarle a los niños, darlos en adopción y cancelar la pensión alimenticia.

El abogado Mora Lardizábal relató que los cuatro hijos que "le salieron" a Góngora Pimentel no son los únicos:

—Salió otra relación de la ex magistrada Rosalba Becerril y por allí hay otra relación con una persona de la Corte [llamada] Sarita con la que tuvo dos niños autistas.

—¿Entonces el autismo tiene que ver con él?

—Los peritos que estudiaron a los dos niños de Ana María le emitieron una opinión verbal a ella: "La personalidad del ex ministro es de un autista; autista moderado, muy inteligente". Lógicamente muy inteligente: para sobresalir en la administración de justicia hasta llegar a la presidencia de la SCJN… Aunque, para mandar a la cárcel a [su] pareja para cancelar la pensión alimenticia, se requiere mucha maldad.

LA ESPERANZA

¿Cómo repara el Estado el daño ocasionado a una inocente que ha pasado un año en la cárcel? Difícilmente existe una compensación para todo ese tiempo que Ana María Orozco Castillo pasó lejos de sus hijos. Es igualmente difícil encontrar una manera de reparar la humillación, el daño moral ocasionado a su buen nombre.

Durante su permanencia en prisión denunció la violación a sus derechos humanos y la expuso ante la Comisión de Derechos Humanos del Distrito Federal (CDHDF), presidida por Luis González Placencia, quien congeló la investigación; de hecho, luego de recibirla la archivó, pero al hacerse público el asunto no tuvo más remedio que reactivar el expediente FPMPF/75/T3/1001/11-12. La queja fue presentada el mismo día en que Ana María fue detenida, el 7 de junio de 2012. Al cabo de unos meses le informaron en prisión que el expediente había sido archivado porque no "encontraron elementos" que acreditaran la violación a sus derechos humanos. El abogado Mora Lardizábal presentó una segunda queja por la forma irregular en que se dio la reducción de la pensión alimenticia, pero tampoco obtuvo respuesta de la CDHDF.

Ante la grave anomalía de falta de acción de la CDHDF, Ana María Orozco presentó una queja ante la Comisión Nacional de Derechos Humanos (CNDH). El 27 de agosto de 2013, esta institución determinó que sí se violaron sus derechos humanos, porque nunca existió el delito por el que fue acusada. En la recomendación el *ombudsman* nacional, Raúl Plascencia, pidió al jefe de Gobierno del Distrito Federal, Miguel Ángel Mancera, y al presidente del Tribunal Superior de Justicia del Distrito Federal (TSJDF), Édgar Elías Azar, tomar las medidas necesarias para reparar el daño ocasionado a Ana María y a sus dos hijos. Ambas dependencias debían pedir una disculpa pública por las violaciones en que incurrieron servidores públicos de las dependencias a su cargo y que mantuvieron a Ana María Orozco un año en la cárcel a pesar de ser inocente, perjudicando también a sus hijos, a quienes privaron de los cuidados de su madre. Sobre la mala actuación de la CDHDF, la recomendación señalaba que los servidores públicos de esa dependencia incurrieron en omisiones.

El abogado Mora Lardizábal se mostró contento porque posiblemente ése fue el final procesal de la historia.

"Se le va a emitir una disculpa pública y una indemnización. En este caso se demostró un uso del poder político fuerte. Ya hubo un arreglo entre ambos. De hecho, en agosto ella cobró 65 mil [pesos] de pensión, en lugar de 50 mil [...]. Ellos hablaron, él le pidió que ya no se hiciera público nada, que ya no hablará ante los medios".

Góngora Pimentel está enfermo a sus 76 años. Casi no sale de su casa. Quienes lo frecuentan dicen que se siente deprimido por lo sucedido. Ana María acude a verlo para llevarle a sus hijos. En una de las más recientes visitas iba acompañada de David, ya de siete años. El niño permaneció en silencio mientras sus padres hablaban. Antes de irse, Ana María le dijo:

—Él es tu papá. Despídete de tu papá.

El niño apenas pronunció una sílaba, sin terminar la palabra que alude a un hombre que apenas conoce:

—Pa...

El ministro en retiro permaneció en silencio.

El príncipe convertido en sapo

Maude Versini
y Arturo Montiel

"**P**UEDO GRITAR AHORITA que es un monstruo. —La frase retumba en el aire. Maude Versini lo dice con firmeza y lo repite—: Arturo Montiel era mi príncipe, siempre lo vi así. En cambio ahora es como un extraterrestre. Veo un monstruo sin corazón".

La historia de amor entre Maude Versini y Arturo Montiel empezó como un auténtico cuento de hadas. Conquistador, detallista, millonario, el ex gobernador del Estado de México (su administración fue de 1999 a 2005) lo tenía todo: esposa, amantes, fortuna... Pero le faltaba algo: una mujer bella, extranjera, inteligente y ambiciosa. Una princesa.

Se encaprichó con la francesa desde que estaba casado con Paula Yáñez Villegas. La hizo su novia, asegurándole que vivía con su cónyuge pero no tenían intimidad desde hacía siete años. "Ya no compartían el mismo cuarto, y en la Casa de Gobierno del Estado de México cada uno tenía su habitación", me dice Maude en entrevista. "No era un secreto para nadie que la pareja iba muy mal: Arturo era muy mujeriego, muy seductor, tenía varias amantes".

Se conocieron en 2000, cuando él acababa de cumplir su primer año de gobierno. Maude llegó al Estado de México para hacer un publirreportaje turístico que se publicaría en la revista *Paris Match* titulado "México de los mil rostros".

Arturo, a pesar de llevar 30 años de matrimonio con Paula y haber procreado con ella dos hijos, Arturo y Juan Pablo, cortejó a Maude abiertamente. Ella confiesa que quedó fascinada con la personalidad del político mexiquense: "Era un hombre apasionado, que me cautivó; tan carismático y orgulloso de su estado. Me sedujo inmediatamente. Nunca me importó nuestra diferencia de edad. No era un problema para mí. Era un hombre encantador, un caballero de verdad. Yo viví en un sueño, y a veces me observaba a mí misma como si fuera espectadora de mi propia vida: todo parecía irreal".

A partir de entonces establecieron una relación a medias y básicamente vía telefónica. A Maude la enviaron a Caracas a hacer un reportaje sobre Hugo Chávez para *The New York Times*: "Allí, Montiel me vino a visitar, y una segunda vez me mandó su avión privado para que pasara el fin de semana con él en Valle de Bravo. Tenía la impresión de que buscaba siempre ponerme en el centro de su vida. Estaba encantada. Estaba feliz, vivíamos día por día".

Fue el inicio del romance. Varios meses después, a finales de 2001, Montiel la invitó a un crucero en las Bahamas y de regreso a París le propuso matrimonio bajo el Arco del Triunfo. No fue impedimento que Montiel aún estuviera casado con Paula. Le entregó a Maude el anillo de compromiso. Él es 30 años mayor que ella; Maude, en ese entonces de 29 años, tenía la edad de los hijos del ex gobernador.

"Le di un 'sí' franco y espontáneo", relata Maude. "Pero esperaba ver cómo le iba a hacer porque todavía seguía casado. Y tuvo un gesto muy excéntrico en aquella época: mandó cambiar un artículo del Código Civil. Arturo llevaba siete años separado de su esposa, aunque seguían viviendo en la misma casa. Él siempre fue claro conmigo, y al pedir mi mano ya había comenzado los trámites de su divorcio".

Efectivamente, el 19 de junio de 2002, el político anunció su divorcio de Paula. Sólo que había un problema: la ley del Estado de México no permitía un casamiento inmediatamente después de un divorcio. Montiel lo arregló con su poder. El 31 de mayo de 2002 había enviado al Congreso estatal reformas al Código Civil para eliminar los obstáculos que le impedían realizar la boda. Fue así como Arturo y Maude contrajeron matrimonio el 22 de junio de ese año en el hotel El Santuario, en Valle de Bravo. Se casaron por el civil, bajo el régimen de separación de bienes. Celebraron la boda en la casa de Valle de Bravo del ex gobernador. El enlace fue calificado de "inolvidable" por la prensa del corazón, que daba cuenta de fuegos artificiales y flamencos que corrían por el jardín.

"Yo me casé con un hombre bueno, con corazón. Él ayudó a mucha gente. Lo vi con mis propios ojos. Era un hombre sumamente generoso, con corazón y sensibilidad".

La sociedad mexiquense tardó en acostumbrarse a tener una presidenta del DIF 30 años más joven que el gobernador recién divorciado.

En julio de 2003, Maude le anunció a Arturo su embarazo de mellizos, a quienes bautizaron por todo lo alto con los nombres de Sofía y Adrián. El tercer hijo, Alexi, nació el 21 de julio de 2005.

En ese entonces Maude jamás habría imaginado que su "príncipe", el hombre generoso, encantador y caballero, fuera capaz de retener a sus tres hijos y le impidiera volver a verlos.

CUENTO DE HADAS

El matrimonio iba viento en popa. La vida de Maude era como un hermoso cuento de hadas. El Príncipe se esmeraba por mantener viva la llama del amor con bellos detalles.

—¿Usted qué le vio de bueno a Montiel cuando lo conoció? —le pregunto a Maude en una de las entrevistas.

—No es el mismo hombre. Me queda claro que el hombre con el cual me casé no es éste. Hoy veo un monstruo. Sin corazón. Siento que este señor no ama a sus hijos, por hacerles tanto daño. Está utilizando a sus hijos como armas para destruirme. Eso no es una prueba de amor. Eso no es ser un buen padre. Es indigno.

—Su romance con él duró cinco años… ¿Era un hombre romántico?

—Sumamente romántico. Cada 22 de mes, porque nos casamos un 22 de junio, me mandaba 201 rosas blancas porque son mis favoritas y para recordarme su gran amor por mí. Cada rato me daba sorpresas, me mandaba los mariachis. Era un hombre muy detallista, muy romántico.

—Un conquistador… ¿Le gustaban mucho las mujeres?

—Era muy mujeriego. Eso yo lo sabía. Todo mundo lo sabía. No tenía sólo una amante, tenía muchas amantes cuando estaba casado con su primera esposa. Conmigo no sé si tuvo amantes, pero yo soy muy celosa, siempre estaba allí muy pegada a él. No quería que ninguna mujer se le acercara. Siempre averiguaba con quién andaba; cuando yo no iba a una gira mandaba a mis gentes para checarlo. Yo estaba muy encima de él para siempre estar segura de que no me fuera infiel.

—Usted empezó a salir con Montiel cuando él estaba casado. ¿Fue usted su amante?

—No, yo no fui su amante jamás. Arturo estaba separado de su esposa.

—Pero vivían juntos, en la misma casa…

—Es que la Casa de Gobierno del Estado de México es sumamente grande, con 12 cuartos. El señor vivía al otro lado de la casa de su entonces esposa Paola. No dormían juntos. Tenían cuartos diferentes. De hecho, ella no siempre dormía en esa casa, tenía otra casa. Tenían sus vidas muy distintas, muy diferentes. No vivían juntos.

—Pero el vínculo matrimonial continuaba…

—Yo no hubiera estado con él, si él hubiera sido un hombre felizmente casado. Empezamos una relación porque él me aseguró y me demostró que ya no estaba con ella. Me dijo que esa relación se había terminado [hacía] mucho, pero que no se había querido divorciar por la campaña a la gubernatura. Cuando yo lo conocí acababa de ser electo gobernador.

—¿Y cuando le pidió matrimonio en París ya era un hombre libre?

—No, supongo que ya había empezado a arreglar las cosas del divorcio por su lado. Yo acepté, pero nunca pensé que nos podíamos casar así de rápido. Mandó cambiar un artículo del Código Civil y nos casamos inmediatamente. Se divorció muy rápido. Supongo que era lo que quería su ex esposa. Creo que ella sufría por esta situación de tener que verlo siempre con mujeres. Su vida no fue fácil para ella tampoco.

—¿Usted nunca sospechó de infidelidad alguna?

—No. Yo lo veía como mi príncipe. Siempre lo vi así. Era un hombre encantador. Mis padres, que en un principio no estaban de acuerdo con este matrimonio, después estaban encantados con él. Encantados. Nos enamoramos todos de él: mi mamá, mis hermanos, toda la familia estaba encantada. Era un hombre que tenía todas las deferencias con mi familia. Era el hombre con el que soñaba una madre para su hija. Mi mamá estaba al principio totalmente en contra, pero luego estaba encantada. Cuando lo conoció dijo: "¡Qué hombre!"

—¿Un conquistador?

—Sí, pero con mucho encanto, con un *charming*.

—¿Muy seductor?

—Un gran seductor, seguramente sí.

—Seguramente espléndido, con mucho dinero.

—Sí, pero no solamente eso. Era un conjunto. Era un caballero… —Suspira, guarda silencio y añade: —Hoy parece ser un extraterrestre. No es el mismo. No lo reconozco para nada. Nunca terminas de conocer a la pareja. Eso lo aprendí. Bueno, aprendí muchas cosas, entre otras, ésa.

FIN DEL IDILIO

Maude y Arturo exhibían su amor por doquier. Asistían a todos los actos públicos, incluso hubo obras de gobierno que Montiel hizo bautizar con el nombre de ella; por ejemplo, el hospital de Atlacomulco. Las muestras de amor del político mexiquense no tenían límites. Eran sus homenajes o, mejor dicho, como se rumoraba, del estado, pagados con el erario público. Hasta construyó el Centro Internacional de Esquí Nevado de Toluca para satisfacer su pasión por el deporte de la nieve.

Dos años después, sin embargo, el encantó se rompió. ¿Qué pasó? ¿Por qué el idilio duró sólo cinco años? Maude lo explica: "Arturo era un hombre obstinado; era siempre difícil hacerle cambiar de idea. Yo era convencida que esta vida [en el poder rumbo a la Presidencia] no era para nosotros. Presentía algo malo. Yo era una persona tímida, reservada, y estar siempre en los reflectores nunca me gustó. A él era lo que le fascinaba, era lo que más le gustaba. Para quitarse la presión que tenía encima, con tantas responsabilidades, tomaba bastante alcohol. Supongo que mucha gente en México toma, pero Arturo tomaba más de lo normal. En varias ocasiones, los meseros de Casa de Gobierno tuvieron que cargarlo entre dos, porque ya no podía ni caminar, y se orinaba en sus pantalones sin poder aguantarse. No soportaba verlo así".

Para Maude hablar ahora de aquel episodio de su vida resultaba difícil. Pero aun así hizo un esfuerzo para recordar esa etapa oscura y dolorosa de su matrimonio: "Diario, para poder dormir, tomaba sus pastillas de Lexotan, muchas más de lo normal para encontrar el sueño. Él no soportaba las contrariedades. Era un hombre sumamente celoso, posesivo. Era difícil para mí vivir con un hombre así. Me había puesto como dentro de una jaula de oro. Yo no tenía nada de libertad. No podía hacer nada sin avisarle, ni ir a ningún lado sin que estuviera enterado. Para comer con una amiga en México tenía que pedirle permiso con varios días de anticipación. Me sentía a menudo prisionera".

El político mexiquense sólo pensaba en su camino a la Presidencia de la República: "Montiel era un drogadicto de poder. Le gustaba la política, pero sobre todo el poder; su sueño era ser presidente del país. Creo que hizo una mala elección. Yo le propuse después de su mandato de gobernador en 2005 que dejara todo para que viviéramos felices entre Francia y México, disfrutando de nuestros tres hijos y dejando la política de lado. No quiso. Me pidió que lo apoyara. No quería otra vez una vida como ésa; una vida que a mí no me agradaba".

La caída de Montiel por los escándalos de corrupción fue estrepitosa y no sólo le costó la Presidencia, sino también su matrimonio.

Maude hurga en su memoria: "Cuando el escándalo surgió, él ya había empezado su precampaña para la Presidencia de 2006. Arturo no soportó esta caída. Fue devastador. Entró en una depresión enorme".

La presión mediática contra ambos terminó por arruinar la convivencia: "Vivimos acosados por los periodistas, la gente; ya no podíamos salir de nuestra casa por tanta gente que estaba frente a nuestro domicilio con cámaras... Yo también empecé a entrar en depresión".

En 2007 Maude inició los trámites de divorcio. Y todo cambió, incluso aquellas obras en el Estado de México que llevaban su nombre se rebautizaron. "No podíamos seguir viviendo así. Por el bien de mis tres bebés, decidí ir a París para estar rodeada de mi familia. Una vez allá, no quise regresar a México. La presión que teníamos en México se había vuelto insoportable".

Maude consiguió un buen convenio económico en noviembre de 2007: 300 millones de pesos para ella y sus hijos, según versiones periodísticas. Ella prefiere mantener en secreto la cantidad. Luego del divorcio se quedó a vivir en Francia, mientras Montiel regresaba a México muy deprimido. Ambos tomaron la decisión de que los niños se quedarían con ella.

Un año después, Maude se volvió a casar, con Philippe Lancry, y tuvieron una hija. Montiel contrajo sus terceras nupcias a la edad de 64 años con Norma Meraz —ex directora de Radio y TV Mexiquense, de quien se dice era una antigua amante con la que engañaba a su primera esposa.

Maude y Montiel tenían por delante el gran reto de construir una relación basada en la paternidad y no en el amor de pareja. El ex gobernador veía a sus hijos cada vez que podía viajar o ellos venir a México. Y cumplía cabalmente con la pensión alimenticia, cuyo monto ella también prefiere mantener en secreto.

LA TRAICIÓN

La naturaleza humana de Montiel fue exhibida en su máxima expresión muy pronto. En diciembre de 2011, cuando Maude le envió a sus hijos para pasar la Navidad con él, Montiel dio un golpe de timón: decidió retener vía judicial a los tres niños y no regresarlos a Francia. Peor aún: acusó a Maude de maltratarlos, de ser una mala madre. Según parece, echando mano de sus influencias consiguió inmediatamente la guarda y custodia de los pequeños, con la anuencia de la justicia del Estado de México.

Desesperada, Maude acudió a todas las instancias para intentar recuperarlos. No era la primera vez que Montiel intentaba algo similar. Antes, en 2007, había querido hacerlo, pero los tribunales franceses le dieron la razón a la madre y los niños volvieron a su hogar en París.

En un comunicado, la embajada de Francia en México señaló que los tres hijos del matrimonio Montiel-Versini habían sido confiados a la madre por el Tribunal de Primera Instancia de Tenancingo, y que estaban de vacaciones en México desde el 17 de diciembre de 2011, debiendo regresar a Francia el 2 de enero, condición legal que el político mexiquense no había respetado.

Maude amenazó entonces con revelar datos de corrupción durante el periodo en que Montiel fue gobernador, pero nunca lo hizo. Repetía que la vida privada de ambos no era asunto de interés público. Montiel se defendió y dirigió una carta a *Reporte Índigo* en la cual aseveraba que las autoridades judiciales le habían concedido la guarda y custodia provisional desde el 20 de diciembre de aquel año: "Ante esos hechos, en ejercicio de la patria potestad ejercí diversas acciones legales para proteger su integridad y derechos. En consecuencia, siguiendo los procedimientos de Ley, se me ha conferido por autoridad competente su guarda y custodia provisional".

Maude se defendió. Negó las acusaciones y acusó a Montiel de realizar maniobras ilegales con la complicidad de autoridades y anunció una lucha legal para pelear la custodia de sus hijos: "Como presidenta del DIF del Estado de México, del 2002 al 2005 he batallado con fervor en contra de la violencia intrafamiliar e invité a las madres y a los niños maltratados demasiado callados a denunciarlo ante la justicia. Nunca he maltratado a mis hijos, y tengo más de 70 testimonios de médicos, maestros de escuela, padres de familia y vecinos [que] lo confirman. Arturo Montiel está violando los acuerdos de custodia legal, y si está tan seguro, entonces que se someta y acuda a la justicia francesa, además, siendo los tribunales franceses los competentes en este caso. El Ministerio de Justicia francés está haciendo su trabajo y espero muy pronto poder volver a ver a mis tres hijos que ni siquiera me dejan contactar desde hace casi tres semanas".

Cuando la entrevisté se mostró nerviosa, angustiada. No hay nada peor para una madre que no ver a sus hijos ni hablar con ellos. Los testimonios de las niñeras contratadas por el ex gobernador del Estado de México fueron fundamentales para quitarle la guarda y custodia. "Fue una mentira. No voy a maltratar a mis hijos delante de niñeras que fueron escogidas por mi ex marido. Es una barbaridad".

Para su sorpresa, en febrero de 2012, justo tres meses después de que retuviera a los niños, Montiel la llamó para hacerle una "propuesta financiera" a fin de que dejara que los niños se quedaran con él. Maude entró en cólera:

—¿Tú crees que yo voy a vender a mis hijos? ¡Estás loco!

En ese momento entendió que debía demostrar que nunca había maltratado a sus hijos. Hubo una investigación y presentó más de 120 testimonios que sustentaban su versión. En marzo de 2012, el procurador general de Justicia de Francia descartó cualquier señal de maltrato. La estrategia de Montiel de retener a los niños, de acuerdo con Maude, fue en realidad una venganza porque ella se negó a regresar con él: "Fue una trampa que armó. Me dejó creer que teníamos una buena relación. Me dejó creer que estaba contento cuando nació mi hija. Me dejó creer que estaba contento con su vida. No sé si todo esto es su venganza por haberlo dejado y por haberme regresado a vivir a Francia".

Pero Montiel tiene abogados poderosos en París, los mismos que representaron a Carlos Salinas de Gortari y a su hermano Raúl: Eric Noual y Céline Fournier Level, cuyo despacho se encuentra en la calle Daumesnil número 20 en la capital gala, código postal 75012. Ambos abogados prepararon un grueso expediente con los testimonios de las cinco niñeras que Montiel envió a sus hijos, con la aprobación de Maude, argumentando que así podrían seguir hablando español y los ayudarían a la hora de trasladarse a México para estar con él.

Todo hace pensar que fue una estrategia muy bien planeada. El 27 de junio de 2011 las niñeras Mariela Bustos y Miriam Pineda Arce interpusieron una demanda en contra de Maude y su esposo Philippe Lancry por privar de alimentos a sus hijos. Los acusaron de "violencia múltiple" en perjuicio de los niños Sofía y Adrián Montiel Versini, y de "maltrato psicológico" en perjuicio de Alexis, el más pequeño, que sufre autismo.

La actitud de Céline Fournier fue muy poco profesional. En la demanda no aparecía como abogada, sino simplemente como "traductora" de las nanas mexicanas.

Otra de las nanas enviadas por Montiel fue María Guadalupe Barrón Estrada, quien trabajó en el ayuntamiento de Toluca con José Guadalupe Chávez Bernal y con Francisco Balderas, en la Secretaría de Desarrollo Social y la Secretaría de Finanzas.

Maude sospechó y le pidió su currículo, pero el secretario privado de su ex marido, Onésimo García, le advirtió que no tenía más remedio que aceptar las condiciones de Montiel, según el acuerdo de divorcio.

"Sólo vino a espiarnos", narra Maude. La niñera ofreció un testimonio que grabaron los abogados de Montiel. Acusaba a Maude y a su actual esposo de maltrato infantil. El testimonio fue utilizado después en el juicio que en el momento de redactar estas líneas aún se desarrollaba en el Estado de México para quitarle a Maude la custodia de sus hijos. De esa manera, Montiel justificó la retención de los pequeños.

No obstante, el 5 de marzo de 2012 la justicia francesa desechó la demanda de las niñeras mexicanas contra Versini y Philippe Lancry por carecer de argumentos: "Investigaron más de nueve meses sin encontrar el menor maltrato. El Tribunal de Gran Instancia de París ordenó el sobreseimiento del caso".

Maude está segura de que Montiel urdió su venganza porque ella se negó a volver con él. Asegura que sus hijos nunca los vieron juntos y extrañamente, cuando volvían de México, le pedían que regresara con su papá: "Mis hijos me decían: 'Mamá, ¿por qué no te regresas a vivir con papá?' Cuando yo me separé, los grandes tenían dos años, y Alexis, un año. Imagino que eso se los dice Montiel. Él me lo estuvo diciendo muchas veces al teléfono. Me hizo proposiciones para volver. Me decía: '¿Por qué no empezamos de nuevo todo, por qué no lo intentamos de nuevo?' Él ya estaba casado, y yo también. Le decía: 'Eso ya terminó'. Nunca le di ninguna ilusión".

Montiel se volvió a casar después del divorcio "con su amante de siempre", dice Maude. A su vez, en 2009, la francesa se casó con Philippe Lancry, 30 años menor que Montiel, con quien tuvo a su hija Tara, actualmente de cuatro años.

"Desde que volví a hablar con los medios, el señor Montiel ya no me quiso pasar a mis hijos", prosigue Maude. "Me castiga. Cada vez que abro la boca, cada vez que hago una declaración se molesta y ya no me toma las llamadas. Yo llamo a diario para hablar con mis hijos y no me contesta. Le escribo *mails* y los guardo para mis hijos. Quiero que sepan cuánto he luchado por ellos. Todo lo que hago lo guardo como prueba, testimonios para mis hijos, para cuando estén más grandes y puedan entender exactamente lo que ha pasado. Nunca voy a dejar de luchar por ellos. Jamás me voy a resignar. Haré todo lo posible por recuperarlos. Quiero que me devuelvan a mis hijos. Lo que Montiel me está haciendo vivir es monstruoso, de verdad. Ya no sé qué hacer".

El lado oscuro

A partir de entonces Maude Versini inició una lucha intensa para recuperar a sus tres pequeños. Sin embargo, en el Juzgado Tercero Civil de Primera Instancia del Distrito Judicial de Lerma de Villada, Estado de México, le dijeron que el proceso podría tardar hasta dos años más. "Es una pesadilla, no tengo las fuerzas ni físicas ni psicológicas. No aguanto más".

El 29 de mayo de 2012 ganó una resolución de la juez Guadalupe Escalona Valdez. La sentencia era contundente: ordenaba a Arturo Montiel devolver de manera inmediata a los niños. Fue un juicio de restitución celebrado con base en la Convención de la Haya, firmada por Francia y México. Montiel se amparó en contra de esa resolución judicial. Maude no bajó los brazos y en julio de 2012 ganó la apelación. Sin embargo, él volvió a ampararse para no devolver a los niños. "La ley de amparo en México ayuda a los delincuentes. Está muy mal, no favorece a las víctimas", asevera Maude. "Arturo Montiel se puede amparar, amparar y amparar y yo nunca tendré a mis hijos de vuelta. Me queda clarísimo. Debería haber una reforma en la ley de amparo. En estos casos, no debería existir la posibilidad de ampararse. Eso debe de cambiar en México".

Como se ha señalado, Maude Versini asegura que se casó con un Arturo Montiel diferente del que hoy ve:

—Cuando me dicen: 'Tú sabías con quién te casabas', pues no. Yo me casé enamorada de un hombre distinto. No conocía el lado oscuro de Arturo. Ese lado lo conocí después. De hecho, después de cuatro años separados, con nuestras vidas rehechas, yo no hablaba mal de él. Descubrí la otra faceta de Montiel apenas.

—¿Usted no vio el lado oscuro de Arturo Montiel antes de casarse, por ejemplo, no vio su enriquecimiento ilícito?

—Yo lo conocí con ese patrimonio en el 2002. Ya era gobernador y tenía un cierto nivel de vida. Quizás la gente que lo conocía antes puede decir "*Oh là là*, sí se enriqueció muchísimo". Yo lo conocí ya rico, entre comillas.

—¿Y por qué cree que le está haciendo esto?

—Yo no sé qué busca este señor: vengarse, recuperarme, no sé si es su amor propio y su voluntad de hacerme daño, lastimarme. Es insoportable. Es un infierno. Es como un túnel del cual no salgo y no veo ni siquiera la luz. Estoy totalmente en la oscuridad. Vivo pensando a veces que nunca los volveré a ver.

Entre sus mayores preocupaciones está que Alexi es autista y requiere de cuidados especiales: es un niño que necesita a su mamá. "Lo vi de lejos cuando fui a buscarlo al colegio y le dio miedo verme. Le han dicho tantas cosas horribles de mí que se espantó. Eso me destroza. Vivir esto es terrible".

Lo peor, agrega, es que Montiel prácticamente no está con ellos, sino que los deja con niñeras, hermanas y otros parientes. Su intranquilidad es que ambos tienen distintas formas de educar: "El papá los ha comprado. Les compra todo lo que quieren. Cosas que yo no quería ofrecerles. Yo eduqué a mis hijos con muchas reglas, disciplina y valores: el esfuerzo, el trabajo, el respeto. Yo no quería pudrir a mis hijos como muchas veces las personas con dinero y poder económico hacen. Ahora viven con el papá en México y es el Club Med. Les compra todo lo que quieren. ¿Cómo voy a luchar? [...] Yo no tengo cocineros, meseros, choferes, guardaespaldas. Yo tengo una vida normal en Francia".

E insiste con voz desgarrada: "Lo único que quiero es un juicio honesto, transparente, leal. No quiero que Arturo Montiel intente comprar a nadie, ni presionar. Busco justicia. Justicia se hizo en Francia, donde declararon que nunca maltraté a mis hijos [...], quiero que me los devuelvan".

¿Cassez a cambio de los hijos de Maude?

Hacia finales de 2013, Maude Versini lleva poco más de 14 meses sin ver a sus hijos. Sus días transcurren en medio de la angustia y la desesperación por la lentitud de la justicia mexicana, que en un principio le dio la razón y que ahora avanza a paso de tortuga para devolverle a sus tres pequeños.

Y a ello se suma un gran temor: ¿acaso fue una negociación entre países la excarcelación de Florence Cassez a cambio de que permanecieran en México los tres hijos de Arturo Montiel? "Sería monstruoso hacer un intercambio así. Perdería a mis hijos, y no los puedo perder. Voy a seguir luchando por ellos hasta que me muera. Los voy a recuperar a como dé lugar".

En efecto, Maude considera que la llegada de Enrique Peña Nieto a la Presidencia quizá beneficiaría judicialmente a Arturo Montiel, al que se le podría conceder la patria potestad de sus hijos a cambio de la entrega de Cassez a Francia, la cual tuvo lugar en enero de 2013: "Sería una jugada muy injusta. Se demostró a través de los juicios en México y del procurador de Justicia de Francia que yo no tenía nada que ver con el maltrato argumentado y que no era justificado. Se ha demostrada tanto en México como en Francia que yo no soy una mala madre y que amo a mis hijos", observó en una entrevista con *La Jornada*.

Versini se resiste a creer que ambos países hayan hecho un acuerdo extrajudicial sobre su caso, pero no lo descarta del todo: "Los franceses, no creo; aunque todo puede ser posible. La verdad no sé. No podré estar segura jamás. Lo que me da miedo es que el licenciado Montiel haya metido la mano dentro de este procedimiento judicial. Temo que estos juicios no sean imparciales".

Sabe que existe el riesgo de que su ex marido influya en Enrique Peña Nieto y no quiere pensar que haya un acuerdo de Estado por encima de lo legal: "Es su mentor político. Tengo miedo porque Arturo Montiel siempre ha tenido el brazo muy largo. Tengo miedo porque hay un vínculo entre Montiel y la cúpula de los priistas. Estoy angustiada porque temo que ejerza presiones. Temo no tener un juicio transparente, un juicio honesto".

Añade que ambos países deberían respetar los convenios internacionales y apegarse a la ley: "Aunque les cueste trabajo devolvérmelos porque son hijos de Arturo Montiel, habrá que hacerlo. Ni modo. Aunque lo quieran apoyar, no pueden dejar que esos niños se queden con un padre que los ha retenido de manera ilegal".

Los niños viven en la casa que Arturo Montiel tiene en el fraccionamiento Club de Golf Los Encinos, ubicado en el kilómetro 44.5 de la carretera México-Toluca, municipio de Lerma, Estado de México.

En mayo de 2012, como ya se mencionó, Maude ganó la resolución mediante la cual Arturo Montiel recibió la orden de enviar a los niños de regreso a Francia. Sin embargo, él apeló, aunque sin éxito, porque en julio del mismo año Maude volvió a ganar. Montiel se amparó nuevamente en agosto de 2012. La audiencia para dicho amparo se posponía constantemente como técnica dilatoria. La última fecha fue el 20 de febrero de 2013. "Creo que en un principio no pudo hacer nada, porque gané en las dos primeras instancias. Fue transparente y leal la jueza. Pero desde el mes de agosto estoy atrancada, totalmente perdida esperando para que me den fecha para la audiencia y para que traten mi asunto, que se ha convertido en la 'papa caliente' [de la] que nadie quiere hablar, ni ver".

Refiere: "Cuando vino Enrique Peña Nieto a París me pregunté si tocó el tema: 'Les devolvemos a Florence Cassez, pero nos quedamos con los niños de Versini y Montiel'".

El jueves 7 de febrero de 2013 sostuvo una reunión con el equipo del presidente Françoise Hollande, del Ministerio de Relaciones Exteriores y del de Justicia: "Éramos 12 alrededor de una mesa hablando de mi asunto. Yo les comenté mis miedos y ellos los descartaron, pero claro, tampoco me lo van a decir si así fuera. Me dijeron que al contrario. Que habían tocado mi tema y dicho y mostrado su preocupación al asunto Versini-Montiel y que el señor Peña había comentado que era un asunto estrictamente privado, pero que apuntaban y anotaban y se quedaba como un asunto pendiente, pues".

Sin embargo, Maude no ha podido hablar ni con Hollande ni con Peña Nieto: "Su director de Comunicación me aseguró que el presidente francés seguía mi caso muy cerca. Que no me iba a abandonar, que estaba muy al pendiente de todo".

Un infierno

Aquel cuento de hadas protagonizado por Maude Versini y Arturo Montiel se transformó en una horrible pesadilla. A decir de ella, el alcoholismo del ex gobernador del Estado de México terminó por destruir su matrimonio, aunado a la violencia intrafamiliar, de la que hay constancia en la demanda de divorcio. "Era peligroso y malsano para los niños y para mí. No era bueno criar a los niños en semejante ambiente". Maude ha contado a la prensa que Montiel la agredió en dos ocasiones, una de ellas delante de su madre.

En la demanda de divorcio también se manifiesta que ella pidió al ex gobernador 20 millones de euros, unos 300 millones de pesos. Aunque Maude no habla sobre el tema del dinero y la fortuna del político mexiquense, gracias a filtraciones en la prensa se supo que durante los cinco años de matrimonio acumularon unos 38 millones de pesos en bienes, aunque su patrimonio total es un secreto. En 2006, la Secretaría de la Contraloría del Estado de México cifró la fortuna de Montiel en 110 millones de pesos.

Ambos llegaron a un acuerdo extrajudicial y repartieron los bienes: entre otros, una casa en San Carlos, en Metepec, con un valor comercial de 5 millones de pesos; un departamento en París, comprado a través de una empresa inmobiliaria propiedad de Montiel y Versini; una casa en Valle de Bravo.

Montiel es propietario de un departamento de 240 metros cuadrados en Careyes, Jalisco, con valor de unos 6 millones de pesos: "Es un terreno que está ahí, en un lugar cercano a Careyes; se le compró a una empresa. Debo decirte que lo que había ahí eran ruinas porque se estaban cayendo, y ahí hay varias casas en esas condiciones [...]. Y también se puede, desde luego, demostrar cómo se adquirió y está también dentro de mi manifestación patrimonial", declaró. También tiene una residencia en Atlacomulco, valuada en más de 70 millones de pesos, y otra con un valor de 4 millones de pesos en Tonatico.

Tras el divorcio, Maude se quedó con el departamento de París, y Montiel, con las casas en el Estado de México y Valle de Bravo. Dicho departamento, de 210 metros cuadrados, está ubicado en el lujoso Barrio 16 del Bosque de Boulogne y tiene un valor en el mercado de un millón 300 mil euros. La compra de este departamento puede revelar la manera en que ella fue parte del engranaje de enriquecimiento de Montiel. El inmueble pertenecía a la Sociedad Civil Inmobiliaria (SCI) Les Quatre Vents (Los Cuatro Vientos), que ambos constituyeron en el registro público de la propiedad de Francia el 2 julio de 2003, un año después de que se casaron. Esa inmobiliaria, de hecho, tenía como domicilio fiscal el número 5 de la Place de la Porte de Passy y estaba inscrita con el número RCS 449138452. Maude Versini aparecía como gerente.

Además, en Valle de Bravo Maude Versini adquirió tres terrenos, a lo que Montiel comentó: "Este asunto de mi esposa está registrado en su manifestación patrimonial que tenemos obligación de hacerlo cada año [...]. Yo no veo ningún problema en que haya comprado tres terrenos".

Sobre los castillos que Arturo Montiel supuestamente compró en Francia, Maude lo desmiente: "Para nada. Nunca existió un palacio, ni un castillo. Eso fueron las malas lenguas".

El dinero y el poder fueron dos elementos que aderezaron la relación de pareja de Maude Versini y Arturo Montiel. Sólo recuérdese que el político mexiquense fue acusado de enriquecimiento ilícito, peculado y tráfico de influencias, si bien resultó exonerado, quizá porque su brazo largo manipuló la impartición de justicia. Con todo, este proceso lo dejó fuera de la carrera por la Presidencia de México.

Fue el Partido Acción Nacional en el Estado de México el que denunció a Montiel por acumular una fortuna superior a los 50 millones de dólares, dinero que no tenía antes de llegar a la gubernatura en 1999. Exhibieron su tráfico de influencias y el delito de peculado. Poseía acciones por lo menos en tres empresas y otros negocios más con prestanombres.

El 28 de octubre de 2005, José Luis Cortés, regidor perredista de Tlalnepantla, Estado de México, presentó una denuncia por peculado y enriquecimiento ilícito contra Arturo Montiel, Maude Versini y los hijos del matrimonio con Paola Yáñez.

Según la averiguación previa TOL/DR/I/1434/05, Montiel comprobó que desde 1979 era accionista de la empresa Quetzal, dedicada a la construcción de cocinas; que en 1982 constituyó la empresa Calefa Construcciones, que se dedicaba a la construcción y venta de viviendas de interés social, interés medio y residencial en Toluca y Metepec. También fue propietario de una empresa dedicada a transportar fertilizante y materiales de construcción. Entre otros negocios, en 1984 estableció la empresa Desvastes y Trefilados, dedicada al recocido de alambre para la construcción.

Aunque la denuncia fue presentada ante la PGR desde octubre de 2005 por peculado, enriquecimiento ilícito, operaciones con recursos de procedencia ilícita, lavado de dinero y delincuencia organizada, no fue sino hasta el 23 de marzo de 2006 cuando se creó la fiscalía especial para investigar el caso. Y el 27 de noviembre siguiente dicha fiscalía señaló que en más de 160 propiedades no se había encontrado relación entre el ex gobernador y ningún prestanombres.

Maude Versini formó parte de la estrategia de crecimiento de la fortuna de Montiel. De hecho, cuando estaban casados se asociaron con cuatro personas en la empresa Servicios Inmobiliarios del Centro EM, la cual fue utilizada para comprar propiedades de ambos. Por ejemplo, en 2003, esta empresa compró un terreno en Chamela, municipio de La Huerta, Jalisco, donde construyó una casa valuada en 11 millones de pesos.

Estando aún casados, Versini declaró ante la autoridad ministerial sobre el patrimonio de su esposo, lo que ayudó a su exoneración. Ella nunca mencionó que existieran más propiedades que las que fueron exhibidas, por esa razón, si hablara ahora sobre la riqueza de su ex marido, podría imputársele el delito de encubrimiento. Tal vez ése sea el motivo del silencio de Maude Versini en torno a la presunta corrupción de su ex marido. O quizá lo sea el hecho de haber formado parte de la maquinaria con la cual se enriqueció, ya fuera como observadora o concretamente en el papel de partícipe.

Al final, Arturo Montiel salió bien librado. El 6 de junio de 2007, Enrique Peña Nieto, como gobernador del Estado de México, cerró el expediente "por no encontrar evidencias suficientes".

JUICIO PARCIAL

Los acontecimientos hacen pensar que Arturo Montiel ha utilizado todo su poder para dañar a su ex pareja, como si manipulara la justicia sin reparo ni disimulo. Después de todo, conserva un poder enorme en el Estado de México. Y, más importante aún, el actual presidente de México, Enrique Peña Nieto, es su ahijado político y le debe todo.

Maude está nerviosa. Ha bajado diez kilos y se ve deprimida. Sufre la ausencia de sus hijos y el maltrato del Poder Judicial del Estado de México. Ha recurrido a todas las estrategias legales, pero su juicio se retrasa o bien se inclina a favor de su ex marido. Lleva 23 meses sin ver a sus tres niños, lapso que se puede prolongar durante todo el sexenio o incluso más allá.

En el litigio que mantienen por la custodia de los niños, el juez Tercero de Amparo y Procesos Civiles Federal del Segundo Circuito, Mario Lugo Ramírez, determinó el 13 de marzo de 2013 que es ilegal el fallo del Tribunal Superior de Justicia del Estado de México (TSJEM), que fue a favor de Maude Versini. La nueva resolución determina reponer el procedimiento de restitución de Adrián, Sofía y Alexis: "El juez responsable deberá partir de la consideración que la opinión de los menores es un derecho humano que deben ejercer en el procedimiento de restitución de los mismos, y procederá a ordenar de oficio su desahogo con la asistencia de especialistas en psicología y sociología, nombrados por el juzgador y las partes, siguiendo los lineamientos señalados en esta sentencia", dice el documento.

La decisión desconcierta a Maude, que dice con escepticismo: "El hecho de que el juicio lo tengamos que empezar desde el principio me ha traumado. He peleado muchos meses, han sido casi dos años y me doy cuenta que todo esto no ha servido de nada. Me cuesta mucho aceptarlo, pero es la realidad".

Según Maude, la juez, a la que Montiel llama "Lupita", favorece constantemente al político mexiquense: "Lo más difícil es que me toca la misma juez que me ha tocado en primera y segunda instancia en el tribunal de Lerma. Es una juez que ahora está cambiada. Quiere desahogar pruebas que al principio había dicho que no procedía en un procedimiento de restitución de menores. Ahora escucha a mis hijos, interroga a mi marido y nos manda hacer estudios psicológicos a mí y a Philippe, cuando nosotros somos las víctimas. No entiendo esto".

Maude está enojada, indignada: "La juez pretende transformar este juicio de restitución en un juicio de custodia. Quieren demostrar que mis hijos no quieren estar en París, que se quieren quedar en México. Quieren ganar tiempo para quedarse con mis hijos".

Lo peor del caso es que sus hijos sufren alienación parental. Durante los interrogatorios han hablado muy mal de su madre.

—Mis hijos están totalmente manipulados. Hay un video del primer interrogatorio en 2012 donde hablan de mí mal, pero al final del interrogatorio dicen que extrañan a su mamá y que la quieren. De hecho, por eso la juez concluyó que los niños habían sido manipulados y que en el fondo amaban a su mamá. Pero esta vez, después de 23 meses que no he visto a mis hijos, hubo otro interrogatorio donde la juez les hace la misma pregunta: "¿Quieren a su mamá?" Y los tres contestan: "No, no". Y les dice: "¿La extrañan?" Y contestan: "No, para nada". Es obvio que dos años después sin haberlos visto, porque el padre no respeta ese derecho que tengo, es normal que los niños estén peor y no quieran verme porque están demasiado condicionados y les están poniendo cosas en la mente. Me hacen pasar por bruja. Es un horror. Es horrible, insoportable. Vivir con esto es lo peor.

—¿Detrás de estas anomalías de la justicia está el poder de Montiel?

—Está por un lado el poder de Montiel, sus influencias y las ganas de vencerme, de destruirme. Por otro lado está Norma Meraz, la actual esposa de Montiel, que fue su amante durante muchos años y quiere robarme a mis hijos. Ellos la llaman mamá. Escribió su libro [*Arturo Montiel desde Atlacomulco*] y era la amante de Montiel cuando estaba casado con su primera esposa Paula Yáñez. Fueron amantes muchos años. De hecho, ella se molestó porque cuando se divorció él se casó conmigo y no con ella. Por eso siento que es una venganza por parte de ella. De hecho, en el último interrogatorio los niños dicen: "Normita nos dijo que mi mamá le robó dinero a mi papá", "Normita nos dijo que mi mamá no nos inscribió en una escuela buena en París, que era muy mala", "Normita nos dijo que mi mamá nos abandonó y ahora tiene una nueva familia y tiene otra niña", cosas que me hacen pensar que ella está atrás del comportamiento y la actitud de mis hijos.

—¿Montiel le fue infiel con Norma mientras ustedes estaban casados?

—No lo sé. Lo que sí sé es que cuando nos separamos estuvo luego luego con ella. Se metió con ella. Tal vez sí tenían una relación mientras estábamos juntos. No me consta.

—Pareciera que este esquema de hombre poderoso dañando a su ex pareja se repite en México…

—Me han contactado muchas mujeres que están sufriendo lo mismo que yo. Y yo me pregunto: ¿cómo hacen estas mujeres para luchar?, ¿cómo le vamos a hacer? Ellos se sienten con todo el poder. Se sienten fuertes. Invencibles. Arturo Montiel se siente muy poderoso. Tiene el brazo largo y mi problema es que todo se lleva en el Estado de México. —Maude ha solicitado de manera constante el cambio de juzgado a otra ciudad—: Todo en el Estado de México está bajo el control de Arturo Montiel, especialmente ahora con el gobierno de Eruviel, porque todo mundo sabe que él es el discípulo de Montiel. Es difícil. Tengo muy pocas posibilidades de volver a ver a mis hijos. Cada día que pasa juega en mi contra. Yo lo sé. —Con voz de indignación reitera—: No tengo muchas posibilidades de ganar a un Arturo Montiel que es muy poderoso en México, que usa mucho su dinero y sus influencias para obtener lo que quiere. Además, es el padrino del actual presidente, Enrique Peña Nieto... Es su padrino político. Peña le debe todo a Montiel. Eso sí. Montiel lo metió como gobernador en el Estado de México y todo mundo sabe que ser gobernador es un trampolín natural para la Presidencia de la República.

—¿Peña Nieto hará todo lo que le pida su padrino?

—Siento que Arturo Montiel le ha de haber dicho: "Si me sueltas a mis hijos, si se los llevan a Francia y si no me ayudas en esto, yo diré lo que sé" o "No te voy a cubrir". En fin, se mantienen así porque entierran muertos los dos. Ambos tienen cosas que taparse.

En el tema de mujeres, Peña Nieto y Montiel se parecen. A ambos se les califica como mujeriegos, seductores y conquistadores. De hecho, Maude fue muy amiga de Mónica Pretelini, la primera esposa del actual presidente, precisamente en la época en que Peña Nieto mantenía una relación extramarital con Maritza Díaz Hernández, la cual duró nueve años, incluso después de casado con Ángelica Rivera. "En esa época yo veía a Mónica, era muy amiga de ella. Mónica sabía que Enrique Peña Nieto la engañaba con Maritza Díaz, ella me había comentado de esa relación. Estaba loca, destrozada, porque sabía que había tenido un hijo con ella. Fue un horror. Esa mujer sufrió muchísimo. Mónica era muy buena mujer, muy linda".

Al volver la vista hacia el pasado, Maude ve cómo ha cambiado su vida en los últimos dos años. Su futuro parece un callejón sin salida. "Soluciones hay pocas. Hacer llamados al presidente Holland y al presidente Peña para que dejen de decir que es un problema privado, para que entiendan que se ha vuelto un problema público, ya que se ha manipulado a la justicia, se está manipulando a los jueces de manera indebida. No se está haciendo con apego a la ley. Se está violando un tratado internacional firmado entre Francia y México; se está violando la Convención de La Haya que se firmó en 1980 con Francia y México. Hay violación de tratados internacionales. ¿Cómo podemos tener confianza en esa justicia del Estado de México? Si no hay una acción directa por parte de los presidentes francés o mexicano, no habrá cambio".

Una de sus últimas opciones fue acudir a la Comisión Nacional de Derechos Humanos (CNDH), donde se entrevistó con Raúl Plascencia Villanueva: "Me aseguró que él va a estar atrás de todo, que va a averiguar todo, que va a checar realmente si hubo o no influencias. Me dijo que va a restablecer el derecho de visita que me deben porque es por ley. Ojalá lo haga, ojalá cumplan, sean imparciales y transparentes como me dijo él".

El último recurso

Para Maude Versini, lo más difícil de soportar es venir a México y no poder ver a sus hijos. Al dolor de la separación se suma la frustración: "Vuelvo a Francia con la muerte en el alma. Estar allí y no ver a mis hijos es un infierno, una pesadilla. Nada más cuento las horas para regresar".

No ha tenido más remedio que acudir a los tribunales internacionales. La influencia política de su ex marido y su estrecha relación con el actual presidente de México fue el argumento que presentó en octubre de 2013 ante la Comisión Interamericana de Derechos Humanos (CIDH) para solicitar como medida cautelar ver a sus hijos de manera inmediata, pero Montiel desacató la orden judicial. Ningún juez ha sido capaz de aplicar la ley en contra del ex gobernador del Estado de México. La impunidad es la constante.

Y Maude está desesperada. Todos los días se levanta y se acuesta pensando en sus niños. Es un suplicio: "Soy fuerte, pero a veces me canso de ser fuerte. A veces no me puedo ni levantar de la cama de tanta debilidad. Casi todas las noches sueño con mis hijos; un día sí y otro no. Me mantengo psicológicamente en este estado de dolor y sufrimiento. Es difícil pasar un buen momento sola. A veces logro olvidar mis problemas y paso unas horas bien, pero vuelvo a mi dolor".

Un gran número de mexicanas la han contactado para contarle los casos similares que padecen: "Sé que no soy la única, hay muchas mujeres en mi misma situación. ¿Cómo hacen para pelear? Yo puedo pagar a mis abogados, pero algunas ni siquiera eso. No sé cómo hacen ellas para pelear contra estas personas malvadas que usan sus influencias. Afortunadamente hay muchas mexicanas y muchos mexicanos que me apoyan en mi lucha".

Maude estaba decidida a publicar un libro para contar su vida y el infierno que está viviendo para recuperar a sus hijos, aunque por ahora esperará:

—No lo voy a publicar pronto, lo tengo escrito, pero mis abogados me dijeron que hasta que yo recupere a mis hijos hay cosas que no es bueno decir mientras esté el juicio. Voy a tener que esperar.

—¿Qué cosas? ¿Dirá cosas delicadas, secretos?

—No pienso decir en ese libro cosas tan delicadas. Es la historia de mi vida en México, del divorcio, de mi lucha por recuperarlos.

—¿Usted amenazó con revelar secretos sobre Arturo Montiel y su fortuna?

—Eso se chismeó. No es algo que yo hubiera dicho. Además, hay prescripción. Eso pasó hace más de diez años y aunque yo dijera cosas no le pasaría nada a Arturo Montiel.

—¿Pero se sabría la verdad? Aunque parece que usted aun así no quiere hablar abiertamente de ese tema.

—No. ¿Qué me va a traer a mí? ¿Y mis hijos qué van a pensar?

—Desenmascarar a su padre. ¿No lo quiere desenmascarar?

—No. Lo tienen en adoración.

—¿Sabrán la verdad cuando sean más grandes?

—Quizá. No lo sé, la verdad. No sé qué va a pasar. Mi batalla de hoy es recuperar a mis hijos, que no tengan huellas psicológicas demasiado grandes, que puedan tener una vida sana, equilibrada y estable. Que sean niños de bien. Ahorita vamos por el mal camino.

Como recurso extremo, acudirá a los tribunales internacionales para continuar el pleito legal: "Pienso ir a La Haya. Actualmente estoy en un juicio regido por la Convención de La Haya, un tratado internacional que se firmó entre Francia y México, que protege a los menores en caso de secuestros. Me han comentado que hay muchas violaciones de tratados internacionales, entre otros, de éste. Y que hay muchas quejas en contra de México. Voy a añadir las mías".

A pesar de todo, Maude se muestra cansada de toparse con el mismo problema. A veces no ve la salida:

—Siento que ya todo está pactado. El Estado de México es la casa de Arturo Montiel. No tengo posibilidad de ganar. La justicia está vendida.

—¿Se está resignando a no ver a sus hijos en unos años?

—Nunca jamás. Voy a seguir peleando hasta que me muera.

Un nazi casinero con Calderón

Talía Vázquez Alatorre
y Juan Iván Peña Néder

"SI LAS ESPOSAS Y AMANTES de los políticos hablaran, México se derrumba", dice sin temor a equivocarse la diputada suplente del PRD, Talía Vázquez Alatorre. Su historia con Juan Iván Peña Néder, ex coordinador de Asesores de Abraham González Uyeda, ex subsecretario de Gobierno de la Secretaría de Gobernación, durante el sexenio de Felipe Calderón, resulta aterradora, digna de una novela negra. Su asunto pasó de lo personal a lo público, porque gracias a su divorcio destapó y exhibió al grupo de funcionarios y ex funcionarios de la Secretaría de Gobernación que fabricó los permisos para que operaran casinos en México; un grupo que involucra a panistas del primer círculo del ex presidente Felipe Calderón, incluido el actual senador del PAN, Roberto Gil Zuarth.

Talía conoció a Juan Iván cuando trabajaba como uno de los creadores de las redes sociales de Andrés Manuel López Obrador. Se encontraron por primera vez en 2006 durante la campaña presidencial. Ella estaba a cargo de las redes sociales en Estados Unidos. Él, además, era coordinador de asesores de Manuel Camacho Solís para la segunda circunscripción de la campaña lopezobradorista. Coincidieron y Talía quedó cautivada por su inteligencia y cultura, por sus análisis políticos.

"Me tenía con la boca abierta", me dice en entrevista Talía. "Era increíble cómo le atinaba a todas sus predicciones en la política. Estuvimos meses sólo como compañeros de trabajo. Él estaba casado con su segunda esposa y tenía un niño pequeño". Relata que, tras la derrota de la elección en 2006, no volvió a verlo, sino hasta 2007, cuando el gobierno calderonista le ofreció un puesto en la Secretaría de Gobernación.

"Allí tuvimos un quiebre ideológico de amistad. Yo era y soy perredista. Él había pasado por todos los partidos. Y se acababa de hacer panista, muy panista". Aun así le seguía resultando atractivo intelectualmente. Le encantaba su poder de convencimiento y capacidad de persuasión.

En 2008, la primera esposa metió a Juan Iván a la cárcel durante 14 días en Chihuahua. Dos años antes, él había sustraído a su hijo de nueve años para llevárselo a vivir con él en la capital del país. Talía sabía de esa historia porque él mismo se la contó mientras ambos participaban en los plantones del Paseo de la Reforma en la Ciudad de México.

"Me metí como abogada defensora para sacarlo de la cárcel. Me tardé 14 días en liberarlo. Cuando vi el expediente y leí las cosas por las que la primera esposa lo acusaba, pensé que se debía a la perversidad de ella. Contaba cómo la asediaba, cómo la acosaba sexualmente, cómo la chantajeaba, cómo la amenazaba con pistola […]. Yo no creí nada, porque tenía dos años oyendo la historia de un hombre desvalido y lo que veía era un papá corriendo con su hijo".

Cuando salió de la cárcel, Juan Iván le propuso matrimonio. Ya se había divorciado de su segunda esposa. Y Talía fue su "salvadora". Se casaron en julio de 2009.

"Él trataba muy bien a mis hijos de 15 y 17 años. Eran desveladas de horas de conversación entre Juan Iván y ellos. No tuve problemas con decirles a mis hijos que me iba a casar. Él fue seductor hasta el día que nos casamos. Hasta ese día este señor era un encanto, simpático, generoso, cariñoso, detallista, romantiquísimo, muy espléndido. En mi cumpleaños me regalaba 300 flores, me llenaba la casa de flores.

Viajábamos mucho. Estaba muy enamorada, aunque no me diera cosas materiales, me sentía muy feliz. Realmente nuestra relación empezó en la cárcel; el hombre estaba derrotado, sin un quinto, y yo tocaba puertas para liberarlo. Estaba convencida de que él era un premio de la vida para mí".

Un mes antes de que se casaran, Roberto Correa, ex director de Juegos y Sorteos de la Secretaría de Gobernación y "su cómplice en las corruptelas", según Talía, fue despedido. Juan Iván lo llevó al despacho de Talía para operar desde allí los movimientos relacionados con los casinos, algo con lo que ella no estaba de acuerdo y así se lo dijo.

—Juan Iván, te vas a ir al infierno. Los casineros arreglan sus cosas a balazos y nos van a venir a matar a todos. Por favor, no sigas con eso.

—Yo te voy a quitar lo clasemediera tercermundista. Nunca vas a pasar de "perico-perro" porque no tienes visión de grandeza. Tienes que cambiar.

A partir de entonces, las finanzas de Peña Néder empezaron a despegar. El dinero y el poder comenzaron a revelar su verdadera personalidad, en especial su filiación nazi, que cultivaba desde adolescente en Chihuahua.

"Me confesó que era nazi. Pero me dijo que respetaba mi ideología y que le daba mucha gracia que yo fuera de Michoacán, de la cultura del maíz, y él de Chihuahua, de la cultura del trigo; por lo tanto, yo era inferior. [Yo] pensaba que eran bromas".

Talía refiere que inmediatamente después de que se casaron él mostró un rostro hasta entonces desconocido para ella. Por ejemplo, le exigía complacer ciertas fantasías sexuales. "El problema era que sus fantasías sexuales eran depravadas y perversas. Quería que yo atendiera a sus amigos. Me lo dijo en la noche de bodas en la que faltó uno de sus amigos, al que yo había aprendido a estimar". Le comentó:

—¿Sabes por qué no vino mi amigo? Porque no me creyó que los tres íbamos a pasar la noche de bodas juntos.

Ella rio sin disimulo, pues pensaba que era una broma.

—Ya cálmate —señaló él.

Para sorpresa de Talía, su nuevo marido se comunicó por teléfono con el amigo y le dijo:

—Güey, aquí estoy con esta vieja.

Y el amigo colgó. Talía se enfadó hasta que él la convenció de que todo había sido una mala broma. Se fueron de luna de miel a Las Vegas, Italia y España. Fue un viaje maravilloso, a pesar de que él mostró las primeras señales de racismo ligadas a su práctica filonazi contra Alfredo, el hijo mayor de Talía, a causa de su piel morena.

"Cuando regresamos empezó a fregar con que teníamos que hacer una orgía. Yo pensaba que la propuesta era parte de sus típicas bromas de mal gusto. Y le salió totalmente el lado nazi". Talía cuenta que Peña Néder se hizo rico justo después de la boda, pero no porque se hubiera casado con ella, sino porque coincidió con sus "transas" en el otorgamiento de permisos para la apertura de casinos. Tenían firma predatada en el despacho de Talía, mandaron falsificar sellos, se los robaron de Gobernación junto con toda la papelería necesaria para fabricar permisos de Juegos y Sorteos. La situación de esa oficina cambió radicalmente. Antes se dedicaban a la "asesoría política". Talía y Juan Iván formaban un gran equipo de trabajo. Él generaba las "brillantísimas" ideas y ella las desarrollaba. Sin embargo, las cosas cambiaron después de la boda.

"A mí me dio por opinar. Le decía: 'Eso que estás haciendo es malo, te van a matar'. Pero no me hacía caso. Empezó a marcar su territorio como jefe de la casa. El encanto de aquel hombre se acabó. Pasé de ser la mujer más inteligente del mundo al '¡Cállate, pendeja!'" Lo peor de todo estaba por llegar.

Juan Iván insistió en sus peticiones sexuales depravadas. Primero organizaba orgías, luego exigía a su esposa participar.

"Llegó un punto en diciembre de 2009, es decir, cinco meses después de la boda, [en] que le decía: 'No tengo inconveniente [en] que te contrates unas trabajadoras sexuales y hagas las orgías con tus cuates. No me enojo'. Nunca me imaginé diciéndole eso a un marido. Él me intentaba convencer dándome explicaciones y razones de por qué era muy padre, y por qué era parte de la actividad de la 'raza superior'. Yo le decía que tenía origen purépecha y él se enojaba mucho conmigo".

Juan Iván le refutaba:

—Yo me casé contigo porque tú eres celta, de Galicia.

Talía contestaba:

—Yo no soy celta, mi papá es de Guanajuato; mi mamá es de Michoacán.

Las discusiones sobre el tema eran en privado. Una noche, durante una cena con el abogado Julio Esponda Ugartechea y su esposa, a Talía se le ocurrió contar que su abuela paterna era otomí y que ella llevaba sangre de esa etnia. Cuando salieron de la reunión, Juan Iván iba furioso y le advirtió:

—Es la última vez que se te ocurre decir una pendejada semejante.

El nazismo de Peña Néder empezó a afectar profundamente la relación. Le decía a Talía que había arruinado la raza celta que corría por sus venas cuando se casó con su primer marido, un notario público de Michoacán que era de piel morena. Aquel matrimonio, que había durado 14 años, terminó en 2003; de ahí provenían los dos hijos de Talía.

NAZISMO, PORNOGRAFÍA Y VIOLENCIA

Del hombre encantador, simpático y seductor del que Talía se enamoró quedaba muy poco. A los seis meses de matrimonio las cosas iban de mal en peor. Ella descubrió que Iván era muy mujeriego. El hecho de ser su tercera esposa debió haberla alertado, pero no ocurrió así.

"Fue encantador hasta el momento en que se sintió mi dueño; entonces ahí salieron todas sus perversiones sexuales, porque está enfermo, está enfermo de cuestiones sexuales que tienen mucho que ver con toda su ideología como lo de la 'raza superior'. Me quedó claro que él realmente está convencido de que como nazi no tiene por qué privarse de nada y no tiene freno para lo que se le antoje. Y tenía muchos antojos sexuales, locos, terribles. Aquel hombre que yo conocí trabajando en la grilla, creando, platicando, se volvió un señor que se levantaba a las 12 del día".

La rutina de Peña Néder consistía en hacer algunas llamadas y ganar millones de dólares.

—Con dos llamadas que hago ya me desocupé porque ya me gané

un millón de pesos —decía mientras se acostaba en la cama para ver películas pornográficas que le compraba su secretario.

"Empezó a salir su verdadera personalidad. Mostraba un gran desprecio por la mujer en general. Trataba pésimamente a su mamá, hablaba horrores de ella; de las esposas que tuvo también hablaba muy mal y las hostigaba sexualmente. Llegó un punto tal, desde el momento en que nos casamos, en que perdió toda compostura en el lenguaje conmigo. No podía ver una mujer, la que fuera de cualquier edad, sin verle una connotación sexual. Y se sentía con el derecho de hacer lo que se le antojase y decía: 'Para eso nacieron viejas'. Ésa es la situación más grave en su mente".

Talía notó que cada vez que él recibía dinero "se volvía más loco".

—Empezó a activar sus círculos nazis y empezó a subir la violencia conmigo pero de manera terrible, la violencia familiar.

—¿Y por qué no te fuiste? —le pregunto.

—Todo mundo te dice "¿Por qué no corriste a la primera?" Es que es muy complejo. Uno se casa pensando que será para toda la vida, que vas a ser feliz, que todo tiene compostura, que hay que echarle ganas. No te casas para divorciarte al día siguiente. Después, cuando te convences de que no hay modo, empiezas a buscar cómo te sales pero no era tan fácil, porque este cuate reactiva sus células nazis y se dedica a ver pornografía y a recabar dinero de los casinos.

Peña Néder rentó la oficina que estaba junto al despacho de Talía y la convirtió en su cuartel nazi. Ella relata que, en efecto, él fue reactivando sus células nazis en todo el país, lo que se le facilitó gracias a su vínculo con el PAN y con panistas de diferentes ciudades.

"Son cosas con las que uno ya no puede comulgar; por ejemplo, tiene ideas como matar a todos los indígenas de México. Y yo crecí en un ambiente bastante distinto, con un gran amor hacia los indígenas".

Su esposo intentaba convencerla de compartir sus ideas, pero Talía, además de sus principios ideológicos, tiene fuertes convicciones religiosas y una gran devoción a la Virgen de Guadalupe. En su cuarto había una gran imagen de ésta, a la cual rezaba esperando un "milagro" para que las cosas cambiaran.

Juan Iván, mientras estaba en la regadera, cantaba el himno de la Falange Española, *Cara al sol*, y al verse en el espejo repetía el saludo nazi: *Heil Hitler!* La violencia contra su esposa iba en aumento. Y cada vez que ella le decía que lo iba a dejar, él repetía la misma escena: amenazaba con matarla a ella y a sus hijos. Le ponía la pistola en la sien, la obligaba a hincarse y le decía: "Soy Dios. *Heil Hitler! Heil Hitler!* ¡Pídeme perdón!"

"Yo, hincada, con la cabeza entre las piernas, le decía: 'Perdón'. Y él repetía: 'No te escucho'. Le volvía a pedir perdón. Y él gritaba: '¡No! ¡Así no! Dime: ¡Perdón, Dios!' Y él me decía: 'Sabes que te vas a morir'".

Cada día las cosas iban peor porque su esposo se desenmascaraba más y más. Para diciembre de 2010 la situación era insostenible. Además de su filiación nazi, el poder y el dinero terminaron por trastornar a Peña Néder. Se iba a Las Vegas y pagaba comidas costosas. En una ocasión se compró 20 pares de zapatos marca Louis Vuitton.

"En esa etapa Juan Iván llegó a tener 2 millones de dólares en la caja fuerte de la casa, en efectivo. Y como llegaba el dinero lo repartía a los nazis. Lo gastaba en ropa, calzado, comidas, caprichos y tonterías. Se volvió loco, así como llegaba el dinero lo guardaba para luego derrocharlo. Y lo repartía. Lo visitaban en la casa la bola de corruptos y sacaba 100 mil dólares, sacaba 80 mil dólares. Regalaba dinero, según el sapo la pedrada, y se los daba así nomás: 'Ten hermano… hermano', y bla, bla, bla… En ese momento puso a su amigo Rafael Mendoza Mendoza de Chihuahua a reactivar todas las células nazis en el país y traían a su cuartel en la Ciudad de México gente de todas partes. Traían nazis del cuartel de Guadalajara, Aguascalientes, Chihuahua, Monterrey, Estado de México, Morelos, Hidalgo…"

Aunque Peña Néder simpatizaba con el nazismo desde adolescente en su natal Chihuahua, cuando se relacionó con panistas y gente del gobierno de Felipe Calderón se dio el "caldo de cultivo" perfecto para reactivar sus grupos. Peña Néder primero fue priista; era un político muy conocido en su ciudad natal. Luego se peleó con el PRI y manejó las redes sociales de Andrés Manuel López Obrador, pero nunca se afilió al PRD. Después fue coordinador nacional de estrategia de Nueva Alianza en 2007. Y cuando los panistas lo invitaron a Gobernación, se hizo el más panista. Y afirmaba que ésa era su afiliación. En 2010 creó una agrupación llamada México Despierta, junto con Carlos Villar, ex funcionario de la Función Pública, y otros amigos políticos. Querían impedir la reproducción de los indígenas, una raza inferior que, según ellos, eran los causantes de los problemas socioeconómicos de México. Y planeaban fundar una escuela-internado en Hidalgo o Morelos para que desde niños sus matriculados propagaran la "raza superior".

Las células aún activas cuentan con fichas de sus integrantes, las cuales incluyen la descripción física de cada nazi: ojos, tono de piel, estatura, corpulencia… En México, los grupos neonazis se concentran en estamentos de la vida política y empresarial en diferentes estados de la República. Nuevo León, por ejemplo, podría considerarse cuna de movimientos ultraderechistas y fascistas. La historia incluye la participación de empresarios y políticos ligados al Partido Acción Nacional. Son grupos algunas veces armados, otras más sólo de corte ideológico. Destaca el llamado Grupo San Nicolás, formado por ilustres panistas, como Zeferino Salgado, ex alcalde y actual militante del PAN a quien llaman el *Führer*. En reuniones secretas, integrantes del PAN sostienen una ideología basada en la "pureza racial", el odio a judíos, masones, homosexuales o comunistas. Entre sus muy diversos objetivos se encuentra la esterilización de los indígenas y la supremacía de una doctrina de clase dominante sobre los "débiles". Desde la fundación del PAN en 1939 —que contó con la participación de cristeros—, la Unión Nacional Sinarquista, unida con la Iglesia católica y la Falange Española de las JONS, logró introducir en ese partido una serie de principios ideológicos fascistas, cercanos al nacionalsocialismo fundado por Adolfo Hitler, que aún perduran. En 1941, la Marina de Estados Unidos desclasificó documentos que ofrecen los detalles de la relación del PAN con los nazis, sinarquistas y miembros de la jerarquía católica.

La ultraderecha ha creado agrupaciones clandestinas, como la citada México Despierta, o Los Tecos, los cuales son considerados una agrupación de corte nazi que opera desde la Universidad Autónoma de Guadalajara. Incluso se les ha vinculado con el Ku Klux Klan. Se dice que entre sus simpatizantes y seguidores se encuentran destacados panistas, como Francisco Ramírez Acuña, ex gobernador de Jalisco y ex secretario de Gobernación en el sexenio de Felipe Calderón. La historia de Los Tecos y su ideología fascista han trascendido las fronteras de Jalisco. En Baja California, por ejemplo, fueron cooptando parte de la estructura del PAN y de los distintos gobiernos en su poder. En el Estado de México, Óscar Sánchez Juárez fue elegido y luego rechazado recientemente como dirigente del Partido Acción Nacional. Este político ultraderechista se ha declarado públicamente simpatizante de Hitler, de quien admira, dijo, su "liderazgo" para que miles de personas estuvieran dispuestas a "dar la vida" por él.

Talía desconocía ese mundo, aunque empezó a informarse. Las actitudes radicales de Peña Néder estaban afectando su convivencia.

"En México hay más nazis de lo que uno se puede imaginar, es que la gente está loca. No puedes creer que hagan los rituales que hacen del altar a la patria. Mira, cuando yo entré con ministerios públicos federales a mi oficina, porque ahí estaban los sellos falsos de Gobernación para los casinos, hicieron cadena de custodios, encontramos los sellos falsos, la papelería de Gobernación, todo para demostrar mis dichos. ¿Sabes para qué ha servido? Para nada. Pero los ministerios públicos estaban azorados de lo que se encontraron ahí: las banderas nazis, los uniformes nazis, más de 150 uniformes negros para los chavos de Guadalajara y de México, los cintos estos que se ponen, un montón de literatura nazi, los brazaletes con la cruz celta... Los ministeriales estaban azorados".

El nazismo de Juan Iván Peña Néder era bien conocido por sus allegados, ya que, cuenta Talía, aprovechaba cualquier ocasión para hacer ostentación de su ideología.

"En febrero del 2011 llegó a la casa de Morelia un amigo de mis hijos de toda la vida; te estoy hablando de un muchacho de 15 años, con el cabello ligeramente largo que le tapaba las orejas. Pues Juan Iván armó un drama. Me dijo que porque él era el Führer y en su casa no iba a haber greñudos porque iba contra el estilo nazi. Empezó a armar un drama. Yo no quería que mis hijos se dieran cuenta porque es muy difícil; yo tengo dos hijos varones, eran adolescentes, y te casas con un sujeto [que] dizque admiran y quieres evitar a toda costa que vean cómo está tratando a la madre. Yo le suplicaba en la recámara [mientras él se bañaba] que no gritara. Ahí fue cuando todo mundo se dio cuenta. Teníamos visitas y gritó: '¡Con una chingada, para eso los mantengo a toda la bola de huevones!' Ése era el tono normal. Gritaba como un loco y entonces sale de bañarse insultándome y me empieza a decir fuerte, muy enojado, lo que siempre me decía en privado: '¡Ponte, perra, te voy a coger!' Entonces yo le dije: 'Juan, cómo me vas a coger si me estás insultando entonces'. Y mis hijos [oyeron y tocaron] la puerta. ¡Imagínate! […] Juan Iván seguía insultándome: 'Yo te abro las piernas cuando quiera, perra, puta, enferma… Después de que te quiero coger, no te dejas, basura tercermundista'. Fue terrible porque todos oyeron lo que siempre hacía cuando me estaba 'cogiendo', como él decía, que me choca la palabra, le hablaba a su amigo Raúl Flores Adame por teléfono y le decía: 'Me la estoy cogiendo a la puta, dile algo para que se masturbe… dile algo', y yo [le suplicaba] 'Por favor cuelga, Juan Iván, cuelga'. 'No, no, dile algo, mira, está bien rica'. Cosas horribles".

Los hijos de Talía y su invitado intentaron derribar la puerta. Y cuando vio que iban a entrar, Juan Iván se vistió y salió de la casa. Los muchachos fueron tajantes:

—Mamá, nos vamos los tres de la casa ahorita mismo.

Era domingo. Ellos debían regresar a clases a la Universidad Anáhuac en la Ciudad de México. Hablaron con unos amigos para que les dieran hospedaje. Alfredo, el mayor, el más atacado por Juan Iván por ser moreno, tenía ganas de defender a su mamá:

—Mamá, esto es cuestión de hombres. Esto yo lo voy a arreglar.

Pero Talía sabía que Juan Iván estaba armado y era un hombre peligroso. Sus hijos no entendían el grado de violencia al que estaba sometida por la amenazas.

"Les dije que se fueran de casa. Convencí al pequeño, que era el que mejor se llevaba con Juan Iván, que fueran al departamento, pero que Alfredo se quedara abajo y que sacara una maleta de ropa y que se fueran. Así fue. En ese instante, yo ya sabía que me tenía que ir y que me tenía que ir pronto. Pero había muchas cosas por arreglar antes. ¿Cómo evitar una persecución? Él siempre me amenazaba y me decía: 'Muévete un milímetro y te hago mierda'. Ésa era su frase favorita. Y la usaba con todo mundo. Nadie sabía de qué tamaño era el pleito, y la única en el planeta que sabía de qué tamaño estaba la situación era yo. Él era capaz de todo. Lo tenía muy claro. Había visto cómo destrozó a las otras esposas. A mí me tenía en sus manos porque amenazaba con matar a mis hijos, que no eran de él".

Talía estaba aterrorizada. La violencia, los gritos, el nazismo, la pornografía, todo era un cúmulo de despropósitos que superaban cualquier novela negra. Su esposo también la había amenazado con destruir la carrera política de su hermana Selene, diputada perredista en Michoacán.

"Su sueño era llegar al poder. Estaba seguro de que iba a ser gobernador de Chihuahua y luego presidente. Y le invertía dinero; el dinero de los casinos se los gastaba en la política a manos llenas. Yo le tenía terror. Estaba muy asustada. Si él decía que era Dios, no me lo creía; pero si decía que me iba a destruir y a mi familia también, sí se lo creía. Tenía mucho miedo. Entonces me prometí escapar de algún modo con un buen arreglo".

¿Cómo llegar a un arreglo con un hombre desquiciado, que vive en el delirio y la depravación? Talía empezó a diseñar un plan para escapar de ese infierno. El 14 de febrero regresó a la Ciudad de México. Sus hijos ya habían dejado su casa. Y lo primero que le dijo Juan Iván fue:

—Sé que te vas a ir porque se van tus hijos. Si lo haces, ya sabes qué te puede pasar, y a tus perros [hijos] y a tu hermana…

Ella le respondió:

—Yo no me voy a ir, yo te quiero mucho. Aquí me voy a quedar. Voy a tratar de salvar nuestro matrimonio. Que mis hijos vivan aparte, yo creo que nunca debieron vivir con nosotros, ya son muchachos grandes.

Talía recuerda que esas palabras la destrozaban por dentro, pero era necesario calmarlo. Sin embargo, Juan Iván ya había ordenado que localizaran a los dos muchachos.

"Amenazó a todo mundo. Teníamos tres choferes, la sirvienta y la gente de la oficina y a todo mundo le dijo que aquel que ayudara a mis perros no iba a cobrar su nómina y que se iban a atener a las consecuencias. Una cosa terrible, […] porque aparte yo no les podía decir a mis hijos […]. [Luego de que] ellos habían visto esa escena terrible,

[…] yo les había dicho que Juan Iván estaba muy arrepentido, que era la primera vez que sucedía, que en realidad él estaba muy nervioso, pero ya no iba a volver a suceder. De esa manera podía justificarles que me quedaba. La única que sabía cómo estaba la situación era yo. Entonces, en ese mes que yo les sobreviví a mis hijos en casa, pasó todo…"

CASINOS Y CORRUPCIÓN

Juan Iván se envalentonó aún más. Sabía que tenía a Talía en sus manos. Podía hacer cualquier cosa y ella permanecería con él. Podía ver el terror en su rostro. La situación se tornó más tensa y difícil. La violencia aumentó. Todo fue de mal en peor. Por ejemplo, en la recámara Talía tenía una imagen de la Virgen de Guadalupe que perteneció a su abuelo. Juan Iván la mandó quitar y poner en su lugar una fotografía de Hitler.

"Te juro que la casa olía a azufre. El secretario particular de Juan Iván le leía todo el día el tarot y con base en eso él tomaba decisiones. Era amigo de muchos políticos y se movía en el mismo círculo de lo más alto, en el círculo del presidente Felipe Calderón. Desde noviembre del año anterior hizo su amistad con Roberto Gil Zuarth. Él buscó la presidencia del PAN y Juan Iván le sacó dinero a los casineros para su campaña. Cuando perdió, me dio mucho gusto. Pero lo nombraron secretario particular del presidente, así que tú te imaginarás con quiénes me amenazaba".

Peña Néder tenía un grupo de amigos importantes. La casa era frecuentada por el compadre del presidente, el influyente abogado Julio Esponda Ugartechea, un hombre cuyo poder se extendía hasta el área de seguridad nacional.

"Me consta que Julio tenía infiltrada a la Procuraduría General de la República. Por ejemplo, la diputada Lizbeth García Coronado, del PRD, puso una denuncia en la PGR contra los casinos. Estaba tocando los pasos a ellos concretamente. Mientras estaba presentando la denuncia, ya todo el grupo de Juan Iván sabía lo que estaba sucediendo. No había salido la diputada de la PGR, cuando ellos en la casa ya tenían escaneados los acuses de recibo en sus BlackBerry y se morían de la risa".

En efecto, el abogado Julio Esponda Ugartechea es amigo cercano y compadre de Calderón, y además es socio del despacho del ex secretario de Gobernación, Fernando Gómez Mont. Talía posee cheques, fichas de depósito bancario y correos electrónicos que comprueban los pagos que recibía de casineros a través de Peña Néder, quien encabezaba la red de corrupción de Gobernación que traficaba con permisos falsos para casinos, junto a otros funcionarios como Guillermo Santillán Ortega, ex titular de la Unidad de Enlace Federal de la Subsecretaría de Gobernación, y Roberto Correa Méndez, ex director adjunto de Juegos y Sorteos de la Secretaría de Gobernación. Peña Néder y sus cómplices cobraban entre 80 mil y 400 mil pesos mensuales a casineros de toda la República Mexicana como pago por concepto de uso del permiso irregular. Uno de los cheques a nombre de Esponda Ugartechea es por la cantidad de 262 mil 500 pesos fechado el 23 de agosto de 2011.

Después de divorciarse, Talía declaró al periodista César Cepeda, de *Reporte Índigo*, que durante ese año Roberto Gil Zuarth, siendo secretario particular del entonces presidente Felipe Calderón, recibió dinero de los casinos ilegales, incluso ella misma vio cómo Juan Iván le entregó 800 mil dólares para operar en la apertura del Casino Royale de la ciudad de Querétaro. El poder de Julio Esponda era conocido por todos. Se valía de sus relaciones en el más alto nivel. Fue compañero del ex presidente panista Felipe Calderón en la Escuela Libre de Derecho y es parte del despacho de abogados Zinser, Esponda y Gómez Mont. Más aún, fue señalado como uno de los candidatos a encabezar la PGR en el sexenio pasado.

"Eran muchos millones de dólares. Julio Esponda tenía infiltrada a la PGR y luego se repartían todos los millones. Eran cosas muy graves las que estaban sucediendo. Además, a mí me tocó ver cómo empezaron a planear cómo robarle las empresas al que llaman *el Zar de los Casinos*, el regiomontano Juan José Rojas Cardona.

"El pleito entre ellos y Rojas fue desde el 2010. Y me lo sé de memoria. Sé lo que ellos hicieron y que además tengo todos los documentos. Yo no tenía ningún interés de ayudar a Rojas, ni Rojas ha necesitado a nadie para defender sus casinos. Les da batalla con juicios y demás".

Talía era testigo de cómo operaba la mafia de los casinos con el círculo cercano al presidente Felipe Calderón, quien unos minutos antes de terminar su sexenio concedió permisos a dos empresas para operar 94 casinos durante 25 años. De hecho, fue el gobierno calderonista el que autorizó a Producciones Móviles, propiedad de Juan Iván Peña Néder, la operación de 40 centros de apuestas remotas y 40 salas de sorteos de números. Los otros socios de Producciones Móviles son dos ex funcionarios de la Secretaría de Gobernación: Guillermo Santillán Ortega, titular de la Unidad de Enlace Federal, y Roberto Correa Méndez, ex director general de Juegos y Sorteos.

Hay más de 350 casinos en 29 estados y otros 361 que podrían ser abiertos y que involucran a miembros del PAN que actuaron durante los sexenios de Vicente Fox y Felipe Calderón. La proliferación de estos negocios se inició con Fox, cuando Santiago Creel, como secretario de Gobernación, otorgó permisos para operar 432 casinos. El vínculo de panistas con casinos es público.

"La información que yo tengo es mucha. Juan Iván lo sabía y me amenazaba. Y me decía: 'Tú no te puedes ir; tú te vas a ir cuando yo te diga y si no ya sabes. Ya tengo localizados a tus perros'. Yo logré encontrar un departamento para mis hijos en la [colonia] San Miguel Chapultepec [de la Ciudad de México] y me costaba mucho trabajo verlos porque Juan Iván me empezó a vigilar terriblemente. Me ponía su gente a seguirme. Pero además su grado de depravación subió. Él tenía que someterme y controlarme. Sabía que estábamos agarrados de un hilo y yo creo que en el fondo de su ser sabía que había tantas cosas ahí chuecas… estaba como muy a la defensiva. Fue un mes espantoso. El último".

VIOLACIÓN TUMULTUARIA

Lo peor estaba por venir. Talía sufría una depresión profunda. Su angustia crecía por la amenaza contra sus hijos. Y Juan Iván le había advertido que tenía que participar en una de sus "fantasías sexuales". De hecho, la organizó para el 19 de marzo de 2011, cerca de Morelia, donde desde hacía años Talía era propietaria de una casa en un Club de Golf en medio de la nada, un lugar apartado de la ciudad, rodeado de campo, al que no solía ir sola porque le daba miedo su ubicación.

"Según Juan Iván, yo tenía que estar a las cinco de la tarde en Morelia para la orgía. Me dijo que ya no me podía negar, que estaba hasta la madre de mis fresadas, que yo era una puta anciana, que era una mosca, una basura, que me tenía que enseñar a coger y que estaba harto de que me portara como quinceañera, que ya no era posible, que para eso me mantenía como reina, como para que yo me negara a atender a sus amigos, que era lo mínimo que yo podía hacer".

El respeto de Juan Iván hacia su mujer sólo existió durante el noviazgo. La educación y el buen trato se perdieron inmediatamente después de que contrajeron nupcias. El delirio del esposo iba en aumento. Y las depravaciones no tenían límite.

"Me faltaba mucho al respeto. La situación era terrible. Y llegaba a hacer cosas inimaginables. Por ejemplo, un día me mandó llamar a la oficina y me dijo: 'Quiero que se la mames a Raúl Flores', y el tipo se empezaba a bajar el cierre del pantalón. Me lo hizo dos veces en la oficina y yo me ponía a llorar. Entonces Raúl Flores me perdonaba la vida; decía: 'No, Taly, no te preocupes. Juan Iván, mejor cuando ella quiera, agarra la onda, tiene que ser voluntario'. Juan Iván insistía: 'No, no, no, para eso es mi puta, además es bien puta, ahí donde la ves es bien puta, nomás que se hace'. Se me quedaba viendo y me decía: 'Mámasela, ándale'".

Talía cuenta que no sabía cómo evitar participar en la orgía que su esposo había planeado. No podía contarle nada a nadie de su familia por las amenazas. Tampoco podía acudir a la policía porque en ese instante Juan Iván ordenaría asesinar a sus hijos.

"[Un día antes] de que llegara a Morelia se me ocurrió hacerme la desmayada en el casino que fui a ver por orden suya. Me caí en la alfombra, pero iba un chofer y estaban mis primos ahí, y entonces mi prima me dijo: '¿Qué tienes, qué tienes?' Realmente yo ya me quería morir, yo ya no podía hablar, si hablaba lloraba, me quedé como catatónica. Me llevaron al hospital y lo único que le dije en el camino a mi prima fue que quería saber cómo estaban mis papás. Le dije: '¡Por favor, que no sepa mi papá!' Mi papá estaba muy enfermo. Me llevan al hospital y a mi prima lo primero que se le ocurre es hablarle a Juan Iván. Le dijo: 'Oye, Tali está en el hospital, no reacciona, está despierta pero no habla'. Me empezaron a tomar los signos vitales; cosa rarísima: yo tenía la presión altísima siendo que yo soy de presión baja, y el doctor me preguntaba cosas y yo no le contestaba nada, entonces después, ya como por ahí de las ocho de la noche, se me empezó a salir una lágrima porque el doctor se acercó a mí y me dice: 'Te vamos a poner un suerito, te noto muy nerviosa', y me acariciaba la mano".

Relata Talía que el doctor insistía:

—Estás muy nerviosa. ¿Qué tienes? ¿Tienes alguna tristeza? Cuéntame.

—Mire, doctor, yo soy del Olimpo —contestó ella con lágrimas.

—Fíjate nada más. No lo creo. Tú no eres ninguna diosa. Eres humana y estás al borde de un colapso nervioso.

—Sí soy del Olimpo, doctor, porque si yo fuera humana, créame que ya me hubiera muerto. —El médico se le quedó mirando en silencio. Ella le suplicó—: Por favor, deme algo que me haga dormir. Tengo un mes sin dormir, deme algo que me haga dormir, necesito dormir.

Sintió la aguja en la vena del brazo. Pero no se durmió. Esperaba con terror la llegada de Juan Iván. Recuerda que llegó como a las nueve de la noche. "Se me quedaba viendo con una molestia, enojo, ira, rabia".

El doctor habló con él:

—Su esposa está al borde de un colapso nervioso.

—No sé por qué —contestó Juan Iván—. Venimos llegando de Cancún. Se la pasa como reina.

—Pues sí —explicó el médico—, pero la señora dice que trae una carga de trabajo muy fuerte o alguna pena que no quiere decir, pero está mal, trae la presión a todo lo que da, tiene taquicardias.

—Yo creo que la señora necesita descanso. Vamos a ver: déjeme con ella.

Talía recuerda aquel terrible momento: "Se va el doctor y se me acerca al oído de la cama y me dice: 'Pinche puta, pinche aguafiestas, no creas que me creo tus chantajes de mierda. No creas que nos vas a dejar plantados a mí y a mis amigos. No somos tu burla, cabrona, pendeja. Nos tienes todavía bien calientes'".

Juan Iván se quedó con ella toda la noche torturándola. Le hablaba a su secretaria y le decía que si "aguadaba otra vez la fiesta" fuera por sus "perros" y que ya sabían qué hacer con ellos.

Al día siguiente, a las tres de la tarde, la dieron de alta. Cada quien iba con su chofer, pero él le pidió que se fuera en su coche.

"Agarramos camino a México y no me dirigía la palabra. Estaba muy enojado. Iba respirando agitado para darme miedo. Y sí me daba. En la carretera, en vez de darle hacia la desviación a Morelia, le dice a su chofer que se pare y me baja ahí en plena carretera y entonces le digo: 'Pero, Juan Iván…' '¡Es que ya me tienes hasta la madre, pinche puta!'"

Desconcertada, débil por los medicamentos y su situación, se quedó en una cuneta de la carretera. Le habló a su chofer y se fue a su casa de Morelia, que era lo más cercano. Se tomó un medicamento y se acostó a dormir. "Me dio por llorar. Lloré y llore. Sentía una depresión tremenda, una desesperación que nunca había sentido. Decía: '¿Qué voy a hacer?, ¿para dónde le corro?, ¿cómo le hago?, ¿cómo me desaparezco?, ¿cómo lo convenzo para que no actúe en contra de mi familia?'"

Eran las nueve de la noche y oyó un ruido de puerta. En ese momento Juan Iván entró a la recámara.

—Hola, ¿cómo está mi muñeca? Ahora sí nos vamos a divertir.

Ante la mirada de miedo de Talía, se metió al vestidor y sacó una pistola. La colocó en el buró y le ordenó:

—Empieza a bañarte y ponte la bata que te compré en Las Vegas.

—Juan Iván, no puedo ahorita hacer nada.

—Claro que sí. Abajo están Raúl y *Dalí*.

—Ay, no, por favor.

Tomó la pistola, la miró sin compasión y le espetó:

—¡Ahora sí los vas a atender!

La obligó a bajar, pistola en mano. La escena era tal y como lo había imaginado en sus peores pesadillas. Los tres se prepararon *whiskies* bien cargados.

Raúl le dijo:

—Deja la pistola, hermano. Ella es bien putita, ahorita vas a ver. Déjala por la buena.

"Entre los tres me abrían la boca y me echaban el *whisky* para que no me doliera. Juan Iván me cacheteaba, me aventaba, y todos se morían de la risa. Se desnudaron. Se frotaban el pene, se turnaban, me hicieron la doble penetración, me metían un pene en la boca, mientras me metían los otros por otro lado. No, no, no, no tienes idea: todo lo que se ve en las películas pornográficas lo hicieron juntos. Eran superdocumentados, las cosas que a nadie se le ocurre hacer, a nadie se le ocurre hacer cosas tan terribles. ¡Fue espantoso! Empezaron a violarme desde las nueve de la noche y terminaron a las tres de la mañana. Fueron seis horas terribles. Yo lloraba, le decía: 'Juan Iván, siento que me voy a morir. Me quiere dar una embolia, por favor ya paren'. Él decía: 'No, claro que no, está bien rico. Le está gustando mucho, nomás que es así de fresa. No se te ocurra hacer drama, ya estamos aquí, nadie lo va a saber'".

Zeferino Pérez Jiménez le decía riendo:

—Hermano, déjamela a mí, déjame hablar con ella, yo la relajo.

Juan Iván dio la orden poniendo la pistola en la mesa de centro de la sala:

—Híncate y mámala.

Raúl Flores Adame intervino mientras le tocaba los senos y glúteos a Talía:

—No hermano, no hay necesidad de eso, Tali va a entender. ¿Verdad, preciosa?

Fue cuando Juan Iván se sentó en un sillón individual y la empezó a desvestir:

—Talía es experta en sexo anal.

Ella suplicó:

—Por favor, eso no…

Raúl la sujetó de la barbilla y le dio a beber el *whisky*. Luego Juan Iván dijo:

—¿Verdad que está bien buenota la *Milfy*? [acrónimo del inglés *Mom I Like to Fuck* utilizado en el entorno pornográfico para designar a las mujeres maduras].

La empezó a golpear con el pretexto de que la excitaban los golpes y la penetró por la fuerza.

—Cógetela por el culo, mira, lo tiene bien rico —invitó a Raúl Flores Adame.

Juan Iván callaba los gritos de dolor de Talía tapándole la boca mientras su amigo la penetraba con fuerza. Zeferino dijo:

—Me toca, hermano —y la penetró también.

Una vez que los tres terminaron, Talía no podía moverse del dolor. Quiso arrastrarse hacia la escalera, pero su esposo la detuvo jalándola del cabello.

—¿A dónde vas, perra? Te encantó, ¿no?

—Me duele todo, tengo que ir al baño, estoy mareada, me duele la cara, el ano, siento palpitaciones horribles —le contestó.

Para su sorpresa, Juan Iván le dio una nueva orden:

—Orínate en mi boca.

Zeferino y Raúl se reían. Juan Iván le dijo que le darían "un descanso" y la sentó en un sillón. Los tres siguieron bebiendo y haciendo bromas.

—¡Qué bonita basurita! ¿Quién te quiere más que yo? —le decía Juan Iván, mientras Talía lloraba.

—¡Eres una puta aguafiestas! Te vamos a dar tu merecido, una doble penetración…

La cargó y los tres se fueron a la recámara. Juan Iván se recostó en la cama y la penetró al mismo tiempo que Raúl.

Abatida por el dolor y el *shock*, Talía ya no reaccionaba.

"Cuando los tres eyacularon, me dejaron allí en la cama. Junto a mí se quedó mi esposo acariciándome la cabeza, y Raúl y Zeferino se sentaron desnudos en los sillones. No supe a qué hora se fueron. Llegó un punto en que ya no lloraba, no hablaba, no suplicaba. Me morí. Era como tener ausencia de todo. No podía llorar, no podía hablar, no podía moverme; de verdad lo único que quería era morirme".

Al día siguiente, Juan Iván le llevó el desayuno a la cama. Le acarició la cara y susurró:

—Soy el hombre más feliz de este mundo. Te portaste como una zorra: pedías más. Eres una ninfómana. Qué putita tan bonita, te portaste como toda una depravada, eres una *Milfy* sabrosa.

Talía lloraba y él entraba en cólera:

—No se te ocurra decir que esto no te gustó.

A ella se le ocurrió ser sincera:

—Fue una violación.

—Por supuesto que no, pendeja. No fue una violación. Se llama sexo en grupo y tú no eres ninguna niña para que te anden violando. Además, para eso eres mi puta.

"Él seguía insistiendo en que no fue una violación. Decía que fue una fiesta, que estuvo padre que yo llorara, que me lastimaran tanto, que trajera la pistola y me apuntara con ella, que me la metiera en la boca. Eso era parte de la diversión porque así era en las películas pornográficas: amarran a la gente en las camas y las latiguean y esas cosas. O sea, para él estaba bien. Él no puede concebir que algo sea un exceso, porque él no tiene límites".

Talía llora cuando recuerda su historia atroz.

"Me costaba mucho trabajo ir al baño; por supuesto, no podía orinar, me salían gotas de sangre. Me hicieron cosas terribles. Me quería morir. Me sentí como las muchachas que violan y prostituyen en los peores barrios. Estaba muda, tenía necesidad de escapar. Como me veía callada, me abrazaba según él con ternura y me decía que yo estaba choqueada por ser la primera vez, pero que después todo sería más fácil, que el sexo en grupo era de la 'raza superior'".

Talía acudió inmediatamente al médico. Se sentía muy mal. Y no quería contárselo a nadie. El doctor Alejandro Rodríguez Mora la revisó y al ver sus lesiones no tuvo duda:

—Está inflamadísima, tiene laceraciones, está muy lastimada. ¿Ha sido usted víctima de un ataque sexual, una violación?

—No —contestó lacónicamente Talía y le pidió un certificado médico que especificara el resultado de la exploración ginecológica.

LA HUIDA

La personalidad sociópata de Juan Iván pasó del narcisismo a la falta de remordimiento por torturar a su esposa, y al descontrol absoluto de sus impulsos. Su comportamiento destructivo lo estaba volviendo un auténtico psicópata, incapaz de sentir culpa. Talía era de su propiedad, la trataba como un objeto. El deseo de dominación y poder sobre ella era exacerbado. Le había destrozado la vida.

En la política, Peña Néder se mantenía en el círculo más próximo al presidente Felipe Calderón, sin dejar de operar el negocio de los casinos. El 26 de marzo de 2011 fue su cumpleaños y organizó una fiesta, a la cual invitó a políticos y casineros. Le advirtió a Talía que debía comportarse porque, de lo contrario, ya sabía lo que les sucedería a sus hijos y a su hermana. La fiesta degeneró en mal ambiente por los problemas de conducta del anfitrión. Al final quedaron sólo ocho personas.

"Estaban los tres violadores. Yo estaba en una actitud muy rara, atendiendo a las visitas, pero mi prima me dijo: 'Tali, no eres tú, ¿qué te pasa?' Nadie sabía que se habían ido mis hijos a vivir a otro lado. Se me hacía un nudo en la garganta porque yo no podía dar explicaciones. Luego [Juan Iván] va y se sienta al lado de los dos violadores [y] empieza a decir: 'Ven, chaparrita, ven *baby*'. Me siento en sus piernas".

Entonces Raúl Flores le comentó:

—Ya nos dijo Juan Iván que quieres más.

Talía no podía creerlo. Lo miró y le contestó en voz baja:

—Estoy muy enferma. Me lastimaron mucho.

Zeferino Pérez Jiménez se le quedó viendo y se rio. Ambos se sonrieron de manera cínica. Zeferino, alias *Dalí*, vivía en la misma casa. Ella tenía que soportar diariamente la presencia de dos de sus agresores.

Al día siguiente, el 27 de marzo, después de la cena, su esposo la sometió violentamente para tener relaciones sexuales a pesar de lo lastimada que estaba por la violación tumultuaria. Cuando terminó, Talía expresó lo que sentía:

—¡Me da asco todo lo que me rodea!

Juan Iván enfureció, la aventó a la cama, sacó la pistola y gritó:

—¡Yo soy Dios! ¡Híncate, pendeja! Pídeme perdón o te mato, claro, después de que veas cómo mato a tus hijos frente a ti. Yo sí le jalo al gatillo.

Talía se hincó.

—Perdóname —tuvo que decir.

Juan Iván le puso la pistola en la sien.

—No te escuché, repite que me pides perdón. Di: "Perdón, Dios". Y dilo fuerte, porque ahorita te vas a morir. Dime que me tienes miedo. Implórame que no te mate, que te perdone por decir que te doy asco. ¿Así que a una basura le da asco Dios?

Talía ya no pensaba en su miedo, sólo quería que todo terminara. Quería morir, que le disparara. Pero él salió de la recámara y ya no volvió.

Al día siguiente, 28 de marzo, Talía salió de casa rumbo a su oficina y recibió una llamada de él.

—¡Eres una puta baja, una perra de quinta, una basura! Ya sé lo que hiciste. Sé que abriste la caja fuerte. Tengo la casa rodeada de policías. Es mejor que no vuelvas. No te vuelvas a acercar a la casa. La SIEDO te va a tener vigilada a ti y a tus hijos las 24 horas del día. Te voy a hacer mierda. Ya fueron por tus hijos. En media hora recibes la cabeza en una jaula de tu pinche prieto. No te hagas, ya me dijeron que estuviste registrando la casa, que quisiste violar la caja fuerte.

Ella intentó calmarlo. "Le tenía un terror porque yo sabía que Juan Iván inventaba cosas, se las había hecho a las demás esposas. Además, yo sabía tantas cosas de Juan Iván: lo vi planear tantas cosas, lo vi atacar a tanta gente, lo vi mandar matar, lo vi mandar incendiar casas, lo vi hacer cosas terribles. Yo decía: 'No, no, no. ¿Qué voy a hacer?'"

Fue su oportunidad para dar por terminado todo. En ese momento se separó. Se divorció de Juan Iván el 20 de junio de 2011. Sin embargo, los denunció a él y a sus dos amigos por violación tumultuaria, a casi cinco meses de que ocurrieran los hechos, el 2 de agosto de 2011.

Dos años y medio después, Talía me cuenta su historia. La voz se le quiebra cuando narra los momentos más difíciles. La pregunta que todo mundo le hace se la hago yo también:

—¿Por qué no denunciaste a Juan Iván inmediatamente después de lo sucedido? ¿Por qué esperaste cinco meses?

—Mira, ahora, analizando la situación, te voy a decir [que] si yo hubiera sabido lo que me iba a pasar —hoy te lo digo después de dos años y medio de la violación— nunca lo hubiera denunciado. Ojalá y no hubiera sido necesario. Denunciar una violación es una decisión de vida, es cambiar tu vida; o sea, la violación ya te afectó bastante, pero echarme el pleito con ese violador… o sea, no era un violador que me violó en la parada del camión. Era mi marido, me iba a ser muy difícil demostrarlo, nadie me iba a creer, pero además él me iba a hacer pomada. Ahora sé que solamente el 4 por ciento de las mujeres denunciamos una violación en el mundo. Yo denuncié cinco meses después y ahora lo pienso: ¡qué valiente fui en tan sólo cinco meses animarme a denunciarlo! Porque era una decisión que ni siquiera me pasaba por la cabeza; denunciarlo era absolutamente imposible. Yo jamás me iba a poder pelear con Juan Iván porque yo no tenía ni el poder ni el dinero para poder enfrentarme a ellos. Jamás iba a tener ni el dinero ni el poder. Yo me daba por bien servida con lograr huir y que se olvidara de mí, que no me persiguiera.

LA PERSECUCIÓN

En México casarse es fácil, divorciarse no; sobre todo cuando no hay un acuerdo de por medio. A Talía no le interesaba ninguna propiedad o compensación económica para terminar con el vínculo conyugal. Únicamente deseaba acabar con la pesadilla y poner fin al peor error de su vida. Juan Iván, con su megalomanía, no estaba dispuesto a ceder ni un milímetro. Su ego había sufrido un duro golpe porque Talía no volvió a casa y, sobre todo, porque no le suplicó poder volver.

El día en que Juan Iván le prohibió regresar a la casa, Talía sólo llevaba mil pesos en la bolsa. "Era todo lo que llevaba. Y no me importó. Me dije, bueno, ya estoy fuera. Bendito sea Dios. Juan Iván estaba enloquecido, lo sabía por la gente de la oficina. Una amiga muy querida seguía ahí. Se quedó de mediadora, pero [él] se la pasaba torturándola, diciéndole lo que iba a hacer conmigo cuando volviera. Le decía: 'Vas a ver, en menos de dos días va a regresar a pedirme perdón, se va a morir de hambre sin mí'. Y ciertamente yo me estaba muriendo de hambre, pero no pensaba regresar. Es algo que nunca pudo concebir. Y nunca me perdonó que siendo él *Dios* con el dinero, quitándome todo, no regresara".

En el mes de abril se comunicó con ella Guillermo Santillán Ortega, director de la Unidad de Enlace Federal de la Secretaría de Gobernación. Juan Iván lo había contratado para que le llevara el divorcio.
"Santillán Ortega era de los meros corruptazos de Gobernación, su
cómplice en la mafia de los casinos", refiere Talía.

Santillán le dijo:

—Me extraña mucho lo que está pasando, no te he visto en la
oficina, pero este Juan Iván me ha pedido que tramite el divorcio voluntario. ¿Tú tienes algún inconveniente?

—Yo, ninguno —respondió ella—. Dígame dónde le firmo.

La citó en su oficina, donde le preguntó:

—A ver, Talía, dime: ¿cómo se van a dividir los bienes?

A lo que ella contestó:

—¿Cuáles? No hay.

—Cómo no, Talía, con todo el dinero que tiene Juan Iván. Y está
el departamento de las Lomas de Chapultepec.

—Es rentado. Que se quede Juan Iván con él.

—¿Y los muebles?

—Pues mitad y mitad, porque tiene mis muebles de soltera.

—Pero dice Juan Iván que no te va a dar nada.

—Pues está bien. Yo quiero lo que quiera Juan Iván.

—¿Y la oficina que es tuya?

—No quiero nada, licenciado, nada.

—Me dijo Juan Iván que te quitara el Nextel.

—Bueno, tenga, aquí esta.

—También me dijo que te quitara el carro.

—Pues si lo quiere, se lo doy.

—Talía, pero tú tenías carro cuando te casaste con él.

—Licenciado, yo no voy a poner resistencia a nada que diga
Juan Iván.

Así comenzó a tramitarse el divorcio voluntario. A Talía la asesoró Armando Salcedo, un amigo de la universidad.

—Salcedo, me voy a divorciar —le anunció Talía—. No te puedo
contar, pero están pasando cosas muy graves.

Fue él quien les había dado hospedaje a sus hijos.

—A ver, Talía, ¿qué está pasando? Primero mandas a los chavos y ahorita esto.

—Quiero desaparecer del planeta, si te preguntan por mí, no me has visto.

—Vázquez, si te vas a divorciar, divórciate como una gente decente: ¿quieres que yo te represente?, ¿quieres que yo vaya a hablar con Juan Iván?

—No, no, no.

—Si te quieres divorciar, entonces que sea en buenos términos. Mira, Talía, si es por tus chavos, los chavos son adolescentes, están acostumbrados a vivir solos; estaríamos todos al pendiente de ellos.

—Es que tú no sabes lo que está pasando, Armando. Te voy a dejar escrituras de mi casa y mi testamento por si me matan. Guárdamelo en tu caja fuerte, por si me matan.

—Taly, ¿qué traes?

—Mira, amigo, no te puedo explicar.

—¿Por qué te van a matar?

Ante su insistencia, Talía le explicó la situación.

—Dile que la oficina es tuya, que se vaya. Talía, no puedes ser tan mensa y dejarle todo.

—Yo sé lo que te digo, Armando. No te vayas a meter, porque te destruye.

—No le tengo miedo.

—No sabes de lo que estás hablando, Armando. Te lo suplico, por favor. Haz lo que te digo.

Talía empezó una nueva vida junto a sus dos hijos. Rentó un modesto departamento e inició desde cero. Volvió a su antiguo trabajo y a la labor legislativa como diputada suplente del PRD por Michoacán.

Al mismo tiempo, Juan Iván Peña Néder inició una serie de ataques mediante correos electrónicos y envíos masivos de montajes pornográficos con el rostro de Talía. Hasta Raúl Flores Adama, quien participó en la violación tumultuaria, la acosó, al grado de ir a buscarla a su oficina:

—Juan Iván, Zeferino y yo somos tus dueños. Tenemos ganas de usar otra vez tu cuerpo. Nos perteneces.

Decenas de los correos electrónicos que envió Juan Iván estaban llenos de insultos y amenazas, lo que Talía denunció ante las autoridades y quedó asentado en el expediente. El siguiente correo tiene fecha del 4 de junio de 2011 y fue enviado desde la dirección *juanivanp@ yahoo.com.mx*: "Asquerosa, devuélveme las joyas y el monto asegurado de mi carro que destruyó tu legionarito, ponte de acuerdo con Elsa. Por cierto, todas las fotos y videos están certificados y ya en un sitio web, que puedo hacer público, y hay varios videos de tu última orgía, así que no me robes más, que tu negro, cerdo y motorizado ángel de la guarda te reponga las joyas, firma todo, y no vayas a hacer una pendejada, porque tengo la base de datos de La Libre, la Legión de Cristo de la Anáhuac, del PRD, el gobierno de Michoacán y sus diputados. Así que tú dices, asquerosa culera, muévete un milímetro y hago mierda el prestigio de tus hijos; ah, también la base de datos de La Piedad, donde tus parientes ratas se niegan a devolver los teléfonos, colgaré algunas mantas con tus fotos y nombre como hermana de Selene, tú dices basura… Mándame ya mi dinero y mis cosas y firma todo perra puta del negro asqueroso, chinga a tu madre zorra anciana, qué asco me das".

Otro de los mensajes fue enviado un día antes: "Tengo la copia de tu diario puta, donde te refieres a Salcedo como tu amadísimo ángel de la guarda. ¡Púdrete y chinguen a su madre, no te da pena asquerosa baja".

Ese mismo día le envío otro: "Sal ya de mi vida, o tomaré medidas. Eres el colmo culera, baja, ratera, puta de siempre, no te daré nada, me parece el colmo que actúes así, ya déjame en paz; nada es tuyo zorra dolosa y traidora culera, llevar a Jon Jon [su hijo] a la casa de tu amante a convivir en parejas, eres una gata inmunda y sin límites, quieres tus fotos en La Libre, en la Legión, otro escándalo en los Legionarios, ya deja a Paty en paz perra sarnosa y puta, enana, anciana, y barata, uno que te trata como persona y eres una puta de décima, no vales nada, asquerosa anciana, vete, para siempre, ten valor y habla con Paty y de mí no tendrás ya dinero nunca, por lo que hiciste por jj no haré más, si ya no sé de ti y sé que reconoces con Paty tu asquerosa condición".

En julio le enviaron más correos electrónicos desde la dirección *verdugojuarense@yahoo.com.mx*: "Hola Zorrita, ya que te corrió tu amante creo que te das cuenta que estás acorralada. Te negaste a darnos lo que nos pertenece a mi amigo y a mí y has dejado inconclusa nuestra fantasía. Ya nos cansaste y por eso te aviso que ya le dimos la orden a Amberes y ya te va a revocar el permiso que quisimos darte. ¿Creíste que no nos obedecen todos? Pero puedes salvarte zorra, puta, depravada, contesta para vernos en donde te hemos citado otras veces y así usarte como te mereces. No cometas un error pendeja, no te equivoques, no tienes salida, o respondes o así como te corrió tu amante, te correrá tu primo con sólo tronarle los dedos a nuestra oficina alterna. No vales nada, perra anciana, ven y nos arreglamos. No puede ser tan malo Tali, nos vamos a divertir, ya que ahora reconoces que estás vencida, gata de quinta, queremos darte lo que buscas..."

Juan Iván Peña Néder continuó enviando mensajes masivos difamatorios, con los referidos fotomontajes pornográficos. Así a lo largo de dos años y medio. "Es horrible, esta historia no ha terminado. Ayer mandaron unas cartas a Enrique Peña Nieto, a todos los senadores, a todos los diputados, de toda mi historia pero al revés. Es la versión de los violadores y todo ponen que 'obra en el expediente' y nada es cierto, nada obra en el expediente", comenta Talía. El expediente a que se refiere consta de 7 mil fojas y 22 procesos paralelos.

CASUALIDADES DE LA VIDA

Cuando Talía decidió denunciar a su ex esposo y sus amigos Raúl Flores Adame y Zeferino Pérez Jiménez ante la Fiscalía Especializada en Delitos Sexuales de Michoacán, nunca imaginó que la "mafia" de los casinos iba a ayudar a detener a los agresores sexuales. La detención se realizó el 8 de septiembre, gracias a la intervención del panista guanajuatense Guillermo Santillán Ortega, ex funcionario de Gobernación y operador de los casinos de la empresa Producciones Móviles, S.A. de C.V. Fue titular de la Unidad de Enlace Federal de la Secretaría de Gobernación con Felipe Calderón y como militante del PAN fue secretario del Ayuntamiento de Salamanca, Guanajuato.

¿Cuántos violadores son detenidos con celeridad en México? Se trató de una circunstancia fortuita. El 25 de agosto de 2011 ocurrió el atentado al Casino Royale de Monterrey, propiedad de Raúl Rocha y Javier Vázquez, donde murieron 52 personas. Juan Iván se ostentaba como "asesor legal" de dicho casino, junto a otros, ya que operaban ilegalmente a través de la "mafia" de Gobernación y de permisos falsos. La Procuraduría General de la República y la Procuraduría General de Justicia de Nuevo León buscan limitar la investigación a la aprehensión de los delincuentes del grupo de Los Zetas que ejecutaron el crimen. Pero el ex marido de Talía había declarado contra el regiomontano Juan José Rojas Cardona, mejor conocido como *el Zar de los Casinos*.

—Nosotros estábamos esperando la orden de aprehensión por violación contra Juan Iván, según nosotros en el más extremo de los secretos. Ya habían consignado al juez, pero el juez todavía no libraba la orden, cuando me llaman y me dicen que Guillermo Santillán Ortega, uno de los más corruptos de Gobernación en la mafia de los casinos, quiere hablar conmigo. Me dice: "Talía, los señores Javier Vázquez y Raúl Rocha, los dueños de los casinos Royale, que andaban prófugos en España, quieren hablar contigo", y le dije: "Sí".

—¿Y por qué querían hablar contigo?

—Porque todos los casineros le tienen terror gitano a Juan José Rojas Cardona y Juan Iván empezó con la versión de que yo tenía una relación con Rojas y que por eso iba contra él, para fregarnos a todos los casineros de México, como si Rojas me necesitara para algo. Pero en su afán de perjudicarme, nos echa la culpa del ataque al Casino Royal a Rojas y a mí. Lo hace público en los periódicos. Una tontería. Y así me empezaron a llegar correos de todos lados y de que ciudadanos de Monterrey que me escribían y me decían que yo era una asesina, que pesaría en mi conciencia todas las muertes. Una pesadilla; además, yo [estaba] asustada de que de veras la autoridad les fuera a hacer caso.

—¿Y qué pasó? ¿Cómo te ayudó eso para que detuvieran a Peña Néder?

—Guillermo Santillán me comunicó con Javier Vázquez y Raúl Rocha y me dicen: "Oye, Talía, te hablamos para decirte que nosotros no tenemos nada en contra de ti. Por favor, queremos que le digas a

Juan José Rojas que nosotros no avalamos la versión que dice Juan Iván, que sabemos que él no quemó el casino y que tú tampoco".

—¿Ellos pensaban que realmente tenías relación con Rojas?

—Yo estaba con el ojo cuadrado. Esa relación que Juan Iván me había inventado me estaba regalando algo y yo no lo iba a desperdiciar. Lo que Juan Iván me estaba regalando era un mito sobre mi supuesta relación con Rojas. Y cuando los veo aterrados por no pelearse con Rojas, me agarran de interlocutora. Entonces, yo les digo: "Le voy a comentar a Rojas, pero si ustedes realmente saben que no fuimos nosotros díganlo públicamente, deslíndense de Juan Iván". Y me dicen: "Es que está enfermo, Talía". Cuelgo con éstos y me dice Santillán: "Tú me lo advertiste". "Efectivamente, yo se lo dije, le dije que corriera, licenciado. Ahora ya se fregaron porque son ustedes una bola de corruptos".

—¿Y qué hiciste para que lo detuvieran?

—Allí se me prendió el foco y le dije: "Mire, para que vayan controlando a su loquito, porque de ese lado está usted, los 'Royales' —como yo le decía, está Julio Esponda, está Roberto Gil Zuarth, está el senador Anaya, está el gobernador de Chihuahua—…" Y me decía: "Shhhhhhhh…" Como que creía que yo tenía las cámaras, era mi casa, pero estaba convencido que yo tenía cámaras. Y le dije: "De este lado estamos Rojas y yo. ¿Cómo la ve?" Así que yo le dije: "O aplacan a su loquito o se ven con nosotros".

—¿Qué pasó entonces?

—Pues que al día siguiente Juan Iván publicó otro periodicazo donde se lanzaba contra Rojas y empieza a decir […] cómo se robaron las empresas de Rojas, pero al revés, diciendo [que] Rojas tenía la culpa del Royale, en términos militares, porque así habla, que dinamitaron todas sus salidas, que se encuentra cercado porque creó una empresa de papel, que se llama Producciones Móviles, y ahora tal tal y cuenta toda la historia pero al revés, diciendo que Rojas hizo lo que ellos hicieron, pero Rojas no tenía el detalle, haz de cuenta que era una crónica de cómo se lo habían tranzado.

Fue entonces cuando Guillermo Santillán le habló a las seis de la mañana. La despertó:

—Te creo, te creo, Juan Iván está loco. Por favor, habla con Rojas y te entrego a Juan Iván, sé que tienes una orden de aprehensión en contra de él.

Talía se quedó sorprendida. Supuestamente nadie sabía nada de su denuncia judicial, mucho menos de una orden de aprehensión que todavía no había sido girada por el juzgado. Llamó a su hermana Selene a Michoacán:

—Oye, dice Santillán que ya está la orden de aprehensión.

Y le confirmó que, efectivamente, ya había salido. "Y yo pensando que si éstos ya sabían Juan Iván se iba a pelar, que era lo que yo quería evitar, que se filtrara información".

Cuando Santillán llegó a la 6:30 de la mañana a su casa llevaba una propuesta:

—Yo te entrego a Juan Iván, pero te suplico que, si esto explota, nunca me menciones.

—Pues tiene 24 horas para detenerlo… ¿Cómo supo de la orden de aprensión?

—Lo sabemos desde que lo denunciaste el 2 de agosto. El día 4 nos reunimos en el Four Seasons Julio Esponda, Raúl Flores, Juan Iván y yo. Y Julio nos leyó tu denuncia.

—Mi denuncia dice puntos y comas de cómo fue la violación tumultuaria. ¿Sabe una cosa, licenciado Santillán? Yo durante todo este tiempo he sabido que Juan Iván nunca va a aceptar la violación, pero había soñado con el momento en el que la leyera. Sabía que algún día la iba a leer y, que aunque lo niegue, sé que por dentro va a tener que estar diciendo: "Sí, pues sí, eso pasó". Y así se iba a dar cuenta de lo monstruoso de sus actos.

—No, qué va, estaba muerto de la risa. Dijo que tú nunca le ibas a poder hacer nada porque Julio Esponda lo protegía.

—¿Y usted qué piensa?

—Efectivamente, yo estoy encargado de la orden de aprehensión y ya se la libraron anoche.

—¿Quién es el encargado de decirle a Juan Iván que está detenido?

—El encargado soy yo, porque si yo te lo entrego, es la única manera que tenemos de aplacarlo. Y por favor, te lo voy a entregar, pero no hables de mí.

—Tiene 24 horas.

Esa conversación dejó convencida a Talía de que su ex marido pronto sería detenido. Los dueños del Casino Royale publicaron una aclaración en los periódicos diciendo que Juan Iván no era su "asesor legal". Se deslindaron de él. Fue cuando Juan Iván empezó a asustarse. Y se fue a dormir a un departamento propiedad de su amigo y cómplice, el abogado Julio Esponda, en el Club de Golf de Santa Fe. Santillán le ofreció a Talía la satisfacción de ver cómo caía detenido uno de sus violadores.

—Vamos a esperarlo. Lo hemos invitado a desayunar a un restaurante de Reforma. Ya viene la policía de Michoacán.

También lo esperaban policías de la Procuraduría General de Justicia del Distrito Federal, quienes en operativo conjunto lo empezaron a seguir desde que salió del departamento hasta el punto donde llegaría a desayunar. Un policía vestido de civil le abrió la puerta, como si fuera el *valet parking*, y lo detuvo allí mismo. Se lo llevaron inmediatamente a Michoacán. La cara del detenido reflejada en las fotografías lo dice todo. Un documento de la Procuraduría General de Justicia de Michoacán señalaba que la captura fue en cumplimiento de una orden judicial emitida en su contra por el Juzgado Cuarto de lo Penal de aquel distrito judicial, dentro del proceso penal número 164/2011-II instruido por violación. Juan Iván fue directamente remitido al Cereso "Lic. David Franco Rodríguez", mejor conocido como *Mil Cumbres*.

Meses después, en un operativo, encontraron a Peña Néder festejando su cumpleaños a ritmo de banda sinaloense y tequila, bailando con su abogada. Talía ya se imaginaba los privilegios que tenía en la cárcel.

"El director del penal entró en cólera. Descubrieron que se peleaba el liderazgo del penal con los Caballeros Templarios. Le encontraron droga, pistola, todo lo que yo decía: fotos y un mundo de películas pornográficas, su computadora, desde donde hacía los montajes fotográficos de pornografía y mandaba los correos electrónicos".

Finalmente, lo trasladaron al penal federal de Matamoros, una cárcel de máxima seguridad. En el expediente consta su perfil criminológico y lo definen como un sujeto peligroso que sólo puede estar en una prisión de máxima seguridad. De acuerdo con los documentos, los psicólogos que lo analizaron advertían que Juan Iván podía influir en los demás reclusos. En otro documento, del 30 de abril de 2012, se explican los motivos por los que las autoridades estatales decidieron realizar su cambio. El secretario de Seguridad Pública de Michoacán, Elías Álvarez Hernández, consideró que Peña Néder era uno de los líderes que se disputaban el control del penal. "Juan Iván Peña Néder es una de las personas que detentan poder y control en el centro de readaptación social, considerado además como líder, y que grupos rivales han intentado privarlo de la vida, lo que motivó que esta Secretaría lo incluyera en una propuesta para su reubicación a otro centro penitenciario", dice el documento en respuesta a una solicitud de información por parte de Ernestina Pimentel Pineda, Juez Cuarto de Primera Instancia en Materia Penal en el Estado de Michoacán.

El diagnóstico clínico criminológico realizado a Peña Néder no deja lugar a dudas: es un delincuente primario con el nivel de peligrosidad máximo. El criminólogo José Alfredo Reyes Espinoza, con cédula profesional 4007330, perito de la Subsecretaría de Prevención y Reinserción Social de Michoacán, con clave de identificación JaRe/05/AC21, explicó: "El sujeto presenta capacidad de persuasión y manipulación, que puede exteriorizar la violencia de manera explosiva hacia los demás, [por lo que] deberá permanecer en área de conductas especiales para prevenir conflictos con la población penitenciaria".

Al llegar al penal de Matamoros, las psicólogas Miriam Martínez González y Norma Alicia López Flores le practicaron otro examen, en el cual se determinó que cuenta con los radicales criminológicos de índice de peligrosidad alto: "El interno posee una expansión criminógena determinante, asumiendo en su rol capacidad de liderazgo, siendo la peligrosidad de tipo manifiesta. La criminalidad practicada es de tipo formal, la peligrosidad se considera intermitente. Por lo anteriormente expuesto, se determina que cuenta con radicales criminológicos que lo llevan a presentar un índice de peligrosidad alto. Por lo que cubre con el perfil para permanecer en los centros federales".

GIL ZUARTH Y LOS CASINEROS

Juan Iván Peña Néder llevaba dos años en la cárcel, pero él y su cómplice Zeferino *Dalí* Pérez Jiménez fueron excarcelados con sigilo el viernes primero de noviembre de 2013 a las cuatro de la madrugada por el juez Juan Salvador Alonso Mejía. Talía Vázquez sabía que al acusar a sus tres violadores iba a enfrentar un "sistema de justicia inoperante y sin perspectiva de género; un calvario sin final". En México sólo 4 por ciento de las víctimas de violación denuncian a su agresor porque saben que el sistema protege a los delincuentes sexuales.

Nunca imaginó que tendría que dedicar más de diez horas diarias durante los últimos tres años al juicio por violación tumultuaria. Jamás pensó que después de todas las pruebas, testimonios, evaluaciones psicológicas y periciales médicas los presuntos violadores iban a quedar libres dos años después de haber ingresado al Penal de Máxima Seguridad de Matamoros, Tamaulipas.

Hace recuento y la noticia de la liberación de sus violadores la entristece. Llora. Se sobrepone y articula lo que va a decir: "Es una vergüenza. Se crean institutos de las mujeres, Fevimtra [Fiscalía Especial para los Delitos de Violencia contra las Mujeres y Trata de Personas] y todo lo demás para acompañarnos en nuestro dolor, pero los jueces no nos hacen justicia, porque para ellos es imposible demostrar una violación".

La violación es un delito de comisión oculta. Afortunadamente la orden de aprehensión incluía a los tres violadores, pero dos estaban prófugos de la justicia. Fue ella, como abogada, la que integró el expediente de acusación. Todavía recuerda cómo pudo encarcelar a su segundo violador. Fue un regalo de la vida, dice. Iba caminando por la calle de Durango, en la colonia Roma de la Ciudad de México, cuando vio a Zeferino Pérez, el *Dalí*, fumando un cigarro. Lo siguió. Llamó a la policía y lo detuvieron. Estuvo preso un año. El tercer violador, Raúl Flores Adame, nunca fue detenido. Talía no puede evitar sentir coraje cuando recuerda que sigue disfrutando su libertad. "Es un tipo horrendo, nefasto, que se decía pistolero de Hank Rhon, que fue consejero electoral en Baja California. Conoció a Juan Iván en Gobernación, pertenecía al mismo grupo mafioso de los casinos del sexenio pasado".

Como se describió antes, desde que entró en prisión Juan Iván y sus cómplices iniciaron un ciberterrorismo para atacar a Talía con envíos masivos de *e-mails* y creando páginas web para subir montajes fotográficos pornográficos. Las autoridades mexicanas no persiguen el acoso, las amenazas ni el hostigamiento cibernético. Desde la indefensión, Talía se entera cotidianamente de los destinatarios que han recibido los libelos de su ex marido. Su frustración y angustia han ido en aumento. Hace unos meses decidió hacer públicas las corruptelas de los funcionarios panistas del círculo de Felipe Calderón. Intentó luchar contra la impunidad, un mal endémico en México.

"Es una guerra cibernética espantosa. Yo decía: '¿De dónde saca tanto dinero?' Trae ocho abogados defendiéndolo. Yo a duras penas pagaba uno. Es una batalla bastante desigual. Obviamente sacaba dinero de los casinos. Tiene 22 y me daba cuenta de todo. Empecé a ver cómo estaban operando con los permisos falsos de casinos. En abril de 2012 fui a Gobernación, pero me trató con la punta del pie Obdulio Ávila Mayo [panista subsecretario de la Secretaría de Gobernación], a quien le dije que todos eran permisos falsos, clonados. No hicieron nada".

En el Congreso de la Unión se formó la Comisión del Juego gracias a sus denuncias. Y acudió para solicitar la investigación de la "mafia" de los casinos, presuntamente compuesta por funcionarios del gobierno y casineros. La diputada panista Aurora Aguilar intervino:

—Señora, yo me solidarizo con lo que le pasó, con su historia de mujer. Realmente lo lamento mucho, pero estoy muy preocupada porque cuántas mujeres como usted no denuncian los actos de corrupción ni las violaciones. Y le pregunto: ¿por qué una mujer como usted se tardó cinco meses en denunciar?

A Talía se le quebró la voz al contestar:

—Vamos a ver, diputada. ¿Cómo se imagina usted una violación tumultuaria? ¿Usted cree que cuando la violan tres sujetos por horas con pistola y cuando acaban se levanta uno y dice: "Denme mis calzones, ahorita vengo, voy a denunciarlos"? No puede uno caminar, no puede uno respirar, no se puede uno mover, lo único que yo quería era morirme. Por mí que Gil Zuarth y todos siguieran robando. A mí no me importaba eso. Lo único que me importaba era que no me mataran a mis hijos. Yo hubiera querido no denunciar. Esta denuncia cambió mi vida para siempre, no me quedó de otra. Pero felicíteme, licenciada, felicíteme porque yo de la violación mandé a la cárcel al violador prepotente y famoso. Y me tardé seis meses. ¡Apláudame! Y si está usted muy preocupada por las mujeres como yo, preocúpese mucho porque miles de mujeres son violadas diariamente y no van a denunciar nunca. Nunca jamás. Usted no sabe de lo que está hablando.

Talía asegura que los senadores y diputados sabían que durante el sexenio pasado todo indicaba que hubo dos grupos de panistas metidos en el negocio multimillonario de los casinos: uno era encabezado por Gustavo Madero y sus operadores, junto a Juan José Rojas Cardona, *el Zar de los Casinos*; el otro grupo estaba formado por Felipe Calderón y su "mafia" de operadores casineros en la Secretaría de Gobernación. Cuenta que el vínculo de Madero con Rojas Cardona inició presuntamente cuando éste financió su campaña por la presidencia del PAN en 2010; su contrincante en aquella elección, Roberto Gil Zuarth, formó parte supuestamente de la "mafia" de los casineros como subsecretario de Gobernación y secretario particular de Calderón, y al parecer favoreció con la autorización de 80 casinos durante 25 años a Juan Iván Peña Néder, cuya empresa, según Talía, se llama Producciones Móviles. La guerra contra Rojas Cardona, *el Zar de los Casinos*, incluyó quitarle el permiso de su empresa Entretenimiento de México por encontrarse en concurso mercantil y para dividirlo entre Producciones Móviles (que Juan Iván Peña Néder compartía con Guillermo Santillán Ortega y Roberto Correa Méndez) y Exiting Games. Pero Rojas Cardona solicitó un amparo y logró la suspensión definitiva. No obstante, a un mes de iniciado el gobierno de Enrique Peña Nieto, el 3 de enero de 2013, el juez Segundo de Distrito en Materia Administrativa en Nuevo León, Javier Rubén Lozano Martínez, otorgó la suspensión definitiva a Entretenimiento de México. Talía cuenta que su ex marido sigue operando casinos ubicados en Guadalajara, Ciudad de México, Salamanca y diversos estados de la República.

"Éstos recogiendo el dinero con pala y yo peleándome con un casinero violador financiado con permisos ilegales. Fue por eso que me metí al tema de los casinos hace año y medio. Lo único que pido es que le quiten el permiso al violador porque es falso. En Gobernación me dijeron que era necesario hacer la denuncia. Les explico que estoy muy amenazada, que eso pondría mi vida en peligro, pero les da igual. Me obligan a hacer la denuncia por escrito y lo hago ante PGR cuando aún estaba Felipe Calderón. Y nada, ni porque mi denuncia tenía que ver con el Casino Royale ni por nada avanzaron las averiguaciones. Una cosa patética de Gobernación, porque no le contestaban a la PGR, bloquearon todo, porque son unos transas los que estaban en Gobernación. No sabes, se los demostré. Me disfracé para un reportaje con la periodista Denise Maerker en *Punto de Partida*. Nos infiltramos, pusimos cámaras escondidas, nos fuimos a comprar un permiso falso para que vieran que era cierto. Y no pasó nada; al contrario, el primero de diciembre, en el último minuto del sexenio, Felipe Calderón les hace legales los permisos ilegales, como último acto del gobierno les otorgan los permisos federales para casinos a estos infames".

Luego de la publicación de los reportajes de investigación del periodista César Cepeda de *Reporte Índigo*, periódico dirigido por Ramón Alberto Garza, la prensa nacional e internacional retomó el escándalo de la "mafia" de los casinos. Talía denunció que vio a Roberto Gil Zuarth, entonces secretario particular del Presidente —y ahora senador panista—, recibir supuestamente una mochila con 800 mil dólares como soborno, entregada por Juan Iván Peña Néder para cabildear a favor del Casino Royale de Querétaro. Como respuesta, el senador panista la demandó por daño moral ante un juzgado en el Distrito Federal "con el propósito fundamental de que ella pruebe sus dichos ante un juez". La acusó de ser "casinera" y tener vínculos con el crimen organizado.

"Yo también lo denuncié por daño moral. Tendrá que probar que soy casinera. Él dice que se sintió muy indignado. Me ha tenido en un juicio que me ha salido carísimo, como si no me bastara con lo del violador, y se atreve a decir que lo que pasa es que yo inventé lo de la violación porque me estoy peleando casinos con Juan Iván y dice: 'La señora es casinera; la señora mandó matar a su esposo, la señora es miembro del crimen organizado'. No lo podía creer. Recibió 800 mil dólares en mi casa de manos de Juan Iván para que cabildeara la apertura del Casino Royale en Querétaro porque se les puso bravo el alcalde. Él ya era secretario particular del Presidente. Desde Los Pinos cabildeaba la apertura del casino. Yo le decía a Juan Iván: 'Cómo es posible que Gil Zuarth haga eso, no tendrá una cosa más importante que hacer la secretaría particular del Presidente que abrir un casino en Querétaro'. El actual presidente de la Comisión de Justicia del Senado que promueve la Ley de Víctimas se enfrenta con una mujer que ha sufrido una violación, que ha sido víctima de violencia. Es increíble. ¿Por qué no me demandaron todos los demás? Porque todos calladitos se ven más bonitos, pero como él piensa que tiene una carrera política…"

Durante los juicios que se siguen, un día Gil Zuarth le preguntó a Talía:

—¿Por qué me odia tanto?

—Yo no lo odio, senador. Mire, si usted mejora lo de los casinos, hasta disculpas le pido. Pero usted se atrevió a exonerar a Juan Iván, usted dice que yo inventé la violación. No puedo concebir, no le voy a permitir que se diga que yo he manchado mi honor, el de mi familia por siempre, por ser la violada más famosa de México, es una cosa con la que mis hijos cargan. Salgo en la tele, en los periódicos diciendo: me violaron, me violaron, me violaron […]. Usted repite todo lo que le dice su amiguito Peña Néder, o sea, todas las versiones locas de Juan Iván las repiten como perico.

—Talía, es que te quedaste con todo.

—¿Con qué me quedé?

—Con el departamento de Las Lomas.

—Era rentado. Yo me quedé en la calle y no me importó. Le firmé todo lo que quiso, pero dile a Juan Iván que, a pesar de que él sabe que la violación es cierta y de que no falto a la verdad ni un milímetro, él está en la cárcel y díselo por las fotos pornográficas que publica en Internet, porque es como si me violara a diario. Para cuando mis nietos quieran ser pintores o dentistas y que les digan: "Oye, tu abuelita era una puta". Pues yo seré muy puta, pero él es un violador, y se va a quedar en la cárcel.

Durante uno de los juicios, Gil Zuarth se atrevió a decir:

—¿Qué puede valer la palabra de una mujer ante la palabra de un senador de la República?

Talía le contestó con mucha dignidad:

—Tiene razón el senador. No vale la palabra de una mujer frente a la de un senador de la República. Pero eso tiene que cambiar, porque la impunidad hace que los políticos mexicanos crean que el poder es eterno, se envanecen, no tienen oficio público, usan el poder público para robar, para dañar, para lastimar. Usted me demanda porque quieren inhibir a la ciudadanía. No quieren que los ciudadanos denuncien. Yo no me metí con su religión, ni con sus gustos, ni con sus preferencias sexuales, ni con nada. Yo dije: "Usted es un corrupto porque lo es y lo sostengo".

JUSTICIA Y REPARACIÓN

El juicio por violación tumultuaria ha sido tremendo para Talía. El acusado tiene todo el dinero y sigue sostenido por el influyentismo político. Su abogado es nada menos que el compadre de Felipe Calderón, el ya mencionado abogado Julio Esponda, del despacho de Gómez Mont.

"El juicio empieza con la falsificación de pruebas. Juan Iván, ayudado por Ulises Clavel, pone una coartada de que él no estaba violándome el 19 de marzo, sino que estaba en el Distrito Federal dando un curso en Neza. No, no tienes idea, compró a mis abogados que fueron y se deshicieron del recurso revisional de la Corte".

La Suprema Corte de Justicia de la Nación (SCJN) atrajo el amparo que presentó Talía en contra de la decisión de un juez de no ejercer acción penal contra los violadores. Les confirmó el auto de formal prisión en la primera sala. Su caso tiene 22 expedientes relacionados. Por sus páginas pasan decenas de políticos. Es una historia de amor, traición, terror, dinero, soberbia, locura, delirio, corrupción, sexo, tráfico de influencias...

Talía lleva dos años y medio dedicando una parte del día a los juicios pendientes. Parte de lo que gana al mes lo gasta en pagar a los abogados. Sigue buscando justicia, pero la maquinaria de la justicia en México es difícil de mover.

"La única reparación del daño para una mujer que ha sido violada es la cárcel para sus violadores. El otro día Rosalba Chau, una de las abogadas que defiende a Juan Iván, me ofreció dinero a cambio de que retire los cargos. La tengo grabada".

Luego Talía se encontró con el esposo de Chau, quien fue nombrado secretario de Desarrollo Económico del gobierno de Michoacán, y le dijo:

—Señora, por qué no le propongo que lleguen a un buen arreglo mejor con esta persona, porque es un pleito marital.

—No, no es un pleito marital, es una violación tumultuaria.

—Por eso, por qué no llegan mejor a un acuerdo conforme a la ley.

—Eso es lo que pretendo. Conforme a la ley es que se pudra en la cárcel, lo que la ley dice es que un violador tumultuario se queda en la cárcel.

—No, pero otro tipo de arreglo.

—¿Qué me está proponiendo, señor Arriaga? ¿Dinero? Ya me lo propuso su esposa, no quiero. Con dinero no hay modo, no hay reparación. La reparación del daño para una víctima es la cárcel. Punto. La justicia. Punto.

Le pregunto a Talía cuánto dinero ganó Peña Néder para saber si algún día se le terminará después de todo lo gastado en el juicio.

—Del 2009 al 2011 deben haber pasado por la casa unos 10 millones de dólares. Llevaba un alto nivel de vida. Le hablaba a sus amigos casineros Raúl Rocha, Javier Vázquez o Eliseo Martínez, al que asesinaron en abril, y les pedía sus aviones privados para irse a Las Vegas. Todo era lujo y derroche, sin límites.

Juan Iván sigue utilizando sus artes de seducción. Cuenta Talía que, aún preso, tuvo una nueva relación: con Lizette Clavel, ex líder de los sobrecargos de Mexicana de Aviación y ahora suplente de la senadora panista Luisa María Calderón Hinojosa. Dice que lo visitó unas 13 ocasiones: "Sus visitas coinciden con los ataques de intimidación virtuales que he recibido, con la guerra cibernética. Lizette Clavel es la amante y es su operadora".

A Talía su pesadilla le ha dejado una gran enseñanza de vida: "Los errores se pagan carísimos. Haberme enamorado de Juan Iván Peña Néder lo he pagado carísimo. Por otro lado, me he hecho una mujer muy fuerte; ahora me preocupan las cosas que realmente me deben de preocupar, como es mi familia nada más; mis hijos, mis padres, mis hermanos, y me preocupa mucho más la salvación de mi alma que lo que diga la gente".

Y tiene claro que su experiencia debe conocerse: "Tengo la obligación de alertar a las mujeres respecto a estas cosas porque yo soy una mujer muy afortunada, yo soy abogada, tengo una familia y somos sumamente unidos. Tuve la fortaleza que Dios me dio para tocar todas las puertas, para dedicarme diario a este asunto, para luchar como loca y para ser valiente, pero ¿qué les espera a las demás? O comen o se defienden, es imposible probar una violación casi casi, yo lo estoy logrando, lo estoy logrando, pero ha sido muy complejo. Después del escándalo de enero, que me volví la violada más famosa de México, descansé un poco, porque creo que de alguna manera se salvó mi honor. En un futuro, cuando le digan a uno de mis hijos lo que me hicieron, van a decir: 'Sí, pero luchó, fue valiente para limpiar su honor'. Entonces yo hoy soy la violada más famosa de México, pero el violador es violador y está en la cárcel".

Talía se ha convertido en un símbolo de lucha, de entereza. Dice que abundan los casos de políticos que con su poder dañan a sus parejas o ex parejas y lo atribuye a un problema social y a la falta de acceso a la justicia para las mujeres. Encabeza ahora una organización no gubernamental que defiende a mujeres que han sufrido violación. Tiene experiencia. Ella misma vivió un viacrucis con su proceso y fue integrando y robusteciendo la acusación de violación tumultuaria. Padeció todo tipo de excesos por parte del aparato de justicia corrupto, lento e inoperante. Por ejemplo, la última audiencia que vivió duró cuatro días; la del médico que certificó la violación fue de 11 horas, y su propio violador, Peña Néder, la interrogó y la amenazó de muerte delante del juez: mediante señales le decía que le iba a cortar el cuello.

Y dijo que ser nazi no es delito, por tanto es "excluyente de responsabilidad". Durante meses fue ofreciendo las pruebas: "Hay certificados, periciales médicas, testigos de la violencia en la que yo vivía. Y sobre todo, desmontamos las tres coartadas que pusieron. Constan las amenazas a los testigos, ofrecieron testimonios de las mismas. Y me sostuve en cada uno de mis dichos. La violación es un delito de comisión oculta: ¿qué más pruebas le pueden pedir a una mujer violada?"

El interrogatorio fue absolutamente cruel: "Me preguntaron cómo supe que eyacularon. Les dije: 'Cómo no voy a saber si me eyacularon en la cara'. Me preguntaban quién me la metió primero, quién después y cómo. Preguntas que me hacía el violador y el otro violador muerto de risa. No sé cómo describir la injusticia, caray", dice sin poder contener el llanto. En dos años se ha cambiado cuatro veces de domicilio. Se muestra angustiada y está sometida a tratamiento psiquiátrico y médico por las secuelas. Talía Vázquez dice que apelará y llevará el caso a la Suprema Corte de Justicia: "Voy a seguir. No tengo opción. Ellos están en la calle. Mi familia y yo tenemos que estar encerrados como si los delincuentes fuéramos nosotros. ¿Qué hacemos? Es inaudito. Si una mujer violada viene y me pide consejo, le diría: '¡Cállate y suicídate!, porque vas acabar totalmente desgastada de salud, dinero y no obtendrás justicia'".

Llora. Continúa: "El problema más grande de México se llama impunidad, y la impunidad parte del poder público. Los políticos se sienten como dioses. Y yo soy un muy mal ejemplo para las mujeres de los políticos, me lo dijo un día una amiga cuando apenas iba a denunciar: 'Talía, ten mucho cuidado con lo que dices, porque te vas a encontrar todas las trabas del mundo en los mismos políticos aunque no sean amigos de Juan Iván, se van a solidarizar. Si las mujeres de los políticos hablaran de lo que oyen y ven, el país se derrumba. No pueden permitir el ejemplo contigo'. Claro, ahora, imagínate una esposa de un político atreviéndose a sacar papeles y atreviéndose a denunciar todo lo que está pasando, porque lo hice respecto a los casinos […] y en el plano de lo sexual de pareja; en la mente incluso de mujeres es una osadía denunciar a un esposo por violación, porque si es mi esposo y tiene prácticas sexuales raras eso se queda en la intimidad.

Se considera que, como es mi esposo, tiene derecho; o sea, denunciar a tu esposo por violación no es común por culpa de una mentalidad terrible. Es lo que yo alegaba en la Suprema Corte de Justicia de la Nación, les decía: 'Miren, si me hubiera violado un fulano en la parada del camión, la solidaridad social estaría conmigo: Pobrecita, la violaron; e incluso, en mi mente, sería menos traumático porque no era algo personal. Pero que te viole tu marido, el que te tiene que proteger, que te esté deteniendo con una pistola para que te la metan por el ano, es lo peor, es para morirse como me quería morir yo'".

Talía prosigue, como si fuera un monólogo. Quiere exorcizar a los demonios, no les tiene miedo, quiere enfrentarlos, mirarlos a la cara. De sus convicciones depende su futuro: "Esta historia todavía no termina. Durante todo este tiempo he visto mermada mi salud. Ya me dijeron que tengo fibromialgia, una cosa que te duele todo y hace que te quedes en cama. Pero yo tengo que trabajar porque tengo que mantener a mi familia. He trabajado toda la vida. Desde los 13 años trabajo y lo voy a seguir haciendo. Puedo decir que hoy ya disfruto la vida a pesar de todo. Dedico unas horas del día a mis juicios y luego me pongo a trabajar en el despacho, contenta. Tengo ocupaciones, tengo amistades. Leo. Me voy a meter a estudiar una maestría que me hace mucha falta".

Ya no siente miedo, ni angustia, ni mucho menos depresiones. Lleva dos años en terapia y se siente como una mujer renovada, lista para seguir luchando, rompiendo esquemas, con la frente muy en alto. "He perdido el miedo. Aprendí a vivir sin miedo. He vuelto a dormir, porque yo ni comía ni dormía. Volver a dormir y vivir sin miedo es muy valioso para mí. Sonará mocho, pero Dios me cuida todos los días. Me pasa cada cosa, cosas que sólo a mí me pasan […]. La manera en que yo logré aprehender a uno de mis violadores cuando lo vi caminando por la calle. La forma en que detuvieron al otro. De veras, traigo a Dios cuidándome. Dios me ayuda, me ayuda, me ayuda. Aprendí que, si me pasa algo horrible, es para bien. Para algo va a servir".

El *reggaeton* del gobernador

Christiane Mildred Flores Campos
y Jorge Aristóteles Sandoval Díaz

"¡NO, POR FAVOR NO, un hijo de un político, noooooo!", gritó Christiane Mildred Flores Campos, mejor conocida como *La Reggae* desde que ganó el concurso "La Chica Televisa" y la coronaron como *Reina del Reggaeton*. No lo podía creer. Lloraba sin parar. Se llevaba las manos a la cara. Desesperada porque acababa de recibir la peor noticia, la que nunca esperó, la que iba a cambiar toda su vida: "¡Estoy embarazada!"

Una cosa era tener una hija (Alondra) de un jugador profesional de basquetbol que vive en Estados Unidos, y otra tener un hijo de un político mexicano, lo que para Christiane era como la maldición gitana, una afrenta, una lamentable fatalidad. Jamás lo imaginó. Nunca lo deseó. Todo fue un accidente, un hecho fortuito, el azar que aparece entre un millón de posibilidades. Y le tenía que tocar a ella. Ese bebé que se gestaba era producto "del amor", pero también de la casualidad. Un bebé que significaba la excepción a la regla, un hijo se formaba en su vientre por culpa de un condón roto...

Christiane Flores lo tenía todo: una carrera en la televisión local del canal de Televisa en Monterrey, fama, pretendientes, ofertas de trabajo y, por supuesto, talento para convertirse en una de las *vedettes* de la pantalla chica. Su carrera iba en ascenso. Belleza, cuerpo escultural y facilidad de palabra la ayudaban. Arrasaba en los concursos, bailaba en las pasarelas. Conquistaba con sus movimientos cadenciosos, sensuales, eróticos. Conducía programas en el día y la noche. Su fama aumentó de manera tan vertiginosa que su primer parto fue televisado en un *baby reality* transmitido en vivo en el programa *A la vanguardia*, de Televisa Monterrey, conducido por Cecilia Gutiérrez, quien cortó el cordón umbilical de la recién nacida.

Christiane lloraba de emoción ante las cámaras: "No necesito a ningún pendejo a mi lado", gritó en referencia al padre de la criatura, Gerrick Rivera, ex basquetbolista de Fuerza Regia, quien no se quiso hacer responsable de la bebé, que literalmente nació a ritmo de *reggaeton*. La cesárea tuvo como fondo un *reggaeton* a todo volumen y las cámaras dentro del quirófano en el Ginequito de Monterrey. ¿Qué más podía pedirle a la vida?

"Mi hija nace bailando *reggaeton*. Se los dije y lo cumplí". Atrás quedó el pasado. Mientras acariciaba a su niña, recordó cuál fue su primer impulso cuando supo que la esperaba: abortar. "Llegué a pensar: 'No la quiero', por mi profesión, mis ilusiones; quería ir a buscar una oportunidad a la capital, me asusté y la verdad no sabía qué hacer, pero le doy gracias a mi familia que me aconsejó no hacerlo". Lloraba de emoción, se le atragantaban las palabras y ante las cámaras dijo lo que la sociedad conservadora de Monterrey estaba esperando oír: "Yo exhortaría a las mujeres que pasen por lo mismo a que no lo hagan. Somos mujeres, pero fuertes, no estamos solas".

Cargó a la pequeña Alondra e intentó borrar un lamentable episodio del pasado, un escándalo que protagonizaron Christiane y Gerrick. En enero de 2008, ella lo denunció por violencia familiar ante el Ministerio Público del Centro de Justicia Familiar de la Procuraduría General de Justicia de Nuevo León. El jugador texano fue detenido y estuvo preso sólo unas horas, porque después Christiane Mildred lo perdonó. Cuando tenía tres meses de embarazo volvieron a estar juntos. Y todo iba bien, hasta que Gerrick tuvo que viajar a Houston, Texas, para visitar a sus familiares y ella lo alcanzó después. La ilusión se convirtió en decepción. Lo descubrió con otra. Al reclamarle, el jugador la golpeó nuevamente, le robó dinero y la ropita de la bebé que había comprado en un centro comercial de aquella ciudad. "Esto último no se lo perdoné. Puse punto final".

El recuerdo de todo lo que había sufrido en su primer embarazo se le vino de golpe. Era mediados de noviembre de 2011. Estaba allí, sentada frente a la prueba de embarazo, que no mentía. Positivo. Dos rayas sólo significaban una cosa: embarazada, embarazada otra vez, y otra vez de alguien que se estaba portando como un patán. La historia se repetía. No lo podía creer. En ese momento la acompañaba una amiga.

—No puede ser, he usado preservativo. No es cierto, no es cierto. ¿En qué momento, en qué momento sucedió?

Su amiga intentó calmarla:

—Tranquila, Chris, mañana te llevo a un hospital. Te tomas una pastilla para que te baje. Y ya. Como si nada.

—No, no, pero no… con un político no. Tener un hijo de un político no, por favor.

La *Reina del Reggaeton* lloraba de rabia, de impotencia.

—Dios mío, ¿qué voy a hacer?

Al día siguiente, su amiga la llevó al hospital. Cuando entraron, Christiane dijo en voz alta:

—Dios mío, perdóname. Necesito esa pastilla. Yo no pienso volver a pasar por lo mismo.

Tenía más de dos meses de embarazo. Le hicieron una ecografía y entró en *shock* cuando vio las imágenes. No pudo. Se arrepintió. Reflexionó y salió del hospital. Le envió un mensaje de texto al papá del bebé: "Necesito hablar contigo urgentemente".

—Está bien, ven a Guadalajara.

Tomó el primer avión desde Monterrey. Durante el viaje iba muy nerviosa. Ensayó las formas para comunicarle de la mejor manera la situación. Lo encontró tranquilo, esperándola. Y se lo soltó a la primera, en frío, sin preámbulo.

—¿Te acuerdas cuando se nos rompió el condón?

—Sí.

—Estoy embarazada.

—¿Y qué piensas hacer?

—¿Cómo? ¿Qué quieres que haga?

—Yo te voy a apoyar en lo que tú decidas, Chris. Tranquila. Yo te quiero. Acepto mi paternidad. Al niño no le va a faltar nada. Es mi sangre. Nada más dame tiempo a que termine la campaña y mi curso en Harvard.

Jorge Aristóteles Sandoval Díaz, entonces presidente municipal de Guadalajara con licencia y candidato del Partido Revolucionario Institucional (PRI) a la gubernatura de Jalisco, el padre del bebé, le brindaba su apoyo. Aceptaba acompañarla en ese momento decisivo. Christiane Mildred Flores Campos respiró con alivio. Sintió que su nueva maternidad sería muy diferente. El sentimiento de orfandad que la había acompañado durante toda su vida desapareció. Por fin, un hombre, el hombre del que estaba enamorada, se hacía cargo de sus necesidades.

FUE EL DESTINO

Christiane Mildred está arrepentida. Su lema en la vida era: "Nunca voy a andar con un futbolista, un actor o un político". "Son los hombres más mujeriegos, los más infieles, los peores", dice en entrevista mientras sus dos hijos corren y gritan a su alrededor. Indignada, confiesa que sabía de los líos de faldas del ahora gobernador de Jalisco, de su "promiscuidad", infidelidades y relaciones extramaritales. Pero el amor es así. Suspira y habla en pasado: "Estaba cegada. Me apendejé. —Y remata—: Jorge Aristóteles me dijo más mentiras que Pinocho".

Está decepcionada porque confirmó lo que siempre pensó: "Los políticos son como artistas pero feos. Están envueltos en el poder. Les llevan mujeres, tienen dinero, compran lo que quieren. Cuando tienen poder y dinero no saben otra cosa que hacer que pensar en fiestas, mujeres, dinero y poder".

Christiane Mildred tiene 27 años, un cuerpo espectacular, una melena larga y buena estatura, atributos que le valieron para ser modelo, conductora, bailarina, edecán. Siempre le gustó ejercitarse. Dice que es libre desde los 13 años, cuando empezó a trabajar para ser independiente. Y que nunca ha necesitado a un hombre para salir adelante. Pero confiesa que esta vez se enamoró del hombre equivocado.

"Estaba cegada, lo peor es que yo sabía que algo estaba mal. Yo siempre he sido muy cautelosa, simplemente no me quería dar cuenta. Y así les pasa a muchas mujeres que se hacen pendejas, pero yo no, escarbé, busqué y encontré. Preferí eso a estarme haciendo pendeja. Es una vida desgastante, de infelicidad. Y te haces vieja y terminas diciendo: 'Por qué no aproveché mi juventud'".

Suspira, hace recuento de lo sucedido. De los peores y mejores momentos, de las casualidades de la vida. "En ese momento no lo piensas; ni si es político. Te involucras como en cualquier relación. Pero luego, de repente, tienen poder y dinero y se les bota la canica. Se vuelven prepotentes. Se les borra el casete y agarran uno nuevo. Se supone que como políticos deberían de decir la verdad. Pero son mentirosos. Viven de las mentiras. Este cabrón me vino a cambiar. Me llegué a enamorar. Pero Dios es demasiado grande porque si yo no me hubiera dado cuenta, y hubiera seguido en esa relación, ahorita estaría en un hospital. Las personas no cambian, mejor hay que darle la vuelta. Hay que echarle ganas a la vida. El mayor problema de las mujeres es el tenerle miedo a un cabrón, porque piensan que aguantándose toda la vida, les va a ir mejor. Lo peor es dejarle fáciles las cosas a un hombre. Me chingaste, ahora te voy a chingar".

Jorge Aristóteles Sandoval Díaz, *Aris* para los amigos, es el prototipo del político mexicano; en lo profesional y en lo personal. Le gusta que lo comparen con Enrique Peña Nieto. Nacido en 1974, dice que desde niño soñó con ser presidente de la República. Hijo del magistrado del Supremo Tribunal de Justicia del Estado de Jalisco, Leonel Sandoval, estudió en escuelas públicas: la primaria en la Urbana número 130 "Luis Pérez Verdía"; la secundaria en la Técnica número 4 "Idolina Gaona de Cosío", y el bachillerato en la preparatoria número 7 de la Universidad de Guadalajara, donde se graduó de la carrera de derecho. Estudió actuación en el Instituto Cultural Cabañas y participó en varias obras de teatro.

"Siempre he sido sencillo, divertido, alegre, siempre con un gran sentido de solidaridad, de servicio hacia el prójimo, desde que estaba en la primaria, luego en mi colonia, luego en mis equipos, fui *boy scout* [...], estuve en mi parroquia, en los grupos juveniles. Siempre me gustó hacer mucho deporte, hice natación, tenis, futbol, basquetbol, gimnasia, de todo, también box", dice en entrevista con la revista *Axópolis*.

Fue regidor del Ayuntamiento de Guadalajara entre 2002 y 2003 y luego diputado electo por el Distrito XI de esa ciudad para la LVII Legislatura del Congreso del Estado de Jalisco. Y entre 2010 y 2012 fue presente municipal de la capital jalisciense.

—Siempre he sido organizando, siempre bien amiguero, siempre tomaba iniciativas para organizar a mis amigos, en fiestas, concursos de oratoria, concursos de pintura, conseguía apoyos de todos lados —refiere en la entrevista para *Axópolis*—. Siempre me gustó ser un promotor de la comunidad, desde la organización pastoral juvenil hasta los *boy scouts*, hasta las organizaciones estudiantiles. Siempre servicial, amiguero, soñador.

—¿Qué soñabas ser de chico?

—Presidente de la República y presidente de Guadalajara.

—¿Por qué?

—Porque un día fue el presidente Vallarta Plata a mi primaria y para mí fue como algo muy impresionante. Me gustó mucho ver a mi presidente municipal. Siempre fui concejal de mis grupos de la primaria, secundaria, preparatoria y universidad.

—¿Cuántos años tenías cuando pensaste ser presidente [del país]?

—Como ocho años.

En enero de 2012, Aristóteles pidió licencia de su cargo de presidente municipal para competir por la gubernatura de Jalisco. Era "el elegido" y "favorito" por su parecido físico, intelectual y personal con Peña Nieto, incluso por su fama de mujeriego. Meses después, en plena campaña electoral, conoció a la *Reina del Reggaeton*, Christiane Mildred Flores Campos, cuya vida había dado un vuelco: de la farándula a la política. Se había convertido en "asesora de imagen" en el PRI y su jefe la envió a Guadalajara a "trabajar estrategias" con el joven candidato priista.

"El primer vínculo fue de trabajo, sólo hablábamos de temas profesionales. La primera reunión fue en el Distrito Federal [...]. Le dije que necesitaba trabajar con su equipo y con él. Le dije: 'Vamos a hacer todo lo posible para que tú llegues a la gubernatura'. Me llevaba a eventos, viajes, conferencias. Me propuso que lo acompañara para que viera cómo se desenvolvía y cómo trabajaba con los jóvenes, mujeres, adultos mayores. Me iba a Guadalajara tres o cuatro días y luego me regresaba. Durante un mes y medio todo era muy profesional y respetuoso".

Christiane contó su historia a *Reporte Índigo*, *Reforma*, *La Voz de Quintana Roo* y otros periódicos y cadenas de televisión. Acostumbrada a las cámaras, su versión fue difundida ampliamente. El político tapatío prefirió el silencio. De este tema sencillamente no habla porque es "privado".

Después del 15 de septiembre de 2011, la invitó a cenar en el Distrito Federal. Fue una noche encantadora, cuenta Christiane. La diferencia de edad —él 38 años, ella 25— no importaba. Él se sinceró y le contó su vida personal. Le habló de la relación que tenía con su segunda esposa, Lorena Arriaga, a quien ya no consideraba atractiva y con quien permanecía sólo por el "qué dirán". Le dijo que estaba casado "por intereses". También le habló de sus relaciones extramaritales con varias novias y ex novias y en particular de su romance con la regidora Gloria Rojas y con Claudia Delgadillo, secretaria de Desarrollo Social del Ayuntamiento de Guadalajara.

—Como tu asesora de imagen, te recomiendo arreglar todo el tema de tus mujeres y en particular con tu esposa —señaló Christiane.

—Yo tengo una relación de amistad con mi esposa. Tenemos un acuerdo desde hace años y frente a la sociedad estamos casados, pero ya no existe nada entre nosotros. No tenemos intimidad. A ella lo que le interesa es el dinero y la posición social; el puesto y el poder, por eso estamos tan bien.

—Necesitas arreglar eso.

—Tú me gustas mucho, eres una mujer muy profesional. Le vas a servir mucho al partido. Te desempeñas con mucho entusiasmo. Eres una joven entusiasta. Me gustaría que te fueras a Guadalajara a trabajar conmigo en mi administración.

—Espérame, yo estoy muy bien acá, gracias a Dios. Te lo agradezco.

—Me encantas, la verdad todo el tiempo que hemos estado conociéndonos y conviviendo me ha gustado.

En esa cita quedó claro que algo podía haber entre ellos, así que días después, cuando la llevó a Guadalajara, la "instaló" en su departamento, un lugar que, según él, lo utilizaba para hacer fiestas y reuniones; un refugio para cuando no quería estar en su casa. Fue allí donde se le declaró. El departamento está ubicado en un edificio de la zona del Centro Comercial Andares.

—¿Sabes qué? Me encantas, eres una chica superlinda, hermosa, quiero conocerte más. No puedo evitarlo. ¡Me encantas! ¡Quiero que seas mi novia! ¡Quiero que se enteren de aquí a Quintana Roo, México y en todos lados!

—Espérate. Me gustas, me gusta como eres, cómo te explayas, cómo te vistes, me gusta todo de ti, pero yo tengo un trabajo y no quiero que nuestra relación me afecte laboralmente.

—Por supuesto que no. De eso me encargo yo.

Ese día sucedió lo inevitable. La intimidad se prolongó durante varios días. Fueron dos meses de encuentros continuos y de mucha pasión. Christiane Mildred creyó en las palabras de *Aris* y en las promesas de amor. "Con el tiempo me fue demostrando que realmente no tenía nada con la esposa, ni tenía nada que ver. Era un hombre muy simpático, muy carismático, agradable, buena gente, caballeroso, bien atento, superbuena onda. Yo decía: 'Éste es un hombre muy diferente a otros candidatos'. Fue cuando empezamos a tener intimidad".

Christiane tomó sus precauciones. "Pensé: 'Este señor me platica de sus anteriores relaciones y me queda claro que es un hombre promiscuo'. A mí me decía que era su novia, pero realmente yo no sabía con quién se metía. De repente llegaba sin preservativo. Y yo protestaba".

Entonces Christiane le advertía:

—¿Sabes qué? Discúlpame, pero sin condón no hago nada.

—Es que se me olvidaron.

—Pues dile a tu gente que te vaya a traer condones.

—Está bien.

El 97 por ciento de los condones son seguros, pero un 3 por ciento se rompe, y les tocó a ellos. "Dos meses después me entero de que estoy embarazada". Para evitar sospechas, Christiane Mildred ofreció al padre constatar mediante una prueba de ADN que era su hijo. La relación continuó, incluso Jorge Aristóteles le compró una casa en Monterrey pensando en la llegada de su hijo. Ya era el mes de mayo de 2012. Aprovecharon esa visita para ir a la final del partido de futbol Tigres-Santos.

"He conocido muchos hombres. No soy una mujer fea, pero tampoco ¡*wow*! Pero yo nunca me había enamorado de nadie. Era muy fría. Hasta que llegó él. Me entregué, le di todo lo que le pude haber dado a otro, se lo terminé dando a alguien que, pues no, nomás no...", dice mientras intenta controlar a su hija Alondra, a la que le pide que deje de gritar. Guarda silencio, retoma el hilo y se recrimina. Necesita hablar.

"Para qué nos metemos con un pendejo. Al principio uno no se da cuenta de que es pendejo, porque al principio son cueros, nobles, románticos, caballerosos, y de repente terminan siendo unos monstruos. Yo a Jorge lo veía y me gustaba su manera de ser y punto. No lo veía como una relación formal para toda la vida ni para casarnos. Fue algo inesperado, algo que yo no quería. Fue algo que yo no busqué, con todo y precaución, pero yo no quería más hijos, no pienso ni en casarme, yo sólo pensaba en trabajar y trabajar. Tampoco tuve un hijo para que el güey me mantenga, no. Prefiero buscarme un empresario u otra persona que le vaya normalmente, que andar batallando con un hombre así. Prefiero mil veces otro tipo de hombre".

HOMBRE SIMPÁTICO

El origen de la personalidad histriónica de Jorge Aristóteles tiene que ver con su propia formación académica y sus posibles trastornos psicológicos. Quienes lo conocen dicen que es un auténtico mitómano sin ningún remordimiento ni arrepentimiento.

—A mí, cuando era niño, me importaba mucho jugar, me interesaban los deportes, el futbol americano, el teatro también. Me gradué como actor en el Instituto Cultural Cabañas, estudié música, siempre fui muy hiperactivo y siempre tratando de aportar algo a la comunidad, organizando muchas cosas.

—¿Cuál fue el mejor papel que hiciste como actor?

—La verdad es que todos los papeles los disfruté tanto. El teatro lo disfrutas tanto, desde obras cómicas hasta tradicionales. Me metía mucho en cada papel, los vivía intensamente. Cada uno son experiencias diferentes. Siempre me gustó más ser actor de teatro que de cine o de televisión.

—¿Eras muy travieso de pequeño?

—La verdad sí.

—¿Alguna travesura de la que te acuerdes?

—Muchas. Me encantaba asustar a mis hermanas. Tengo tres más chicas que yo.

—¿Son cuatro hermanos?

—Sí.

—¿Eres el mayor?

—El mayor y el único hombre.

—¿De qué manera asustabas a tus hermanas?

—Les contaba historias. Con mis amigos también era de hacerles muchas vagancias, pero siempre disfruté la niñez. Ponía botes con agua en las puertas, las abrían y la gente se mojaba porque les caía encima. ¿Quién no ha hecho esas cosas? Por ejemplo, picarle al tablero del elevador en todos los pisos…

—¿Te sacabas diez en la escuela?

—Era de ochos y nueves. Después de que me expulsaron de la escuela me fue mejor.

—¿Cómo que te expulsaron?

—Sí, de la primaria, dos veces.

—¿El tiempo libre que tienes en qué lo aprovechas?

—Con mi familia, especialmente con mis hijas (son dos). La más grande juega basquetbol y la más chica baila, por cierto participó en la Universidad Autónoma de Guadalajara el otro día. Me la paso en el cine con ellas, jugando, desde en un parque hasta en un obra de teatro o a un concierto. Disfruto mucho estando con ellas.

Jorge Aristóteles seguía diciendo que tenía dos hijas a pesar de que ya había nacido su hijo. De hecho, el primero de junio de 2012 entró al quirófano del Doctors Hospital de Monterrey para estar presente en la cesárea, acontecimiento que él mismo grabó en video, como cualquier padre entusiasmado. Estaba en plena campaña por la gubernatura. Faltaba exactamente un mes para la elección.

"Llegó en la noche en avión privado para estar presente. Cuando nació el bebé lo tomó y lo cargó. En ese momento se hizo pipí, le salpica al doctor y a él. Y se empiezan a reír".

Después del parto, Jorge Aristóteles se fue a cenar a la cafetería del hospital y luego pasó media hora viendo a su hijo en la incubadora. Allí estaba Demián Aristóteles Sandoval Flores. Ordenó un arreglo floral para la feliz madre. En la madrugada entró a la habitación donde Christiane Mildred se encontraba descansando. Estaban sus padres, hermanos y amigos.

—¿Y mi hijo? ¿Dónde está? Quiero verlo.

—Chris, está en la incubadora. Nació con un problemita.

—¿Qué…? Dime qué tiene nuestro hijo…

—Tranquila, no es nada grave, yo estuve con él. No te preocupes.

—Pero ¿qué tiene?

—No tiene fuerzas para succionar la leche, ni para moverse.

A los pocos días la madre y el bebé fueron dados de alta. Jorge Aristóteles pagó los gastos del hospital: 400 mil pesos. Y se fue a continuar con la campaña y su ritmo intenso de trabajo. Le dijo a Christiane que debía ir a Chihuahua de urgencia. Ella lo buscaba por todos los medios. Le llamaba a su celular, pero el candidato priista no le contestaba. Descubrió que era una mentira, que no estaba en Chihuahua.

"Las mujeres tenemos un sexto sentido. Ya me olía algo. Estaba muy enojada".

Al día siguiente finalmente él le llamó.

—Ven a Guadalajara, necesito hablar contigo, pero tráete al niño.

Christiane Mildred viajó con el bebé y luego regresó a Monterrey. En seguida recibió un mensaje de texto:

—Hola, ¿eres amiga de Aris?

—No, trabajo en el PRI, pero no soy su amiga.

—Soy su secretaria particular. Lo que pasa es que tiene muchas llamadas perdidas y no alcanzó a contestar. ¿Se te ofrece algo?

—No, gracias. Ya hablé con él.

En ese momento, Christiane Mildred sospechó que había otra mujer en la vida de Jorge Aristóteles. Investigó de quién era el número desde el cual le mandaron ese mensaje y, efectivamente, su intuición estaba en lo cierto. Pertenecía a Gloria Rojas, la amante del papá de su hijo.

"Todas esas ilusiones, todas esas ganas de querer echarle fuerza a la relación, seguir con él, se acabaron. Recordé cómo le suplicaba: 'Jorge, registra al niño, por favor'. Pensé cómo estaba de tonta esperándolo […]. Allí estaba yo escuchando sus mentiras de babosa. Cuando me enteré de que estaba con Gloria Rojas es como si me hubieran dado un fregadazo en la cabeza".

Christiane Mildred no puede evitar el llanto. Todavía le duele la traición, el engaño. ¿Por qué le mintió? ¿Desde cuándo la engañaba con Gloria Rojas? ¿El dolor que sentía era el mismo que sintió la esposa de Jorge Aristóteles cuando se enteró de que estaba con ella? Infidelidad, deslealtad, es algo que no ha podido superar. Piensa en su hijo y se le quiebra la voz.

"La persona que creí haber conocido, ese hombre entusiasta, alegre, simpático, carismático, de buen corazón, noble, que le gustaba ayudar a la gente, que defendía a las personas sin recursos y los apoyaba, era una simple mentira. ¿Cómo puedes querer a una persona que te trata mal, que te miente, que te falta al respeto, que te hace daño moral, mental, física y psicológicamente? Hombres hay un chorro y buenos. En ese momento dejé de pensar en él. Y empecé a pensar en mi hijo".

La prueba de ADN para comprobar la paternidad del político fue hecha dos meses después de que nació el niño. Incluso Jorge Aristóteles tomó las muestras de saliva del bebé, aunque siempre le dijo a Christiane que no era necesaria la prueba porque era su hijo, pues se parecía a él y tenía los rasgos de su familia. Pero Christiane dio por terminada la relación al enterarse de la infidelidad. "No puedo decir que ya no lo quiero, tampoco lo odio. Pero soy mujer y tengo dignidad y puedo salir adelante".

Las fotos del bebé con Jorge Aristóteles muestran a un padre supuestamente encantado con su hijo que hasta le da el biberón. Durante meses convivió con él. Viajó a Monterrey en más de diez ocasiones para estar con ambos. Y ella se lo llevaba regularmente a Guadalajara, donde los tres salían de paseo a restaurantes y fueron vistos en público. Pero su sexto sentido le avisó que algo estaba pasando con el padre de su hijo, sintió el rechazo.

Ahora, sin embargo, ella quiere luchar por su hijo, defenderlo. Va a la recámara y acaricia al bebé. Le están saliendo los dientes. Su rostro es la inocencia absoluta. Lo abraza y llora. Le dice:

—Mi hijito, tú no te mereces esto que está pasando. ¿Sabes qué, chiquito? Esto lo estoy haciendo por ti. No me importa lo que los demás digan, ni lo que la gente diga. Yo voy a ser fuerte por ti. No me importa si creen. No me importa que me juzguen. Lo que yo voy a hacer es asegurarme de que tú tengas lo mejor: amor, familia, educación; lo mejor.

Entonces se le ocurre enviarle a Jorge Aristóteles por mensaje de texto lo que está sintiendo: "El niño no se lo merece. Ponte a pensar en su futuro. ¿Esto que estás haciendo que luego lo sepa el niño? Tú sabes que es tu hijo y todavía me estás haciendo esto. Todavía que me humillaste, me mentiste, me traicionaste, todavía me haces esto de ir a hablar con mi jefe, que me quiten el trabajo, de desprestigiarme ante este medio, de dejarme así. Para que el niño se entere un día de lo que hizo su padre".

Un día se comunicó con ella Fernando Martínez de Velasco Molina, abogado de Jorge Aristóteles, para decirle que el padre del bebé quería verla en su departamento: "Yo estaba bien emocionada. [Pensé:] 'Dios mío, por fin, esto ya se va a arreglar'. Estaba feliz e ilusionada. 'Él va aceptar registrar al niño. Y yo a cambio le voy a prometer que nadie lo va a saber y que no le voy a meter una demanda'".

A la hora programada, sin embargo, recibió algo muy distinto: una demanda del Juzgado Vigésimo Sexto de lo Familiar del Distrito Federal por Controversia Familiar de Alimentos. Y había más: "Su abogado me amenazó con quitarme a mi hijo".

En ese momento se dio cuenta de que las cosas iban por otro camino. El poder político y el dinero unidos eran una mala combinación. Su ex pareja se estaba preparando para la pelea. Así que Christiane tomó fuerzas y le dejó las cosas muy claras.

—Mira, cabrón, no seré abogada, pero tampoco soy pendeja. Para que me quiten al niño ni siendo puta ni drogadicta. ¡No estén chingando! ¡No me quieran intimidar! Mi hijo va a tener un respaldo paterno y una identidad y a mí me vale madre lo que me tenga que llevar de encuentro. Primero está mi hijo, antes que yo y antes que cualquier persona. Me vale madre todo.

La reunión se dio por concluida. Los términos de ambos eran muy claros. Empezó a leer la demanda, del 15 de diciembre de 2012, y no podía creer lo que decía: asentaba que Jorge Aristóteles había conocido a Christiane a mediados del mes de septiembre de 2011 en un evento social y que en esa ocasión "se dieron circunstancias en que por única ocasión" tuvieron una relación.

El documento agregaba que a principios de junio de 2012 Christiane le llamó y le dejó un recado en su teléfono celular, en el que le decía que "necesitaba se hiciera cargo de su hijo y por ende le diera dinero".

La demanda apuntaba que Jorge Aristóteles no quería que el niño quedara desprotegido y, para evitar posibles extorsiones y en caso de que se demostrara el "vínculo filial", estaba dispuesto a dar de pensión alimenticia la cantidad de 3 mil pesos: "debiendo aportar las pruebas correspondientes para confirmar la paternidad".

Una segunda demanda exigía la aclaración de la paternidad: "Existe incertidumbre de si el niño que naciera y a que nos referimos, es hijo natural de mi ponderante, hecho que pedimos en esta instancia se acredite por la señora Christiane, quien es quien le atribuye la paternidad".

Christiane Mildred no daba crédito. "Él sabe perfectamente que es su hijo, lo vio demasiadas veces, convivió con él. Estuvo en el parto, lo cargó, lo besó; luego fue y lo visitó como diez veces. No entiendo por qué me está haciendo esto. ¿Tres mil pesos? Le paga más a la gente de servicio. Dice que nuestra relación fue de un día; es mentira, estuvimos más de un año juntos y terminó cuando me enteré de que Gloria Rojas era su amante".

Añade: "Tal vez hay mujeres que por el miedo se dejan, pero yo no tengo miedo. Y por mis hijos voy a seguir luchando".

Y recuerda la violencia psicológica que sufrió: "Cuando discutimos, me empujó. La violencia que sufrí fue psicológica. Me fracturó totalmente la cabeza con las mentiras, las traiciones y todo. Es un maltrato psicológico. Sufrí muchas injusticias. Me dañó. No lo olvidaré nunca. Ni el poder ni el dinero pueden curar todo lo que me hizo Jorge Aristóteles".

Otros hijos

El hoy gobernador de Jalisco dice que le gusta leer: "Leo mucho lo que es historia, biografías, temas políticos-sociales, sobre todo de análisis, de teoría política, y las novelas que leo son algunas de Saramago..." Jorge Aristóteles no menciona títulos de libros, pero repite que admira a ciertos personajes históricos, como Ernesto *Che* Guevara y Juan Pablo II, o Zapata y Pío XII, también Gandhi y Beethoven.

Y en varias ocasiones ha expresado su lado espiritual. Dice que sus conceptos morales y éticos están muy bien cimentados porque es un ferviente creyente, católico, por supuesto, y devoto de la Virgen de Zapopan. "Procuro ir a misa los domingos, sobre todo para fomentarlo en mis hijas; me gusta ir y tener un momento de reflexión en la Casa de Dios. Escuchar la palabra de Dios me conforta. Soy católico. Me satisface acudir a cualquier iglesia, ya sea cristiana o de otra religión, con las distintas expresiones, porque respeto mucho a todos; claro, procuro ir a las iglesias católicas, pero si, por ejemplo, me invitan a la Luz del Mundo o con los cristianos, voy y siento que cumplí. Para mí Dios se manifiesta en toda la cuestión viva, desde una planta hasta todo lo que está en el mundo. A la Virgen de Guadalupe le tengo mucha fe. Le pido mucho a la de Zapopan, es hasta la fecha la que me ha cumplido".

Christiane Mildred no opina lo mismo. Señala que un hombre que pone en tela de juicio su paternidad, y que pretende evadir su responsabilidad para sostener económicamente a su hijo, no merece ser considerado honesto ni mucho menos buen creyente. Aquella estupenda persona de la que se enamoró cambió de manera radical. Ahora quería "arruinarla". Relata que el político tapatío la amenazaba de manera constante para que no hiciera pública su relación. La intimidaba y le exigía que la cuestión del bebé permaneciera en secreto absoluto. El acoso ha sido tal que Christiane responsabiliza directamente al gobernador de Jalisco en caso de que le pase algo a ella o a su familia.

Su vida se vio seriamente afectada, ya que, según cuenta, fue Jorge Aristóteles quien le "cerró todas las puertas" para que siguiera trabajando en el PRI como "consultora". Después de la demanda, no tuvo más remedio que defenderse y defender al niño. Luchar por él, pues. Buscó un abogado, pero fue difícil que alguno aceptara su caso porque en cuanto sabían quién era la parte demandante declinaban. Los primeros cinco abogados dejaron su asunto cuando ella no aceptó las condiciones que planteaba Jorge Aristóteles; otros ni siquiera se tomaron la molestia de leer el expediente.

Christiane se defendió en los juzgados como pudo. Ofreció la prueba de ADN para comprobar la paternidad de Jorge Aristóteles y el juez le dio la razón. Aunque los procesos judiciales siguen su curso, ella no puede olvidar la parte personal de quien fue su pareja, sobre todo sus mentiras.

Al responder la demanda, Christiane sostuvo que su relación no fue de un día, sino de dos años, y que el gobernador de Jalisco mintió al pedir una prueba de paternidad cuando sabe que es su hijo y convivió con él durante meses, como consta en fotografías que muestran al político con el bebé en actitud cariñosa, incluso alimentándolo. El documento pone énfasis en que Christiane vive en Monterrey, a pesar de que el político tapatío proporcionó una dirección del Distrito Federal para "dolosamente" hacer que el juicio fuera trasladado a la capital de la República. El domicilio del gobernador que consta en la demanda corresponde precisamente al departamento donde "cohabitaron" durante la relación sentimental, una relación que presenciaron muchos testigos que serán llamados a declarar. "La verdad de los hechos la haré valer la suscrita oportunamente, cuando ejercite las acciones legales correspondientes por derecho propio, así como en representación de nuestro hijo menor".

El primer distanciamiento entre ambos ocurrió cuando Christiane se enteró de que el ahora gobernador de Jalisco tenía otro hijo fuera del matrimonio, un niño que actualmente ya cumplió seis años y que él tampoco había reconocido. Aunque en un principio Jorge Aristóteles lo negó, ella investigó por su cuenta y comprobó la historia de ese hijo rechazado. Cuando le reclamó, él contestó: "Cómo crees, son mentiras; lo que quieren es desprestigiarme, hacerme ver mal. Estoy en campaña".

Christiane Mildred recuerda que, después de exponerle la información con que contaba, él no tuvo más remedio que reconocer la verdad. "Al final terminó aceptándolo, y me advirtió que eran cosas en las que no me debía meter".

Aún le faltaba conocer otra verdad: la relación extramarital con la otrora regidora Gloria Judith Rojas Maldonado, actual delegada de Sedesol en el estado de Jalisco. Estaba en su misma situación: las dos embarazadas del mismo hombre. Christiane refiere que Gloria dio a luz a su hijo el 25 de julio de 2012. La prensa de Guadalajara había publicado fotos que mostraban al ex alcalde y la ex regidora priista en Las Vegas en diciembre de 2010.

Las dos mujeres hablaron y durante tres semanas estuvieron comunicándose, confiándose sus problemas de amor. Sin embargo, Gloria traicionó a Christiane: "Le contó [a Jorge] todo lo que yo le dije sobre él. Me chingó. Primero me decía: 'Ay, Chris, no te preocupes'. Y luego ¡pum!, le fue a decir a Jorge todo lo que yo le decía. Inmediatamente regresó con él, nada pendeja. Me traicionó. Pero todo se regresa en esta vida. Incluso sigue siendo su amante. Le dio un puesto: es delegada de Sedesol en Jalisco. Él la puso allí. Hay mujeres que pierden su dignidad. Yo no. Hay gente que dice que yo no fui inteligente, que pude haber manejado las cosas de diferente manera, pero a mí los puestos políticos, lujos o cosas no me hacen feliz. A la amante y a la esposa lo que les interesa es el poder. Prácticamente yo me pude haber quedado callada, pero no. Primero está mi hijo y punto. Yo estaba enamorada, cegada. Necesitaba saber la verdad para darme cuenta quién era el padre de mi hijo".

Llorando, prosigue su relato: "Cuando estaba conmigo, andaba con otras. Me enteré hasta después. Él sigue teniendo muchas mujeres. Eso no se quita. Todos los hombres son mujeriegos, pero hay niveles. Si van a andar de canijos, pues que se cuiden. Y Jorge Aristóteles es muy torpe para eso".

Engañada, traicionada, fue a ver a la esposa del gobernador de Jalisco, Lorena Arriaga, para contarle su situación y la del hijo que tuvo con aquél. Ella la escuchó, pero contestó escuetamente:

—Ni modo. Tienes que arreglar ese detalle de tu hijo.

El gobernador entró en cólera y la llamó para amenazarla:

—Has cometido un grave error. No tienes idea.

—El error fue tuyo: ¿a quién se le ocurre tener relaciones con dos mujeres y embarazarlas durante la campaña?

Como respuesta, Christiane Mildred recibió un mensaje del abogado del gobernador, en el cual le advertía que no registraría al niño ni le daría sus apellidos, pero que mensualmente le enviarían un sobre con dinero para su manutención: 3 mil pesos. Y le exigía abandonar la casa que le había comprado en Monterrey y donde vivía con sus hijos; Jorge Aristóteles le puede quitar esa casa en cualquier momento porque está a nombre de una inmobiliaria.

"A las otras, a las muchísimas mujeres que tiene, las tiene muy bien. Si no les da prioridad a sus hijos, no sé cuántos tenga sinceramente, pero sus hijas tienen una buena calidad de vida, entonces yo quiero lo mismo para mi hijo. No he pedido más ni menos. Sólo lo justo. Durante todo este tiempo en donde él no me ha apoyado económicamente, yo le he dado lo suficiente de comida, casa, hogar, diversión, seguro de gastos médicos. No le voy a quitar su obligación, ni su responsabilidad. Jamás. Independientemente de que yo tenga, trabaje y gane, nunca le voy a quitar su responsabilidad".

Piensa en todas las mujeres solas que han sacado adelante a sus hijos, porque los padres se niegan a responsabilizarse económicamente. Y advierte que la mayoría desatiende la crianza de los hijos. "Como mujer te chingas para cuidarlos, educarlos, prepararles la comida, cambiarles los pañales, bañarlos; en las madrugadas, si se enferman, llevarlos al doctor. No puedes salir porque tienes que cuidarlos. ¿Y los hombres? Pues los cabrones se van o nomás porque te dan dinero ya por eso creen que cumplieron, pues no. El trabajo más difícil y complicado es el de ser madre".

Aunque Jorge Aristóteles dé la impresión de conocer la situación de la mujer, de las madres, sus hechos demuestran lo contrario. Indican que su visión de género de cara a la opinión pública es muy distinta. Es un contrasentido que en sus discursos defienda a las madres solteras y trabajadoras, mientras él mismo se niega a asumir su paternidad; por ejemplo: "Hoy miles de niños se quedan sin apoyo, sin educación, porque la mujer tiene que salir a trabajar, porque el papá tiene que salir a trabajar y ellos se quedan sin una orientación, sin una conducción. Después tenemos criminales en potencia porque no tuvieron una orientación ni en la escuela ni en el hogar. Se debe implementar una política que atienda a la mujer, que evite la violencia, porque hoy el país está como está, porque lo hemos permitido en el seno del hogar".

El gobernador hablaba ante las mujeres en el Foro de Atención para Víctimas de la Violencia, celebrado en noviembre de 2012. También se llenó la boca de retórica en el programa Guadalajara con Ellas: "El programa parte de la premisa de que la mujer requiere políticas públicas compensatorias, ya que ellas viven en condiciones económicas, sociales y laborales de desigualdad; por lo tanto, merecen un esfuerzo contundente y eficaz por parte de la autoridad".

El 12 de mayo de 2013, frente a las madres jaliscienses congregadas en la hacienda *La Providencia*, en Zapopan, Jalisco, habló sobre las dificultades de las mujeres para criar a sus hijos: "Debemos ser sensibles ante el reconocimiento de las mujeres que han dado todo por vivir mejor. Ante las mujeres que luchan día con día para formar a sus hijos, para construir un mejor futuro, para construir una mejor sociedad.

"Pero para eso debemos de estar muy unidos. Para eso debemos trabajar desde el seno de la familia, y ¿dónde está el núcleo de la formación de nuestros hijos? En la familia. Pero si el Estado no genera alternativas a las mujeres para que salgan adelante, para que tengan un empleo, para que además de llevar el sustento a sus hijos les den oportunidad de prepararse y accesar [*sic*] a educarse, para que después puedan encontrar un trabajo, entonces no habremos de estar cumpliendo con nuestros objetivos y estar defendiendo las causas que nos exigen las madres y las mujeres de Jalisco".

En su discurso, el gobernador no mencionó su situación personal ni sus problemas con las mamás de sus hijos: "Hoy muchas mujeres tienen que salir adelante, cuando después de tantos años a veces muchos de los hombres las abandonan o las dejan porque tienen que ir a trabajar, y luego muchos de ellos ya no regresan o simplemente porque llega un divorcio, hoy los divorcios están creciendo. Por eso a esa mujer, que muchas de ellas dedicaron toda su vida a formar a sus hijos, hay que ir, darles una oportunidad, darles un apoyo. Que puedan tener un pequeño negocio, abrir su pequeño negocio y después tener mejores ingresos. Vamos a ir a apoyar a la mujer, decididamente porque creemos en ustedes, porque sabemos que mujer es sinónimo de resultados, de honestidad, de trabajo, por eso queremos impulsar a la mujer para construir una mejor sociedad y poder entonces encontrar la paz y la tranquilidad que tanto anhelamos".

HIJO LEGÍTIMO

La imagen pública del gobernador de Jalisco es muy distinta a lo que las demandas y los testimonios revelan de su ámbito personal. A Christiane Mildred no le quedaron ganas de involucrarse con un político, ni con ningún hombre del tipo de Jorge Aristóteles. "Gracias a él sé lo que no quiero. Esa relación fue muy enfermiza. Fue lo peor, lo peor que me ha pasado en mi vida. Fue demasiado desgaste. Eso no es felicidad. Es muy mentiroso".

Ahora intenta sanar sus heridas. Sin embargo, cuando dos personas se hacen daño, y aunque sea posible perdonar, lo cierto es que difícilmente se olvida lo vivido. "Fue una guerra, cada quien tenía sus armas y sus estrategias; cada quien iba a utilizar lo que tuviera en sus manos para tumbar o demostrar cosas. Después de tanto pelear en el proceso legal, apareció y quiso arreglar. Se ha portado bien por conveniencia. Él se acercó".

A Jorge Aristóteles no le quedó más remedio que reconocer a su hijo. Demián Aristóteles Sandoval Flores tiene ahora casi año y medio de edad, es un bebé hermoso, de ojos claros y muy parecido a su padre. El gobernador quiso "arreglar las cosas": "Está bien. Es mi hijo".

De hecho, Demián Aristóteles siempre estuvo registrado con sus apellidos, ya que su madre se encargó de ello desde que nació. Incluso, ya se le había hecho la prueba de ADN. "Yo lo obligué —confiesa Christiane Mildred—. Fue por precaución, para que no me fuera a salir con cosas después. Y mira, de cualquier forma hizo problemas".

A pesar de ello, Jorge Aristóteles, como se ha relatado, solicitó otra prueba legal ante la autoridad. La prueba tardó nueve meses en realizarse, mientras se desahogaba la controversia sobre los alimentos en los juzgados. El resultado fue positivo. No había más dudas. Lo que no quedó claro fue el monto de la pensión.

—Legalmente es su hijo. Ya no puede hacer nada, más que aceptarlo. Yo peleé por mi hijo, por su identidad, para que tuviera una identidad paterna. Y […] ya la tiene. Eso es lo que yo quería.

—¿Y ahora serás su amiga?

—Me hizo mucho daño, prefiero mantener la distancia. Yo nací para eso. Así estoy bien. Tengo que enfocarme en lo principal. Tengo el amor de mis hijos. Y eso me llena. Quiero seguir trabajando, salir adelante. No cualquier persona tiene el don de amar. Yo lo admiraba. Pero, cuando entran al poder, les falta sentido común y lógica como a Jorge. Imagínate, decir que no conocía al bebé sabiendo que yo tenía las fotos es no tener sentido común. Yo ya tengo mi vida. Pude superar esa mala racha. En mi vida me había pasado algo tan feo. Estuvo grueso, muy grueso. Pero ahora las cosas se medio arreglaron. Le dije: "Cuando quieras ver al niño, lo puedes ver. No cada dos meses. Mi hijo es lo mejor de ti y de mí, cabrón". Él no se merece papá de cada cuatro meses. Mi hijo se merece un papá chingón. Y si no, me busco otro cabrón que sea mejor padre.

Christiane Mildred habla con acento norteño, muy al estilo franco y directo. Desde hace cinco años dejó su trabajo en la televisión y ya no le interesa ese mundo: "Volver a la televisión, jamás; y a la televisión local, menos, ahora está horrible". Cuenta que sigue laborando como consultora y asesora política. Es "enlace administrativo" en el PRI. Se define feminista. Confiesa que sufrió mucho con los comentarios que algunas personas escribían en Internet sobre ella y su relación con el gobernador de Jalisco. Fue entonces cuando se percató de que normalmente a quien linchan es a la mujer y no al mujeriego: "Dicen: '¡Pinche puta, nomás quería la lana!' No me importa lo que digan de mí. No me lo dicen a la cara. Si a ésas vamos, prefiero sacarle lana a otro que a un político, es más, yo no le saco la lana a nadie. Yo trabajo. Además, yo he mantenido a mi hijo todo este tiempo con mi trabajo. Lo he demostrado. Pero obviamente tampoco le voy a poner fácil las cosas al cabrón. Cuido al niño y todavía me chingas… ¡Ni madres, cabrón! Yo me gasto 50 mil pesos al mes: nomás de muchachas gasto 18 mil pesos y yo lo pago. Lo que más odio son las injusticias y las mentiras; las odio con todo mi corazón. ¿Que lo exhibí? Pues sí, le hice un favor, ya le exhibí sus problemas, ya lo quemé, pues ya qué".

En el medio donde trabaja ha conocido muchos casos de mujeres sometidas a las amenazas y al poder de los políticos, algo que, declara, ella jamás toleraría.

—Yo me pude haber aguantado, me pude haber quedado callada, haciéndome pendeja, y siguiendo […] con él. Pero no, prefiero ingeniármelas y ver cómo le hago. No es la vida que quiero. A diferencia de muchas mujeres que buscan eso. Yo me hubiera muerto, ya estaría en un hospital de locos.

—¿Cuál es tu sueño?

—Quiero seguir en el medio político. Mi sueño es mover masas, masas para el bien, para magnificar las cosas buenas de las personas.

Alguien puede estar escuchándote

Diana Pando
y Luis Téllez

"Luis Téllez es un enano moral". La definición de Purificación Carpinteyro es contundente. Han pasado cuatro años y aún considera su enemigo al ex secretario de Comunicaciones y Transportes del gobierno de Felipe Calderón y actual presidente del Consejo y director general del Grupo BMV, propietario de la Bolsa Mexicana de Valores.

Esta historia de infidelidad y traición encierra todo un conglomerado de intereses particulares de las conveniencias políticas e ilustra perfectamente la dimensión de la lucha de los gigantes de las telecomunicaciones, los monopolios y el gobierno. La crónica del romance incluye una auténtica audioteca de conversaciones telefónicas entre distintos actores de la vida política. A Luis Téllez le grabaron todo. Fue así como surgió el funcionario de la imagen pública, y el hombre en la intimidad, que cuando hablaba por teléfono expresaba lo que realmente pensaba. Una doble personalidad, muy humana y generalizada en la clase política, que tiene como valor máximo la simulación.

"Salinas se robó la mitad de la cuenta secreta [unos 400 millones de dólares]. Hizo muchas cosas. López Portillo destrozó al país y Salinas al final también". La voz de Luis Téllez caía como jarro de agua fría ante la opinión pública. Había sido subsecretario de Agricultura durante el gobierno de Carlos Salinas de Gortari y ya era secretario de Comunicaciones y Transportes en el gobierno de Felipe Calderón cuando, por un descuido, se grabó una conversación en el teléfono de Diana Pando, quien afirmaba mantener una relación con él desde hacía dos años.

Casado con Consuelo Morales, licenciada en administración por el ITAM, padre de dos hijas —María y Lucía—, Luis Téllez ingresaba así al numeroso grupo de políticos arrobados por una pasión inconfesable, cuya intensidad traspasaba los linderos del poder político.

Diana Pando había decidido hacer pública esa grabación accidental realizada mientras el funcionario se encontraba en Cancún, porque se sentía herida, lastimada por su indiferencia. Con él mantenía una estrecha relación que incluía intercambio epistolar a través de correos electrónicos. La mujer vivía en Rosarito, Baja California, y su historia de amor y desamor con el entonces secretario de Comunicaciones apenas empezaba.

La grabación, que tuvo lugar a finales de 2006, se escucha nítidamente. Una mujer le pregunta a Luis Téllez:

—¿Dónde vive […] Ana Paula [Gerard, la esposa de Carlos Salinas de Gortari]?

Él contesta:

—En Londres.

Le pregunta otra vez:

—¿Y no quiere regresar, o sí?

Téllez contesta:

—Ana Paula no quiere regresar. Se hizo muy amiga de la esposa de José Ramón López Portillo. Y traen el rollo de que el país no les agradece lo que hicieron por México. Y entonces Ana Paula ya trae ese rollo también. Y bueno, en el caso de Salinas, se robó la mitad de la cuenta secreta. Hizo muchas cosas. López Portillo destrozó al país y Salinas al final también.

Al ser difundida la grabación por la periodista Carmen Aristegui en MVS el 2 de febrero de 2009, Luis Téllez se apresuró a convocar a conferencia de prensa para reconocer que era su voz la de la grabación y que efectivamente había dicho lo difundido. Y aprovechó para negar su relación con Diana Pando. "Jamás he visto a la persona que entregó la grabación. La comunicación que tuve con ella se dio exclusivamente a través de correo electrónico y vía telefónica. Inició en 2005, cuando esta persona me mandó un correo electrónico pidiendo apoyo para escribir un libro, y concluyó cuando me amenazó con dar a conocer la grabación".

Grave error en el intento de Téllez por salir del apuro. Aseguró que Diana trataba de extorsionarlo. Afirmó que lo dicho en la grabación había sido un accidente: "Lo que aparece en la cinta es lo que dije a un grupo de amigos, en el marco de una comida casual, y lo dije de manera indebida, ya que carecía de sustento alguno". Y remató en un afán de arreglar lo que ya no tenía arreglo: "Nunca tuve ni he tenido evidencia alguna sobre acciones ilícitas del ex presidente Carlos Salinas de Gortari".

Aquella conferencia fue la más corta de su vida: duró sólo cuatro minutos con 56 segundos. El encuentro con la prensa no fue en las instalaciones de la Secretaría de Comunicaciones y Transportes (SCT), sino en un hotel. No permitió preguntas, ni mucho menos quiso abordar otros temas. Se negó a abundar más sobre la mujer que había difundido la grabación. Aseveró que no tenía idea de cómo se había hecho, ni cómo había llegado a esa mujer.

Indignada, Diana Pando no estaba dispuesta a aceptar la imagen de mentirosa que le había creado Luis Téllez para salvaguardar su "honor" de secretario de Estado. Hizo uso de su derecho de réplica y empezó a dar entrevistas a los medios de comunicación. A *El Universal* le entregó cartas y correos electrónicos personales. Y con Aristegui se desahogó y amplió los pormenores de la difusión de esa grabación que había cimbrado al ámbito político.

Refirió que la conversación que involucraba a Luis Téllez se había grabado de manera fortuita, un fin de semana, mientras él vacacionaba en Cancún. Había llamado por teléfono a Diana, quien no contestó, y él olvidó colgar, de manera que la conversación que sostenía con otras personas se grabó durante 16 minutos. Para demostrar que Téllez se comunicaba con ella, Diana mostró correos electrónicos. "Yo solía tener una comunicación bastante frecuente con el doctor Téllez y accidentalmente un fin de semana que él estaba en Cancún me llamó y no me encontró. Mi teléfono estaba apagado y por error se quedó grabada [la] conversación [...] se quedó grabada ésta que me pareció muy sorprendente".

Efectivamente, Luis Téllez hablaba tranquilamente con su esposa y dos amigos en Cancún mientras se tomaban unos días de descanso: "Él abordó todos los tópicos que se puedan abordar con unos amigos en un fin de semana; el que se haya grabado explícitamente, son tópicos que le interesan a todos los mexicanos, que es el dinero que se atribuye a Salinas haberse robado, pues bueno, él era ex funcionario en ese entonces, hablando de ese dinero me llama la atención".

Cuando Diana Pando escuchó su buzón de voz, supo que tenía una bomba en las manos: "Lo primero que me sorprendió fue que dijera: 'Se robó la mitad de la partida secreta'. Que lo comente un ex secretario de Estado de Ernesto Zedillo y pronto para ser secretario en el gobierno de Felipe Calderón pues era de mucha relevancia, porque es material informativo que solamente se maneja en esos altos círculos de poder".

La grabación, como se mencionó, dura 16 minutos, y Diana tenía su opinión sobre los minutos que consideró los más relevantes: "La parte de deslealtad a la que me refiero es cuando menciona la situación actual de Ana Paula Gerard junto con la esposa de José Ramón López Portillo, donde Luis comenta que a ambas les consta 'mucho el rollo' [de] la posibilidad de regresar al país. Sienten que México no les está agradecido con todo lo que los ex presidentes hicieron por el país. Es una revelación impresionante porque yo creo que, si les preguntamos a todos los mexicanos cuáles fueron las aportaciones o en qué estado dejaron al país cuando terminaron su mandato, pues nos damos cuenta de que no es para estar agradecidos".

En su momento, Diana le contó a Luis Téllez lo que había pasado y lo demostró exhibiendo varios correos electrónicos que intercambiaron al respecto. Obviamente, la preocupación del funcionario era mucha: "Él me pidió que la borrara, me hizo [el] comentario [de] que era muy peligroso tener esa grabación, que le podía afectar gravemente a su carrera y que lo podía meter en muy graves problemas. No yo, sino el contenido de la grabación. Fue lo que me dijo. En ese momento, por razones personales, opté [por] no borrarla. Me la quedé un buen tiempo. Y las cosas se fueron desenvolviendo de tal manera que tomé la decisión correcta".

La primera vez que Téllez le pidió borrarla lo hizo de forma amable, intentando convencerla, pero después el tono fue cambiando: "Ciertamente de angustia era el tono, porque estábamos una semana antes, es decir, diez días antes de que el presidente Felipe Calderón lo nombrara secretario de Comunicaciones y Transportes".

Diana se negaba a borrarla y Téllez se puso nervioso y empezó a presionarla: "De tal manera que yo me vi acorralada y no me quedó más remedio que tener que llamar al señor Carlos Salinas de Gortari. Le marqué a su casa en Londres. Le dije que tenía en mi poder esa grabación que lo señala de haberse robado la mitad de la partida secreta, le dije que el comentario lo hacía el doctor Luis Téllez".

—¿A qué se dedica usted? —preguntó Salinas.

—Soy escritora.

—Déme su teléfono, mañana le llamo —contestó de manera escueta el ex presidente.

"Nunca me llamó, pero el que sí me llamó fue el señor Ricardo Larios al día siguiente; habrá hablado unas 30 o 40 veces con fines muy claros de amedrentarme".

—Hablo de parte del licenciado —dijo Larios.

—¿Qué licenciado? —preguntó Diana.

—Usted sabe perfectamente de quién estoy hablando. Sólo le puedo decir [que] si usted difunde la información que tiene en su poder no va a vivir para escribirla.

Diana recuerda aquella llamada como una clara amenaza. "Yo le dije que su amenaza se había quedado en el teléfono y que era todo lo que yo necesitaba para defenderme y decir que el señor Salinas de Gortari me estaba amenazando. En ese instante le colgué el teléfono sin dar pie a una palabra más y nunca jamás me volvió a llamar. Era una amenaza gravísima. Yo estaba viviendo en Tijuana. Yo le había dado mi teléfono al señor Salinas e imagínese lo fácil que sería para él conseguir mi dirección. Me asusté. Pensé que podrían desaparecerme del mapa en cualquier instante".

Diana Pando sabía que había destapado la caja de Pandora. Las consecuencias de la grabación que hizo pública apenas empezaban a sucederse en cascada para Luis Téllez.

"Me usó y me desechó"

La reacción inmediata de Luis Téllez, pues, fue negar su relación con Diana Pando, lo que a ella le dolió profundamente. Así lo dijo en una entrevista que concedió a *El Universal* en "algún lugar del extranjero".

Diana usaba un seudónimo para escribir: Fosca Marsh. Mostró unas cartas del puño y letra de Luis Téllez dirigidas a Fosca en inglés y español. Dolida por lo sucedido, señaló: "Él sólo me usó y desechó".

Explicó que su relación personal inició el primero de agosto de 2005 y terminó el primero de septiembre de 2007: "Yo nunca quise extorsionarlo. Me usó y me desechó. Y me insulta de nuevo al acusarme de que intenté extorsionarlo y al negar nuestra relación de dos años. Nunca quise dinero, sólo quería su afecto".

Diana confesó que llevaba siete meses queriendo publicar las grabaciones, pero ningún periodista se animó a hacerlo. Todos argumentaron que carecía de interés público.

—¿Por qué finalmente publica aquella grabación accidental? —le preguntaron.

Contestó:

—Es simple despecho por la manera en que me trató. No hay fines políticos. —Y añadió en tono desafiante—: Si Luis me sigue acusando y calumniando, haré públicos muchos otros documentos y correos electrónicos en los que él habla mal de otros políticos.

Diana Pando había dicho a Aristegui que dio a conocer la grabación porque era un tema delicado para todos los ciudadanos: "Espero que esto cobre relevancia porque es una información que atañe a todos los mexicanos, […] qué se puede hacer más que darlo a conocer. Lo interesante de esta conversación en particular es que fue accidentalmente y que por razones kármicas [*sic*], de todos los temas que se pueden hablar en un fin de semana en una playa paradisiaca con amigos, el único que se queda grabado en el teléfono celular es una imputación a los Salinas y todos los líos que han tenido con el robo del dinero que le han hecho al país. Me llamó la atención la falta de lealtad del doctor Téllez para con el licenciado Salinas. Le debe su carrera política a él y Ana Paula Gerard; fue la que en 88 lo lleva de la mano al círculo más íntimo y cercano del presidente y lo presenta. El señor Salinas le acoge".

LA CAJA DE PANDORA

El *affaire* de Luis Téllez y Diana Pando tenía un componente más allá de la pasión y el sentimiento que los unía: el poder. Luis Manuel Enrique Téllez Kuenzler, nacido el 13 de octubre de 1958, estaba acostumbrado a vivir en la vorágine del poder desde la adolescencia. Como economista del ITAM, trabajó primero en el conglomerado transnacional Carlyle Group; siendo muy joven se afilió al Partido Revolucionario Institucional (PRI) y empezó a probar las mieles del éxito. Fue subsecretario de Agricultura durante el gobierno de Carlos Salinas de Gortari, cuando Carlos Hank González era titular de la secretaría. Su avance vertiginoso en el escalafón del poder priista lo convirtieron en uno de los principales asesores en política económica del gobierno. Más adelante, Ernesto Zedillo lo designó jefe de la Oficina de la Presidencia de la República. Siguió escalando peldaños y en 1997 Zedillo lo nombró secretario de Energía, puesto que ocupó hasta el final de su gobierno.

Al parecer, para Luis Téllez la ideología no es lo más importante, ya que no tuvo empacho en cambiar de bandera —sin renunciar al PRI— y manifestar públicamente su apoyo al candidato del Partido Acción Nacional (PAN) a la Presidencia de México, Felipe Calderón Hinojosa, lo que fue muy criticado por el entonces candidato priista Roberto Madrazo Pintado e incluso por la dirigencia del tricolor. El premio para Téllez ya estaba preparado: cuando Calderón llegó al poder, lo nombró titular de la SCT a partir del primero de diciembre de 2006.

La vida de Luis Téllez iba viento en popa. Otra vez estaba en el candelero, más allá de los partidos. Su talento trascendía cualquier sigla o militancia. Era como si para él lo más importante hubiera sido tener poder, sin importar la forma. Empezó a organizar a su equipo personal y de trabajo, pero nunca imaginó que el destino le jugaría una mala pasada… Una mujer talentosa se acercaba peligrosamente a su puesto: Purificación Carpinteyro fue designada por Calderón directora de Correos de México; la primera mujer, por cierto, en ocupar ese cargo. Era 2007, y al año ascendió a subsecretaria de Comunicaciones y Transportes.

Téllez y Carpinteyro no congeniaron. Para el secretario era difícil coincidir con aquella mujer independiente, brillante y ambiciosa. Quizá le tenía miedo. Sabía que ella podía aspirar a su puesto y desplazarlo. La relación entre ambos fue cordial, diplomática, pero siempre tensa. No funcionó. Él intentaba "eliminarla" en sus aspiraciones, pero el rumor de una posible sustitución publicado en medios de comunicación lo puso muy nervioso y activó sus mecanismos de defensa. En efecto, Carpinteyro tenía posibilidades por su capacidad demostrada en el tema de las comunicaciones, pero también por su estrecha relación con Calderón. Habían sido compañeros en la Escuela Libre de Derecho y los periodistas la llamaban "la favorita". Los enfrentamientos entre Téllez y Carpinteyro se intensificaron y cada día eran más públicos. Para inicios de febrero de 2009, Téllez había pedido a Purificación su renuncia.

A la grabación difundida por Diana Pando le siguieron muchas otras. En realidad, había toda una audioteca llena de conversaciones de Luis Téllez con diferentes actores de la política y el sector de las co-municaciones, en las que se refería, por ejemplo, a la Comisión Federal de Telecomunicaciones (Cofetel), al Servicio Postal Mexicano y al aeropuerto de la Ciudad de México. Aquélla fue la gota que derramó el vaso. Téllez denunció ante la Procuraduría General de la República (PGR) a Purificación Carpinteyro por ser la presunta difusora de las conversaciones, lo que ella negó el 18 de febrero de 2009. Para su sorpresa, ese mismo día, el secretario de Gobernación, Fernando Gómez-Mont, emitió un comunicado en el que reveló que había recibido un CD con las grabaciones de mano de Carpinteyro. A Purificación no le quedó más remedio que aceptarlo. Dijo que ella le hizo saber al Presidente la existencia del CD con las grabaciones y que éste le ordenó entregarlo al secretario de Gobernación. En esa trama había mucha más gente involucrada. Afirmó que Héctor Osuna, entonces director de la Cofetel, fue quien le entregó el disco. Al día siguiente, Osuna lo negó.

El escándalo era monumental. Y de pronto al Senado llegó una carta en la que se daban más detalles del carácter iracundo de Téllez y los errores garrafales en su gestión. La misiva no iba firmada, en realidad se trataba de un correo electrónico. "Estimado Luis, ¿tienes una ligera idea de lo que has platicado en los últimos años por tu teléfono? ¿Te acuerdas cómo hablaste barbaridad y media del PRI y de Salinas? No es lo único que has dicho. Acuérdate. Y de Gamboa y de Manlio. Se te pasó la mano. Del tramposo de Roberto Madrazo hablas muy, muy mal, con razón, pero, Luis, no por teléfono. Fuiste muy ingenuo… También te expresas muy mal del equipo del candidato Calderón cuando estábamos a la mitad de la campaña de 2006. Estas llamadas van a levantar mucho polvo a unas semanas de las próximas elecciones, ya que muchos de los candidatos son personajes narrados en tus llamadas… Bueno, ¿y qué decir de tu nostalgia por el PRI? ¿Sabías que el PRI va a usar la grabación en sus *spots* de radio y TV para decir que los secretarios del presidente panista extrañan al PRI? ¡Eres una chulada! Lo mejor que puedes hacer es renunciar y ahí acabará todo. No queremos perjudicar al Presidente ni al país, su gente, inversiones, negocios, empleo… Todo lo que hablaste va a generar mucho odio. ¿Te acuerdas de tus llamadas? ¿Qué has hecho con el adeudo de dos mil millones de MVS? Respecto al subejercicio del año pasado, ¿te acuerdas cómo le ordenaste a Manuel maquillar las cifras para tu acuerdo con el Presidente?... ¿Y te acuerdas de tu larga llamada en la que afirmas que el corrupto del gobernador tiene comprados a los jueces? Y qué decir del corrupto [de Döring] que lo único que quiere es conseguir placas para taxis y camiones federales. Bueno, ¿y qué tal la empresa Alsthom, una de las más corruptas del mundo, según tus palabras? Ellos sí te van a demandar. Ya lo verás... Los que se van a enojar mucho son los familiares de la gobernadora de Yucatán. Te expresaste de una manera muy vulgar de una dama, y sólo porque te acusó con el Presidente y escupiste contra ella... Ésas no son palabras que deba utilizar un señor secretario... Y para colmo, le quieres quitar la chamba a tus compañeros de gabinete. ¿Te acuerdas cuando le dijiste a Dafne que te gustaría la chamba de Relaciones Exteriores? La secretaria va a estar encantada contigo... ¿Por qué hablas tan mal del *gordito* Agustín? Cuando estalla la crisis te refieres a él como un miedoso que no quiere decir lo que debe decir, como tú valientemente lo hiciste cuando te referiste a la profundidad de la crisis... Tus reuniones y demás con Liébano son dignas de un libro aparte... ¿Por qué le quieres dar a don Pancho las frecuencias que le quieres quitar a Joaquín Vargas? Eres muy traicionero. Sacrificas a tu compadre Joaquín con tal de salir tú bien librado y quedar bien con otros... Y tu llamada con Lelo de la Rea y tu explicación de cómo ganar licitaciones en el sureste. La verdad, Luis, tienes facha de honesto pero eres un tipo totalmente inmoral... ¿Te acuerdas cuando renunció Manuel del Villar porque no lo dejaron entrar en Los Pinos? ¿Te acuerdas [de] todo lo que le dices a Ricardo de que los de Presidencia no tienen sensibilidad y de que les falta mucho? ¿A quién te referías con *los de Los Pinos*? ¿Te referías también al Presidente? Si no tienen sensibilidad, como tú lo afirmas, te van a correr, chaparrito... Además, te encanta lo ilegal y te quejas de ello. Te indigna que te hayan grabado, pero tú ordenaste a Ricardo para que hable con el almirante Figueroa para que investiguen a Carpinteyro, la sigan y la graben.

Si en realidad Purificación está tan loca como dices… ¿Es tan mala y tan perversa o se trata de otra de tus mentiras, como la que te aventaste de Carlos Salinas?… Ni de tus amigos te cuidas. Indebidamente instruyes a Fernanda Casanueva a darles coche, red federal y todos los apoyos a Del Villar y Martínez Pous, los comisionados independientes. Con eso hasta la institución de la Cofetel estará en duda. Tus palabras contra Osuna son dignas de un carretonero… El que se va a poner furioso es Emilio Gamboa. ¿Te acuerdas de tu larga llamada donde dices que las estaciones de radio él las regaló a amigos de Salinas y de los negocios que hizo cuando fue secretario?… ¿Por qué le vas a pedir a la Función Pública que no se metan con Cerisola?… Bueno, tenemos mucho más, pero lo más delicado lo dejamos para la próxima. Esperamos que renuncies antes de convertir tu vida en un verdadero escándalo".

Gerardo Sánchez Henkel, entonces director jurídico de la SCT, no tuvo dudas del origen de la misiva. Acusó directamente a Purificación Carpinteyro de ser la autora de esta carta que conminaba a Téllez a renunciar, que fue entregada a senadores y en la que se acusaba a Téllez de despotricar contra muchos compañeros, incluidos los priistas Manlio Fabio Beltrones, Emilio Gamboa Patrón, Roberto Madrazo Pintado, Carlos Salinas de Gortari y el entonces presidente de México, Felipe Calderón.

Henkel culpó a Carpinteyro porque a lo largo de la carta había tres palabras en portugués, idioma que la actual diputada federal por el Partido de la Revolución Democrática (PRD) domina luego de haber vivido varios años en Brasil, país del que obtuvo la nacionalidad. En entrevista con Joaquín López-Dóriga, Henkel observó: "Al final de la línea señala la palabra 'emperando', y en la siguiente línea dice 'consigueira'; estas dos palabras son de origen portugués, y son manifestaciones inconscientes que denotan un origen. Es un hecho que la licenciada Purificación Carpinteyro tiene la nacionalidad brasileña, y dicho por ella misma, también trabajó en Brasil". Señaló que en la carta o correo electrónico se decía que existían "múltiples grabaciones" y calificó ello de "extorsión": "Conocemos algunas. En el correo se dicen que son múltiples, muchas grabaciones. No sabemos y nadie lo puede asegurar. Si son tantas, ¿quién nos asegura que no han sido manipuladas o alteradas? Su contenido realmente tiene un origen ilícito. No les puedo dar valor alguno, ni a su contenido, ni a quien lo divulga".

Lo cierto es que había todo un arsenal de grabaciones de Téllez con Ricardo Ríos, Juan Velázquez, Miguel Alessio y Manuel Rodríguez, entre otros. Los audios revelaban que había una clara confrontación entre la SCT y la Cofetel. Faltaba mucho por contar. Y más sorpresas.

LOS ENTRESIJOS

Si alguien sabe de intrigas palaciegas en esta historia es Purificación Carpinteyro. La entrevisté en su oficina de la Cámara de Diputados. Es diputada por el PRD del distrito XXII de la Ciudad de México en la LXII Legislatura. El día de la entrevista lucía radiante, con un vestido corto y un suéter color coral. Usaba zapatillas altas y aprovechaba el descanso entre debate y debate para comer un club sándwich.

Purificación Carpinteyro es experta en telecomunicaciones, tema que la apasiona. Hija de refugiados españoles, dice que ha luchado siempre contra los monopolios. Estudió en la Escuela Libre de Derecho y de 1998 a 2005 vivió en Brasil, donde se desempeñó en diversos puestos dentro de empresas relacionadas con las telecomunicaciones. Trabajó en Bell Atlantic, Embratel, Gupo Iusacell y WorldCom.

Así que cuando fue nombrada directora del Servicio Postal Mexicano, llegó a revolucionarlo. La llamaban la "Juana de Arco" de las telecomunicaciones. Lo transformó en una dependencia moderna y eficiente en muy poco tiempo. Luego, ya como subsecretaria de Telecomunicaciones y Transportes, siguió innovando sin miedo, a pesar de que en el pasado su enfrentamiento con los poderosos monopolios derivó incluso en amenazas de muerte: "Me decían que si no lo hacía por mí, que lo hiciera por mi familia. Y me fui a Estados Unidos. En el sector privado me pagaban cinco veces más. Yo no entré al gobierno por dinero".

Su etapa como funcionaria coincidió con el enfrentamiento entre la Cofetel y Luis Téllez, que consideraba que el organismo estaba dominado por las empresas reguladas. Para solucionarlo, impulsó la creación de un nuevo reglamento mediante el cual la SCT dejaba en claro que la Cofetel era un órgano dependiente del titular de la secretaría. Téllez controlaba la Cofetel con personal de confianza ubicado allí de manera estratégica, con Rafael del Villar a la cabeza.

En definitiva, los intereses de Carpinteyro y Téllez eran distintos, y ella externaba públicamente el problema principal: "El país tiene una estructura insuficiente en telecomunicaciones debido principalmente a la falta de inversión; estimamos que la brecha actual es superior a los 50 mil millones de dólares". La razón más importante: la incertidumbre jurídica provocada por la batalla legal entre el gobierno y los gigantes de las telecomunicaciones. En el fondo estaban los intereses de Televisa y Telmex. Ambas empresas querían una legislación a su medida y evitar la libre competencia.

Purificación se encontraba en medio de la tormenta. Ahora, cuatro años después de darse a conocer las conversaciones de Luis Téllez, puede analizar con toda soltura las grabaciones que detonaron el escándalo en la SCT, su salida y finalmente la renuncia del funcionario. "Antes de chantajear Diana Pando a Téllez, intentó chantajear a otro político. En esto evidentemente yo soy la villana de la película porque casualmente todo mundo piensa que la que da a conocer las grabaciones de Diana Pando soy yo, cuando es la propia Diana Pando [la] que se las dio a Carmen Aristegui. Pero como se mezclan las grabaciones que saca *Reporte Índigo* al día siguiente con las grabaciones que yo le entregué a Calderón en un CD y hacen que todo se revuelva".

Purificación confiesa que con Téllez chocó desde el principio. Relata que se enfrentaron tanto que al final él inventó que Carpinteyro había cometido un fraude: "Dijo que existía un hoyo de mil millones de pesos en Correos que yo me había robado y por eso tenía que correrme. Obviamente la idea era descalificarme".

Lo explica en su carta de renuncia: "Porque México tiene la obligación de progresar y porque desde que asumí el cargo he tenido importantes diferencias con el secretario de Comunicaciones y Transportes, el doctor Luis Téllez, que con el tiempo se han agudizado hasta llegar a ser irreconciliables y que, en mi opinión, han llegado a ser un obstáculo para la ejecución de acciones necesarias para el desarrollo del sector, por el bien del país opté por presentar mi renuncia irrevocable al cargo de subsecretaria de Comunicaciones con efectos a partir del 30 de enero de 2008 […]. Mi responsabilidad fue dar directriz a un sector conflictivo, pero que por su dinamismo e innovación tecnológica tiene el potencial de transformar al país y que esto representa una ventana de oportunidad única que no podemos darnos el lujo de desperdiciar. En comunicaciones, la falta de avance es retroceso".

Sobre las grabaciones, analiza: "Se escucha a Téllez diciendo que lo hace porque es una orden del Presidente, cuando el Presidente no sabía nada. Algunas fueron divulgadas y no trascendieron. Nadie les hizo caso. Cuando decía cosas gravísimas. Había una con Javier Lozano; éste le dice 'querubis'. Puedo entender que entre mujeres nos digamos algunas cosas cariñosas, pero ¡entre hombres!"

La conversación es la siguiente:

Luis Téllez (LT): Bueno. ¿Cómo estás?
Javier Lozano (JL): ¿Quién habla?
LT: Luis.
JL: Ah, ¿qué pasó, cabrón?
LT: Oye, te quiero pedir un favor.
JL: ¿Qué pasó?
LT: Me vas a entender muy bien. El artículo que escribe el personaje este macabro que *[inaudible]* el día de hoy trae una filtración de adentro de mi oficina.
JL: ¿Cuál es el personaje macabro que lo escribió, cabrón?
LT: Jorge.
JL: Yo no lo leo. ¿Sabes cuántas veces lo he leído? Nunca, cabrón.
LT: Bueno, te pido que lo leas hoy. Trae una información muy

delicada de mi oficina en la que estuvieron presente nada más Rafa, Gonzalo y el otro personaje. Y tú sabes, digo, *[inaudible]* me contó todo, que se ha estado reuniendo, tú mismo me lo comentaste. Te pido que se lo comentes a Max. *[inaudible]*

JL: Ah, no, yo ahorita voy a ver a Max, ahorita voy a ver a Max.

LT: Pero no puede ser, o sea…

JL: No tiene vergüenza este cabrón.

LT: Está cabrón. Le publicó *[inaudible]*. Velo hoy, está en la sección de negocios.

JL: No, no, no. Está ahoritita mismo en el *Excélsior*, ahorita mismo lo veo.

LT: Te lo encargo.

JL: *[inaudible]* el alto.

LT: Debí usar el *chat*. Estoy furioso, cabrón, porque *[inaudible]* lo leí en la mañana pero *[inaudible]* tuve un poco de tiempo.

JL: Pero ya viste además lo que andan diciendo *[inaudible]* que la chingada. Un buey que tal y que tú haces, que porque tú ya te van a correr a la chingada y que si ella no es, entonces que voy a llegar yo *[inaudible]* y es una cosa asquerosa, cabrón.

LT: Te pido que se lo comentes a Nacho, yo también se lo voy a comentar.

JL: Bueno, faltaba más. Y también te platico lo que me dijeron ayer porque, todo lo que habías venido construyendo sobre el tema de refrendos, pus *[sic]* te lo echaron abajo. Porque ella dijo que *[inaudible]* eso no se puede más que con una reforma constitucional. Condiciones y todo eso. Pero parecía que llevaba la línea tuya, cabrón, ¿no?

LT: Yo creo que ya se dieron cuenta que no. Pero por lo que me dijo, no sé, por lo que me dijo, este, Alejandro, pero lo doy. Lee el periódico.

JL: Lo que pasa [es] que cuando empezamos a chatear estaba yo comiendo y acababa de terminar.

LT: Lee el periódico.

JL: Te marco al ratito.

LT: O sea, ¿sabes qué, Javier?, voy a entrar ahorita a una reunión. Si quieres yo te llamo después, pero es increíble lo que se toca, increíble.

JL: Déjame verlo con mucho gusto, querubis, y yo más tarde me comunico contigo, desde luego.

Luis Téllez habló después con su secretario particular, Ricardo Ríos, y se refirió a Javier Lozano de una forma muy distinta. Ésta es la conversación entre ambos:

Luis Téllez (LT): ¿Quihubo, Ricardo? Oye, ya estoy en el aeropuerto. Pero los pilotos del avión no están *[inaudible]*, tons *[sic]* no sé si están *[inaudible]* que ya estamos en el aeropuerto.

Ricardo Ríos (RR): Ahorita les aviso *[inaudible]*.

LT: OK. El pinche Lozano me pidió meter el tema aeronáutico, yo no sé qué quiere ver del tema aeronáutico, pero en el *[inaudible]* competitividad *[inaudible]* de este cabrón. ¿Hablaste con Gerardo?

RR: No, porque *[inaudible]* lo hace Manuel.

LT: Con el *[inaudible]* Guzmán no está. Sí, sí lo quiere meter, me comentó hoy Carlos Monroy.

RR: Usted quiere meter *[inaudible]*.

LT: Yo creo que el tema que trae, me imagino, porque mañana en la reunión con diputados a la que va Gilberto y creo que el tema es lo que el impacto, ahorita la situación económica, cómo va a impactar a las líneas, ¿no?

RR: Hay riesgos de *[inaudible]*.

LT: Sí, pero que chingue a su madre y que se dedique a hacer su trabajo. Cómo va a impactar. Yo voy a meter el tema del empleo ante la crisis.

RR: A ver cómo va a impactar.

LT: No. Este cabrón además no tiene tacto, me habla a mí primero.

Otra de las conversaciones interesantes, según Purificación Carpinteyro, es la que sostuvo con Rafael del Villar, de Cofetel, sobre el tema de las comunicaciones.

Rafael del Villar (RV): Sí, bueno.

Luis Téllez (LT): ¿Quihubo, Rafael?

RV: ¿Quihubo?

LT: Es que estoy averiguando qué había pasado.

RV: Héctor, ahorita te marco. [Y es que Rafael estaba en otra llamada.]

Héctor: Sí, gracias.

LT: Estuvieron los cuates de éstos, bueno, los que fueron a la oficina.

RV: ¿Quiénes?

LT: Es que, el abogado de estos cuates.

RV: ¿De qué cuates?

LT: Los que fueron a la oficina de Tomás. Estuvo en la oficina como a las cinco, o algo así. Que le hablaron para decir que no se presentara, pero el tipo ya estaba en la oficina.

RV: Es lo que estaba yo hablando ahorita con Héctor. Que qué le habían dicho. Y ya estaba muy nervioso este cuate abogado, entonces, este…

LT: Oye, tú a Tomás no le dijiste nada de la tarifa, porque el Presidente sabe lo de la tarifa. Pues se enteró. Obviamente Tomás se enteró de algún lado. O sea, bueno.

RV: No.

LT: A ver, lo que [inaudible] lo que Tomás. Como éste es un tema como tú [inaudible]. Tú lo sabes muy bien, que le representan cientos de millones de dólares, por eso se ha metido en demandas muy cañonas contra todo el mundo. Este, obviamente estaba agarrado de la lámpara cuando le dije que se iba a posponer.

RV: Bueno, le dijiste que se iba a posponer un día.

LT: Bueno, sí. Sí, exacto. Y bueno, se agarró de la lámpara y luego vino su abogado. Es lo que estaba yo ahorita tratando de entender, qué había pasado.

RV: Tú vas rumbo a la oficina.

LT: No. Ahorita estoy metido todavía en mi oficina. Porque, según parece, hay una suspensión que le dieron a Telcel hace más de un mes, para esto…

RV: No, Luis, ésa es la suspensión a la Cofetel, nada tiene que ver a [sic] la suspensión que le dieron a la…

LT: Bueno, vamos a verla.

RV: Bueno, yo no soy abogado.

LT: Por eso.

RV: Los abogados han dicho que hay una suspensión de Cofetel, que no tiene nada que ver con la suspensión…

LT: Por eso quiero que me lo expliquen hoy. Por eso sí, necesito que vengas por favor, Rafael.

RV: Pero yo no te voy a poder explicar eso.

LT: No, no. Por eso viene Gonzalo, pero quiero que…

RV: A mí se supone que me habían dicho que podíamos actuar y en ese departamento no me meto.

LT: Bueno, sí. ¿Vienes ahorita?

RV: Voy a ver si… me voy a conseguir un coche para ir.

LT: ¿Cómo te pensabas ir a tu casa, pues? ¿No te puedes ir con Gonzalo?

RV: No. Gonzalo está allá, no ha trabajado, Gonzalo ha estado metido todo el día en la SCT y en tu oficina. Está trabajando allá en su antiguo despacho.

LT: Y acuérdate [de] que me están sacando en los periódicos todos los días porque no trabajo.

RV: No, pero…

LT: Ya sé. Ahorita ya no hay nadie en la Cofetel. Te pido por favor que vengas, estamos metidos en un liazo. Básicamente, bueno, te lo digo con toda confianza, porque hablaste con Tomás Milmo. Entonces, te pido que por favor vengas, Rafael.

RV: OK. Bueno, voy. Digo, voy para allá. Voy a conseguir un coche en mi casa, a ver quién pasa por mí, para irme para allá.

LT: Bueno, por favor te lo pido, carnal. Y este…

RV: Sale, OK. Ya son las ocho. Pero tú llegas allí como a las nueve, me dijiste, ¿no?

LT: No, como ocho y media.

Para Purificación Carpinteyro, el valor de estas conversaciones se centra en el tema de celulares y comunicaciones: "Todo el lío era de telefonía para beneficiar a Tomás Milmo Santos, presidente del Consejo de Administración y director general de Axtel. Esa grabación es para mí la grabación más importante. Más allá de juegos sucios o intrigas palaciegas donde Téllez es un maestro, no se le puede restar la capacidad, logró que me fuera. El PAN quería deshacerse de Téllez a como diera lugar".

Purificación refiere que su relación con Luis Téllez siempre fue muy difícil. Que le inventaban romances. En una ocasión Felipe Calderón la mandó llamar para cuestionarla sobre un tema muy importante:

—¿Es cierto que tú andas con Carlos Slim?

—El chisme neta, neta, es que yo ando contigo.

—Cómo crees, obviamente no andamos.

—Ya sé que no andamos, entonces por qué me preguntas sobre lo de Slim si es un chisme. Además, si tienes duda, usa el Cisen —le dijo ella, molesta.

Lo que realmente le disgustaba a Purificación era que intentaran difamarla centrando el tema en cosas mucho más trascendentales a nivel profesional: "Andaban diciendo que lo que yo estaba haciendo era beneficiar a Telmex, es decir, a Carlos Slim".

—¿Usted y Luis Téllez siguen siendo enemigos?

—Por supuesto. Ahora lo estoy acusando a él, porque yo demandé al gobierno y el gobierno tiene que demandarlo a él, porque tienen que pagarme indemnización por haberme acusado. Y allí anda en la Bolsa Mexicana de Valores. Tiene muy buenas relaciones y es muy hábil para intrigar. Tiene muy buenas relaciones con los que tienen toda la lana.

—¿Cómo lo definirías?

—Como un enano moral. Cuando te digo que es un enano moral está todo representado en esa definición. Sólo hace falta verlo para apreciar su estatura moral, su estatura política. Es un hombre inseguro. Su esposa es una mujer del Opus Dei, para quien yo soy la mala de la película, no Diana Pando, yo. ¡Imagínate! Con este episodio en mi vida gané un reconocimiento, pero también gané que todo el sector empresarial se me echara en contra. Me mandaron al ostracismo. Era una apestada por estar en contra del gobierno.

El juicio producto de la denuncia de Luis Téllez duró más de un año. Purificación relata que en las audiencias el funcionario se quejaba de cosas pueriles:

—"Cuando trabajábamos juntos, Purificación no me hacía caso. Si no estaba hablando por teléfono, se dormía", decía. —Purificación recuerda ese momento con humor—: Que un secretario de Estado se queje de que su subsecretaria se dormía en las reuniones es desvelar que sus reuniones eran realmente muy aburridas. Es de morirte de la risa. Miente siempre. Es un mentiroso. Y tiene una enorme necesidad de ser aceptado socialmente. Se quejaba porque no lo invitaban a reuniones sociales. Tiene una necesidad de complacer a los ricos para poder ser parte de ellos.

—Su historia de amor con Diana Pando finalmente destapó todo el escándalo. ¿Por qué?

—Diana Pando, que según entiendo la señora tampoco es muy agraciada, es obvio que no fue la primera, ni será la última. A muchos de ellos no hay nada que los excite más que el poder mismo. Y en el momento [en] que se sienten poderosos piensan que pueden tener a cualquier mujer. Y así viven con esposa y amantes.

Ahora, como diputada, piensa que la vida le ha dado la oportunidad de la revancha al consumar la reforma de las telecomunicaciones:

—Es como si hubiera vivido un partido de beisbol donde no pude conseguir un objetivo a la primera para que todas las empresas pudieran competir en contra del monopolio que significa el binomio Telmex-Telcel desde la Secretaría de Comunicaciones y Transportes y eso significó cortarme la cabeza y no lo logré. Pero finalmente llego a la Cámara de Diputados y lo estoy logrando, o por lo menos logré ya, junto con mucha gente que ya se concientizó de la trascendencia que tiene para el desarrollo del país el tema de las telecomunicaciones y todas las tecnologías. Teníamos el rey de los teléfonos y el rey de las televisoras; claro, cuando se borren las fronteras los dos se van a pelear a muerte... hay que abrir el camino para que haya muchos más.

—Otra vez enfrentándose a los poderosos conglomerados de telecomunicaciones...

—Finalmente pude concluir la tarea de una reforma constitucional que ciertamente es el primer paso. Obviamente el dictamen sufrió algunas alteraciones donde claramente se puede ver la mano de grupos empresariales haciendo trabajo para tratar de impedir que los efectos de esa reforma pudieran impactarles. La verdad es que la reforma tiene un alcance muchísimo mayor del que yo hubiera podido soñar. Como subsecretaria de Comunicaciones monté un plan para ver qué podía hacer el Ejecutivo con sus facultades para poder tener una política en este sector y pudiera garantizar que toda la población pudiera tener acceso a las tecnologías de la información y la comunicación. Porque si nada más los que tenemos el privilegio de estar en las ciudades y tener la capacidad económica de pagar por nuestros aparatos somos los únicos que vamos a tener acceso, pero la brecha entre nosotros y los que no la tienen se va a ir ampliando. Y los marginados, que ya de por sí son 54 millones de pobres… vamos a abrir la brecha para que esos 54 millones se pasen a incorporar a una clase media y empiece a haber movilidad social. Y la única forma de garantizar la movilidad social es a través de la comunicación y la información. Yo hice el primer boceto de la primera reforma. Yo he sido luchadora incansable y le he apostado, no nada más como las gallinas para una omelet poniendo los huevos, le he apostado hasta el pellejo como los cerdos, es decir, yo soy el jamón de la omelet. He estado a punto de terminar en la cárcel.

Purificación Carpinteyro piensa en su carrera y aspira a llegar mucho más alto. Probó la política y le gustó, le fascinó, y ahora la apasiona. Incluso desearía ser presidenta de México. "Yo no descarto ninguna posibilidad. Ojalá yo tuviera el poder de poder hacer. Para hacer, se necesita poder. A veces no cuentas con los recursos, con las facultades, y no puedes hacer. Ciertamente acabaría con todos los monopolios, crearía un campo de juego para fomentar la creación de las pequeñas y medianas empresas, haría que la banca de desarrollo destine los recursos para la modernización y capacitación para crear condiciones de competencia, porque al competir y al crear nuevas empresas se generan más empleos. Creo que el mercado es imperfecto y que el Estado, como Estado, está en la obligación que todos los mexicanos puedan tener acceso a los bienes y servicios fundamentales, y que si para ello tiene que subsidiar, que lo haga; y que tiene que gravar a quienes más ganen, que los grave, porque para eso está el Estado: para tratar de equilibrar la balanza".

La Bella y la Bestia

María Gómez Rivera
y Sergio García Ramírez

E N L A N O C H E R E T U M B A N las palabras de María Gómez Rivera cuando dice: "El IFE es una basura". Silencio. Luego, las palabras vuelven a resonar en las paredes: "Sergio acabó con el Instituto Federal Electoral. Acabó con México por haberle dado su voto a Enrique Peña Nieto. Terminó con la democracia, si se puede hablar de democracia en este país".

María es una mujer culta; una creadora, artista interesada en el acontecer político, económico y social. Su voz es pausada, mide el volumen y el contenido de sus frases, aunque dice lo que piensa porque tiene firmes convicciones. Nunca creyó en una institución dominada por la corrupción y sometida al poder en turno. Ni tampoco creyó en la congruencia de su ex marido, Sergio García Ramírez. "Yo creo que le pagaron mucho dinero", dice sin ambages.

Y sabe de lo que habla. Conoce al personaje. Lo acompañó en sus puestos políticos. Conoció los entresijos del poder que lo rodeaba. Estuvo casada con él 28 años. Un periodo en su vida que describe escuetamente como una "horrenda pesadilla", una etapa oscura, dominada por el miedo y el terror, por la violencia y la crueldad.

"Nuestro matrimonio fue siempre un fracaso", dice de entrada antes de empezar a contar su historia de amor aterradora y dolorosa; una historia que marcó el resto de su vida; que le dejó secuelas y que dañó a sus hijos profundamente.

"Él era insano, inestable emocionalmente. Sergio era muy violento. Siempre lo supe. Desde que lo conocí me di cuenta de que yo no iba a llegar muy lejos porque no era una gente sana. Todo fue un desastre, pero duró muchos años por mí, porque yo siempre me empeñé en sacarlo adelante. Más que salvar el matrimonio, lo que me interesaba era sacarlo a él adelante. No fue posible. No tiene salud mental. Lo puedo sostener frente a cualquier experto psiquiatra o psicólogo".

AGUA Y ACEITE

María era bailarina. En su casa paterna reinaban la cultura, la literatura y el arte. Su bisabuelo era el reconocido historiador Manuel Rivera Cambas; su madre, Manuela Rivera, fue maestra de historia, una brillante activista de izquierda, comprometida y talentosa.

Muy pronto aparecieron los libros en su vida. Aprendió a leer en el *Romancero gitano*, de Federico García Lorca, y tuvo una educación básica y media rica en elementos extracurriculares en casa. Estudió danza moderna en el Instituto Nacional de Bellas Artes, luego fue parte del Ballet Nacional de México con Guillermina Bravo, quien influyó decisivamente en su formación. Viajó a Cuba y Estados Unidos. La danza se convirtió en pasión, disciplina, entrega absoluta. Su cuerpo esbelto, la gracia innata y la técnica desarrollada provocaron que Waldeen von Falkenstein Brooke de Zatz le ofreciera irse a su compañía. Con la maestra estadounidense, pionera en la danza moderna mexicana, aprendió mucho más de lo que esperaba y cumplió su sueño: "Fui inmensamente feliz".

Conoció a Sergio García Ramírez a los 18 años. Inmediatamente hubo una atracción intelectual, más que física. A María le fascinan las mentes brillantes y Sergio era un joven erudito en muchos temas. Surgió la química y se hicieron amigos. El noviazgo apenas duró mes y medio. A los 20 años se casaron como manda la tradición mexicana. "Me casé con Sergio porque realmente me enamoré de su talento. Es un hombre muy inteligente, era un muchacho culto que quería ser poeta y literato".

María continuó en la danza. Siguió trabajando con talleres de danza moderna y gente que tenía un gran conocimiento en esa materia. Conservó su espacio cultural, aunque por poco tiempo. Las cosas cambiaron drásticamente cuando a Sergio le ofrecieron ingresar en la política. Toda su vida en pareja dio un vuelco. "Para mí fue un desconcierto muy grande porque la política no me gusta. Sabía mucho sobre política porque mi familia era gente de mucha cultura y yo siempre tuve una idea muy clara de lo que son los políticos mexicanos. Yo sé cómo son y te puedo decir lo que requieren todos los días de su vida: el reconocimiento de todos sus actos y sus decisiones. Requieren de la adulación, del halago y la reverencia. Y requieren del aplauso fácil. Y desde luego requieren del bienestar económico y las prerrogativas que los cargos públicos les otorgan".

El hombre del que se enamoró fue cambiado rápidamente. La primera renuncia dolorosa de María fue abandonar la danza. Y con ello abandonó también su vocación, su espíritu; parte de su alimento para el alma. "Dejé la danza cuando Sergio entró a la política porque a él le conflictuaba que yo fuera bailarina. Seguí trabajando en talleres con Rocío Faraón, Raquel Gutiérrez, Rosa Reyna. Después dirigí durante 12 años la Escuela de Arte Integral de Laughlin Holistic. Trabajé con un proyecto inglés de las Escuelas Juilliard y metimos unos talleres muy lindos, para hacer capacitadores en las Casas de Cultura, una carrera de dos años reconocida en la Secretaría de Educación Pública. Teníamos mucho éxito".

Pronto se dio cuenta de que entre ella y Sergio iban desapareciendo las cosas en común. Él pertenecía al mundo político, un mundo que a María no le interesaba en absoluto. Y ella ocupaba el espacio cultural, hasta donde él renunció llegar por preferir su carrera política en el PRI.

Sergio estaba terminando la carrera de derecho cuando María lo conoció. Aunque era un chico inquieto y entregado al estudio, ella se percató de que procedía de una familia totalmente desarticulada. Sergio no conoció a su padre, o más bien no sabía quién era su padre. Vivía con un amigo. No tenía un orden de vida. Es hijo de Italia Morayta, la famosa traductora de los presidentes. "Ella era muy conocida. A su padre no lo conocí nunca. Ni siquiera supe ni cómo se llamaba. Desde que yo lo conocí él estaba atendido con terapias de psicólogos y psiquiatras. Tenía tratamientos de aspiración de gases para tranquilizarlo y calmar sus crisis de ansiedad. No era gente sana. Sergio nunca fue afectivo. Tal vez porque fue muy lastimado en su infancia, infancia que yo desconozco. Él me dijo que ese tema no se tocaba y nunca lo toqué, tampoco el de su padre".

Sergio nació en Guadalajara el primero de febrero de 1938. Estudió en la Universidad Nacional Autónoma de México (UNAM). Fue juez del Tribunal para Menores del Estado de México; director de la cárcel preventiva de la Ciudad de México en el llamado "Palacio Negro de Lecumberri". Su dificultad para establecer una relación de pareja sana derivaba precisamente de su infancia y familia. "Su madre era una mujer muy poco grata, rudísima, con intereses económicos muy marcados y con tres matrimonios. No sé mucho porque eso era absolutamente privado entre Sergio y su mamá. Tampoco se hablaba de eso".

Eran demasiados temas prohibidos. Los problemas psicológicos de su esposo, originados en la infancia, resultaban difíciles de resolver sin una debida atención permanente. Sergio García Ramírez continuó avanzando en su carrera política. Luego fue procurador de justicia del Distrito Federal (1970-1972); subsecretario de la Industria Paraestatal (Secretaría de Patrimonio y Fomento Industrial) del 1978 a 1981; secretario del Trabajo en el gobierno de José López Portillo. Miguel de la Madrid lo nombró procurador general de la República y entre 2000 y 2001 fue secretario general del PRI.

María vivió su ascenso en la política de manera compleja. La presencia de Sergio en el hogar se fue reduciendo y haciendo intermitente. "Así como aparecía, desaparecía. Se iba y regresaba. Se iba de casa. Desaparecía como ocho días y luego aparecía. No sabíamos dónde se quedaba. Era imposible saber. No contaba nada ni se le podía preguntar".

La maternidad no solucionó los problemas conyugales. Primero llegó Eva Mariana, luego Isabel y finalmente Sergio. "Él no quería. Al niño no lo quiso nunca; a ninguno de los tres, la verdad, porque los botó como basura. Primero se fue como director de la cárcel de Toluca. Nos quedamos Eva Mariana y yo; y él se fue a la cárcel a vivir, porque decía que había que vivir en las cárceles. Hubo muchas distancias. A mí las cárceles no me gustan. Y creo que eso nos perjudicó más, porque acentuó mucho su placer por la represión. Eso me asustaba. Y para mi mala suerte sé de cárceles todo. Después de la cárcel de Toluca, dirigió Lecumberri. Fue él el que hizo la cárcel del norte, la del sur. Era director de centros infantiles de niños internados. En Gobernación fue director de Islas Marías y de las cárceles del gobierno".

Las prisiones eran difíciles de conciliar con un espíritu libre como el de María, que se refugió en la crianza en solitario de los hijos. "Sergio es carcelero, le gustan mucho las cárceles. Realmente los niños eran míos nada más. A él no le interesaba. No sabía en qué grado de escuela iban, ni si los cambiaba de colegio. No sabía nada. Él se involucró de una manera brutal con todos los cargos que tuvo muy cercanos a las cárceles. Brincó en tantos cargos como brincan todos los políticos".

Para María estaba claro que Sergio no podía hacer coincidir su vida privada con la pública. A su desamor por los hijos y luego de constituirse como un padre ausente, la sexualidad pasó a último lugar: "Él era muy distante, seguramente por su problema".

—Si él no mostró interés por su primera hija, ¿para qué tuvo más hijos?

—Yo creo que porque yo los quise tener. No había mayor vida sexual, nada más para procrear. Realmente no la había. Había un problema muy fuerte. Un problema que yo nunca lo he mencionado, pero te lo digo a ti, él tenía sus amigos homosexuales. Era bisexual.

—¿Sus amigos homosexuales estaban muy presentes en su vida?

—Sí, muy presentes. Eso tuvo que ver en nuestra historia; en el fracaso.

—¿Políticos?

—Sí, algunos sí.

—¿Homosexuales de clóset? ¿Vivían doble vida?

—Sí, eran de clóset. Eran gente de generación de clóset. Muy notorios. Algunos en la PGR donde fue director de la Policía Judicial.

—¿Tú presenciabas eso? ¿Qué hacías?

—Yo me di cuenta de muchas cosas. Él tenía las amantes y los amantes. Amigas y amigos. Su bisexualismo perjudicó mucho a nuestra relación. Conocí a dos o tres personas cercanas a él que eran absolutamente homosexuales. Y que les daba cosas en la procuraduría, les daba puestos en el Cine Club o que hicieran esto y aquello. Seguramente eran también sus amantes.

El horror

La violencia intrafamiliar llegó pronto a la vida conyugal. María describe el carácter iracundo de Sergio García Ramírez. Cuenta que era un hombre absolutamente virulento. La convivencia diaria era prácticamente imposible. Los episodios violentos aumentaron con la llegada de los niños, a quienes también maltrataba. Las formas de violencia eran muy diversas, intensas y permanentes.

—Sergio es un hombre sumamente violento. Cuando era procurador, su personalidad ya estaba hecha polvo. Estábamos aquí en la casa. Yo vivo en San Jerónimo y entonces, si dejábamos una luz prendida por accidente, él llegaba y rompía el foco, la lámpara. Si había varias luces encendidas las rompía todas. Entonces decidimos ya no tener lámparas, sino focos, porque los rompía y se hacía corto circuito. Ya sabíamos. Una temporada me fui a Toluca, vivimos muy mal en una casa horrenda y detestaba a mi perro. Me gustan los animales. Y amaba a mi perro Nilco. Sergio llegaba y lo pateaba. Nomás lo veía y se metía debajo de la cama… Un día le quiso dar una patada y le pegó a un librero y se fracturó un dedo del pie. A mí me dio un gran gusto. Él tenía actitudes de una violencia tremenda. Y luego hubo mucha violencia física en la casa: conmigo y los niños. Ahí sí fue cuando dije se acabó, porque si no me iba a matar.

—¿Pensaste algún día que te mataría?

—Por supuesto. Le tenía mucho miedo. Era brutal, de una violencia horrible. Le teníamos todos miedo. Por su ira terrible.

—¿Y frente a la sociedad?

—Con el mundo exterior era una joya, una maravilla. Era un hombre encantador con todo mundo. Tenía muchas amigas, que me daban lata. Él les permitía que me dieran lata. A mí me valía, la verdad.

—¿Te era infiel también con mujeres?

—Sí, en él había un bisexualismo muy fuerte. Tenía sus amigas íntimas: Martha Chapa, Silvia Pardo, Luisa María Leal… tenía amigas artistas. Él iba en plan galán.

—¿Tenía una vida sexual muy activa fuera de casa?

—Sí. Su trato con ellas y ellos era bueno. Sensacional. Educado, finísimo. Públicamente decía que yo era maravillosa, que él era un afortunado, aunque tuviera un mes de no dirigirme la palabra. Él me castigaba. Me decía: "En un mes no te voy a hablar". Entonces íbamos a una cena y él decía delante de todos: "María es maravillosa, sin ella no soy nada en este planeta". Y cuando nos subíamos al coche para volver a casa ya no me hablaba.

—¿Y con las amantes no era violento?

—Nunca hablé con ellas. Hablaban para preguntar por él. Él se los permitía. Una señora que me dio mucha lata de una florería de un hotel, que anduvo con ochenta mil políticos. Ella sí me dijo que era amante de Sergio. Yo les colgaba.

—¿Y tú no le reclamabas?

—Sí, pero me decía que eran sus amigas y que me olvidara de que iba a dejar de verlas. Es un hombre muy autoritario, tremendamente autoritario. Con doble personalidad, porque la gente dice maravillas de él. Pero aquí convivía con sus demonios. Bebía. Se encerraba en la recámara y bebía las horas y las horas. Qué desperdicio de ser humano, de verdad lo digo. Ahora, cuando lo veo en la televisión, digo: "¡Dios mío! Qué acabado está".

Una de sus hijas le dice que su versión sobre la verdadera personalidad de su padre nadie la creerá debido a su doble personalidad.

"Mamá, nunca te van a creer todo lo que vivimos". Ella le contesta: "Yo sé que no".

—Son cosas muy tristes, muy feas. Cuando yo decidí divorciarme pues ya las cosas estaban muy mal. Tenía amenazas de muerte. Sergio me decía que, si yo movía un dedo, me mataría. Por eso, no pude hacer nada, hasta que él terminó [en] la procuraduría, hasta que dejó de ser procurador, me animé a separarme.

—¿Cómo resististe 28 años de matrimonio?

—Porque tenía otras cosas importantes en la vida: los hijos, el trabajo, todo eso ayuda enormemente.

—¿A ti te seducía el poder político?

—Al contrario. Ése fue uno de los grandes problemas. Lo que pienso de los políticos son cosas horribles. Siempre. Y de las mujeres de los políticos, bueno, tengo todos los datos, las conozco a todas. Él estuvo en tres gabinetes: Luis Echeverría, José López Portillo y Miguel de la Madrid. Me conozco a todos.

Socialmente, María y Sergio llevaban una vida normal: "Le encantaba que lo acompañara a los eventos. Era una pantalla. Requería de mi presencia. Yo no lo vestía bien. A veces me decía: 'No hables porque dices cosas tremendas'. No soy diplomática. Ni quiero serlo nunca. Digo lo que pienso y al que no le guste es su problema. Las señoras, esposas de los políticos, tenían su propio rollo. Esperaban el bienestar económico, el servilismo de los que las rodeaban, los obsequios, la ropa, las alhajas, el estatus que les permitía lucir seguir así; todas vestidas con ropa de Nueva York. Tengo muy presentes a algunas de ellas. Tengo notas escritas de lo que eran las señoras. Yo no participaba de nada de eso. A mí me daba exactamente igual toda esa vida superflua".

De aquella experiencia, María escribió dos libros: *Desde mi azul* y *Variaciones en tres tiempos*, publicados por una editorial del PRD y actualmente agotados. "Están sacados de tarjetas que hice durante todos los gobiernos. Aprendí hacer muchas tarjetas porque lo ayudaba a él en trabajos y libros. Soy campeona para hacer tarjetas. De allí hice los dos libros. El primero es sobre los acontecimientos que me sobresaltaron mucho en los gobiernos. Cómo se comportaban, cómo eran los Moya Palencia y cómo tenía uno que tolerar a la gente. Eventos horrendos donde tuvimos que estar".

Sobre *Variaciones en tres tiempos*, dice: "Es sobre mi vida con él. Son tres etapas de mi vida. El inicio, la vida en el poder y después la libertad. Me gusta más que el primero. Escribir fue muy liberador. Está bien escrito, es muy cuidadoso, no ofende, no lastima. Pero es un libro duro. Es decir, reconozco que me equivoqué. Me fue de la patada, pero finalmente soy libre. Finalmente logré lo que ambicionaba desde hacía muchos años que era mi libertad, mi libertad para pensar, para sentir, para vestirme, para usar *jeans* y traer un morral y ser como yo quise ser y fui".

Variaciones en tres tiempos es un reflejo de la vida de una mujer al lado de un político mexicano. María describe con gran detalle el ambiente que lo rodeaba. Con lujo de detalles ofrece un retrato de su presencia en Los Pinos y en tantos otros eventos a los que acompañó a su marido. Lee en voz alta: "Al amanecer abrí el balcón de mi recámara y el aire fresco me rozó la cara. Ni un solo ruido. Ya no atesoro ni deslealtades ni engaños ni traiciones, lo que procuro esta vez es el silencio y la calma ante todo. Hecho el cálculo, ahora comienzo a procesar en la memoria solamente cosas gratas. La verdad profundamente herida está en el fondo de mí, acurrucada, únicamente esperando el alivio. Ni rezo oraciones, ni invoco a los santos. Tampoco ya busco en la conjunción de los astros ni en las siete moradas que señalan futura respuesta alguna. Así quiero ser. Como he sido siempre. Agitada, nerviosa, rotunda, volcada, alerta para escuchar las risas, para sentirme plena, para llenar con sonidos tantos largos silencios, para pintar en el aire cómo quiero la libertad. Nadie me dice, me ordena o me indica. Yo decido ahora si compro lo bueno o lo malo. Yo sola me arriesgo, y nadie me somete a guardar estilos o formas. Mi camino yo sola lo elijo, y mis sueños tranquilos o inquietos, con viento, con sol o con lluvia, borran rastros e historias. Las alejan, se van.

"Estoy tan acostumbrada a vivir en este mundo que sin misericordia hemos empobrecido, que ya no distingo dónde comienzan y terminan los absurdos. Más de tres sexenios han transcurrido inevitablemente y esta navidad me provoca una vuelta atrás. Recuento y balanza justa. Que se incline para donde deba. Intento buscar con empeño los límites entre la luz y la oscuridad y saber a ciencia cierta dónde termina la salud y comienza la enfermedad. Me quiero ver transitar este importante lapso de vida con ideas distintas, pero nunca ya confusas. Parecería ser que en mi país no queda lugar alguno, espacio alguno donde se pueda encontrar la tranquilidad, por eso mismo confieso mi disgusto abierto y declarado a este sistema que nos otorga semejante presente. En los muros de las calles, cubiertos de frases que insinúan sugerentes mentiras y patrocinan conformismo, habrá que sobreponer solamente dos palabras: Democracia y Libertad. Bartlett ya está en su propia campaña y la formación de los mexicanos gravemente enferma. De todos y cada uno de los que sumamos conciencia, con dedicatoria al señor secretario de Educación, un elocuente silencio. Seguramente esta vez de nuevo, y las que sean necesarias, buscará la Presidencia. Farell, de larga y triste trayectoria, somete sin temor alguno de los más olvidados, y muchos de nosotros, con la sensación de que con hombres así todo está perdido. ¿Hasta cuándo ese partido, que aún moribundo nos acecha? Se agotará la paciencia de este pueblo un día. La vida no se acaba y los tiempos urgen y reclaman. ¿Ahora ya qué reclamamos?, pregunto. Y me contesto: reclamamos todo lo que nos pertenece y que los de siempre, hábiles, lo han dejado fuera de nuestro alcance. Somos la parte más frágil de un aberrante y autoritario experimento. Millones de mexicanos programados a un destino terrible. No tiene caso enumerar los horrores y la locura que se nos viene encima. ¿A quién debemos agradecer? Intento únicamente entender lo que a la luz de la historia de mis días observo.

”En realidad, estos apuntes son únicamente el recuento de numerosas tarjetas que escribí a cargo de un largo vagabundeo de mi mente. Seguramente todo lo que en ellas está escrito fue filtrado por una sensibilidad muy propia y personal, donde lo claro y lo oscuro con severidad intento colocar siempre en su sitio. Anoté la crónica de numerosos sucesos con la mirada valiente de una mujer que igual que muchas abre edificios cerrados a punta de golpes, y ondea la bandera blanca cuando teme la fatalidad. Sigo escuchando a los políticos, a los gobernantes, a los poderosos que los grandes días están por venir y me aterra saber que esto lo escucharon mis padres, mis abuelos, mis tíos, y todos en la guardia se murieron. Dijo Carlos Salinas en una ocasión, y hablando de democracia, que 'la queremos para que existan condiciones reales para que hagan posible, en la igualdad de oportunidades, el ejercicio de las libertades y el acceso al bienestar'. ¿Igualdad, bienestar? Me suena a burla. ¿Libertad? Cierto, más que cierto. Ahora ya los mexicanos somos propietarios de una admirable libertad para escoger entre una gran diversidad de posibilidades, qué clase de miserable bienestar aspiramos a vivir".

La ley a modo

Las diferencias en todo se fueron acrecentando. Finalmente, María y Sergio se separaron en 1989. Fue un divorcio tormentoso. Cuenta que él utilizó su poder en el estamento judicial para manipular todo el proceso con un claro objetivo: quedarse con todo y dejarla en la calle. "Se quedó con todo el dinero y las inversiones. Quería un divorcio necesario porque me parecía justo. No un divorcio de común acuerdo. Pero gané el divorcio necesario. Para finalizarlo, a la magistrada que hizo la sentencia la quitaron del puesto. Fue entonces cuando él apeló la sentencia y entró en acción el presidente del Tribunal Superior de Justicia, Saturnino Agüero, y hubo presiones fuertes de parte de él. Yo lo conocía bien, pero lo único que le pedía era que hubiera equidad en mi divorcio, yo no pedía nada, nada que no fuera justo. Él me dijo que Sergio iba a ser un hombre muy ético. Todo lo contrario. Un día me llamó la magistrada Victoria Adato, que fue procuradora del Distrito Federal en el gobierno de Miguel de la Madrid, y me dijo que querían que todo se hiciera de una forma muy tranquila y muy discreta. Luego me llamó otra magistrada, que me dijo que no me preocupara, que firmara el divorcio y Sergio iba a dar la pensión".

Para su sorpresa, todo fue una trampa. Jamás cumplió con la pensión. Por el contrario, se quedó con todas las cuentas bancarias y las inversiones. María sólo pudo salvar la casa de San Jerónimo para sus hijos.

—Sergio manipuló el aparato de justicia a su antojo en el divorcio. Quería dejarme en la calle. La ley él la manejaba a su conveniencia. Todos los juristas de este país lo tratan como si fuera un dios. Me sorprende que nadie tenga la astucia mental de observarlo. Es una gente insana. Operó el aparato judicial para beneficio propio con el divorcio, para quedarse con todo. Era ambicioso para acumular dinero, no para gastar. Es algo que confirmaba una vez más que era y es un hombre enfermo mental, insano. Vivió toda su vida con pastillas: para dormir, para despertar, para sobrevivir, para estar atento durante el día, para resistencia; puros medicamentos que le mandaba su psiquiatra para atender las fuertes crisis depresivas, fuertísimas. Tenía procesos lamentables de depresión. Mucha cólera. No podía salir de la casa, de su estado de abatimiento y enojo. Se encerraba.

—¿Y con el dinero cómo era?

—Absolutamente avaro. A mí el dinero nunca me ha importado. Con tener lo necesario, no me interesan las cosas caras, las alhajas ni me gustan, no era tanto problema. Yo siempre trabajé y complementaba todos mis gastos. Él decía que no tenía dinero. Lo invertía en el banco. A veces yo le pagaba. Yo le compraba ropa, zapatos, porque me daba pena cómo iba con esa ropa que daba vergüenza. Imagínate los salarios que debe haber tenido como secretario del Trabajo o procurador de la República. Unos sueldos altísimos. No compartía nada, ni conmigo ni con los hijos. Él es avaro en sus sentimientos y en su forma de vida. Va todo junto. El ahorro era fundamental para él. Por ejemplo, a mí Sergio nunca me regaló nada, ni unos aretes del mercado. Nunca gastó en mí. Le salía rebarata. A veces, cuando los pleitos eran brutales, mandaba rosas, pero ya que había acabado con todo, como los adornos de mi cuarto. Era violentísimo. Tiraba los adornos, los cuadros, todo lo que había por donde pasaba.

LOS DINOSAURIOS

María tiene una buena radiografía del PRI de esos años. Entre sus eventos en Palacio Nacional, las cenas en Los Pinos y sus viajes, puede ofrecer fielmente las entretelas de los ambientes de los políticos y sus respectivas esposas o amantes.

Hay episodios que marcaron para siempre su visión sobre el PRI en el poder. Uno de ellos fue la matanza del 10 de junio de 1971, cuando Sergio García Ramírez era procurador de Justicia del Distrito Federal. Lo cuenta en una de sus fichas: "Esta mañana me resultará inolvidable. Me conecté por radio con el infierno de la brutalidad. A media mañana me llamó Carlos Peredo, secretario particular de Sergio, mi marido y procurador, para hacerme con cautela y como si no fuera importante cierta recomendación. 'Si es posible', me dice, 'es mejor que no salgas a la calle. Algunos estudiantes se están manifestando. Disturbios de poca importancia', comenta con naturalidad.

"Palabras sombrías con reminiscencias. Trato de buscar en la televisión alguna noticia. Es natural que por el momento no encuentre ni en la televisión ni en la radio información alguna. Mi auto está guardado en el garaje de la casa. Y le pido a uno de los agentes que encienda el radio de comunicación de la procuraduría que tienen conectado en el coche. Así fue como me enteré de lo que sucedía. Por la radio comienzo a escuchar. Entre múltiples interferencias y por momentos con suma claridad. Escucho una gran confusión de órdenes y también gritos, disparos y sirenas de ambulancias. Algo sumamente grave acontece, me lo repito sin cesar. Las claves de los judiciales resultan para ellos tan confusas como para mí. 'Pino alto llama sin encontrar respuesta a Álamo central'.

"Y luego de sonidos turbulentos se interfiere nuevamente la comunicación. Y yo que quiero enterarme de todo. Con voces alteradas e insultos se dirigen en desorden toda clase de instrucciones. Nuevamente escucho con claridad gritos, sirenas y violencia y desorden. Percibo el sonido de algunas ráfagas, y me comienzo a aterrar. Parecen nunca terminar los disparos y los gritos de miedo. Trato de prestar atención a las palabras de los judiciales y se cruzan ruidos e interferencias con las sirenas de las ambulancias, a los estudiantes los supongo heridos. La violencia ya está aquí. Despierta y atenta a las puertas de mi casa. Cierro los ojos para escuchar con claridad. Una sensación de miedo me llena el cuerpo. Nuevamente habrá estudiantes desaparecidos, heridos y muertos. Adivino los interrogatorios, las torturas para que hablen y denuncien y firmen, y ahí estará presente la violencia. Muchísima violencia. De pronto llegó el silencio. Me parece que todo ha terminado. Llamo una, dos, diez veces hasta que logro comunicarme, me contesta una tonta en la 'particular'. Dice no saber nada. Mi hermana, después, me pone al tanto. Muchos estudiantes heridos y muchos detenidos. Luego, más tarde me entero por Sergio: 'No sucedió nada relevante, únicamente unos cuantos muchachos golpeados. Aún no me entero con exactitud. Parece que fue', me dice, 'una manifestación de estudiantes revoltosos que con tino logró sofocar un grupo especial'.

"El 10 de junio pasó. Un ruido de pájaros veloces y el cielo resguardado por nubes rojas me anuncian que hoy por la noche nuevamente va a llover. Para finales del mismo año ya no me equivocaba al reconocer que aquellos ilusorios proyectos habían sido solamente tregua de poca duración. La seguridad y la estabilidad no hacían por ninguna parte acto de presencia. Numerosos signos me indicaban que tendría que vivir inquieta y rodeada por ese mundo amargo y enfermo de quienes ostentaban el ejercicio de la justicia y por todos aquellos hombres que traían de la mano a una nueva amiga llamada perturbación. De aquí en adelante me las tendré que arreglar de cualquier manera para no comprometer la estabilidad de mi familia y desde luego la mía también".

A 42 años de la matanza, María aún recuerda ese momento, la matanza, la versión oficial de la cual su marido era parte esencial: "Yo estaba oyendo por el radio del coche todo lo que estaba pasando. Cuando él llega, le pregunté: ¿Qué paso?' 'Nada. Unos estudiantes alborotadores, revoltosos. Ni te inquietes'.

"Después, pidió la cena y se dispuso a disfrutar de los alimentos mientras el caos, el dolor y el sufrimiento se consignaban en la historia con la masacre de Corpus Christi, el 'Halconazo' bajo el mando del regente de la Ciudad de México, Alfonso Martínez Domínguez, quien financia a *los Halcones*, el grupo paramilitar que asesinó a más de 120 estudiantes".

Con semejantes diferencias entre María y Sergio la relación era insostenible: "Teníamos comunicación intelectual. A veces terminaba en un sanquintín. Yo siempre he defendido mis puntos de vista. Cuando yo le decía: 'Fulano es un ratero, cómo lo puedes tener en la procuraduría', él los defendía de una manera tremenda. Es un defensor del priismo. Un enajenado del priismo. Yo siempre estuve contra el PRI. Eso me enseñó mi mamá, a estar en contra de estos gobiernos establecidos. Eso lo aprendí desde niña. Desde que iba a la escuela. Para Sergio el PRI era lo máximo. En la intimidad los podía pendejear, pero públicamente era como son todos los priistas: agachado, servil, limpiabotas; como son todos los políticos priistas. Eso me desagradaba mucho. El trato con los presidentes y secretarios de Estado, agachándose. A mí eso me parecía horrible. Luego en privado decía: 'Fulano es un pendejo'. Y yo le decía: 'Dile en sus narices'. Los priistas son muy cobardes".

Para resistir el horror de su matrimonio, María optó por la escritura. Todos los días llenaba tarjetas con pensamientos, análisis y experiencias sobre el ámbito político que le tocó vivir.

"Para cuando Miguel de la Madrid fue nombrado presidente de México, la mayor parte de las familias de los miembros del gabinete que lo acompañaban estaban gravemente lesionadas. El desorden moral del gobierno que encabezaba López Portillo parecía haberse confabulado en propiciar, a cuenta de conocidas y celebradas hazañas, que parte importante de los funcionarios lastimaran sin remedio, transgrediendo hasta las más elementales normas de convivencia, sus núcleos familiares. Un fuerte desorden moral, un extravío de valores, y un materialismo aplastante los habían devorado. Las mentiras, las traiciones y el desapego familiar habían convertido a muchos hogares para aquellas fechas en una dolorosa pesadilla, y por eso, cuando arribó la década de los 80, las familias de casi todos estos personajes de la política venían de tiempo atrás intentando ya únicamente simular una envidiable armonía familiar porque así era necesario; sin embargo, pese a esa farsa cotidiana, un triste estado de ánimo y el fuerte desaliento que privaba en la intimidad de casi todas ellas se comenzaba a evidenciar. Sin ser influencia definitiva, dado que la moral es asunto estrictamente particular, parecía ser que aquellos que fueron parte del sistema, en su afán de asemejarse al verdaderamente poderoso, procesaban, elogiaban e imitaban hasta las conductas más despreciables del Presidente. Quizá por eso, y por una ya acendrada práctica arbitraria de la vida, lo que heredaba Miguel de la Madrid eran unos hombres desprovistos de asideros, vueltos hacia otra parte, hacia la indiferencia, alejados de cualquier razón moral. Yo ya tenía temor de cualquier acontecimiento. Únicamente aguardaba. Para lograr sobrevivir en aquel resbaladizo ambiente había que cuestionarse cuáles debían de ser los reclamos de la razón y la congruencia, y si es que sobrevivían, dónde habían quedado los afectos.

”Para todos estos hombres la necesidad de una familia, de un hogar, se justificaba exclusivamente por ser el sitio donde era posible aventar los zapatos, recuperarse de una inoportuna crisis depresiva o extravertir [sic] sin límite su violencia e ira obligadamente contenidas. También era necesario para naufragar sin mayores riesgos ni testigos en un incurable alcoholismo o en las tristes y urgentes adicciones. Para eso sí que resultaba idóneo el sitio más recóndito del hogar. Ésa era la íntima realidad con la que comenzaron a trabajar muchos de los hombres que integraban el gabinete de Miguel de la Madrid en este país. Con aparente audacia de vencedores, saludaban a un nuevo gobierno. Como primer sobresalto de tantos que siguieron, a los pocos meses de iniciado el nuevo gobierno, un primer escándalo familiar sacudió a todas las endebles familias. Una apresurada y tramposa legislación otorgaba a un diputado y cercano amigo del Presidente el divorcio después de un largo matrimonio. En los tribunales le llamaban con sorna 'La Ley González Avelar'. Ese primer gran disgusto para Paloma resultó difícil ocultarlo. Los daños propiciados a su amiga eran graves, severos y expuestos a la luz, y la propia situación la colocaba en un predicamento. Su enojo por largo tiempo fue evidente.

”Yo advertía en muchos de estos hombres ya por esos años, y quizá porque los conocía ya lo suficiente, una enfermedad quizá común entre ellos y de la que todos parecían estar igualmente contagiados de tiempo atrás. Se trataba de alarmantes muestras de carencia de honestidad, de grave intolerancia a la frustración, de una trastocada sexualidad, y de un notable y doloroso vacío de su propia vida. Aquellos rostros que alguna vez me parecieron plenos y saludables ahora tenían, como resultado seguramente de la enfermedad, notables huellas de angustioso desorden y un profundo y lastimoso deterioro. Todos estos funcionarios que acompañaban en su empresa a Miguel venían sumados de antes a gobiernos cómplices, y toda aquella podredumbre que habían propiciado ellos mismos, ahora acumulada, y presente en el gobierno, los alcanzaba nuevamente y parecía atraparlos [...] La oferta del gobierno de De la Madrid, donde se encontraban integrados, no resultaba ser otra cosa que la prolongación de un pasado arbitrario y corrompido, y que ya comenzaba a alertar del peligro a una sociedad angustiosamente desesperada. Estos hombres arcaicos que se volvían irracionales cuando alguien vislumbraba su pobreza moral. En aquellos estratos a los que finalmente habíamos descendido, todo reconocimiento y triunfo eran privilegio masculino. El imperio mismo de la misoginia. Ante tan implacable desamparo las esposas de casi todos estos hombres parecían vivir paralizadas de cuerpo y mente. Su única alternativa para proseguir al menos vivas era permitiendo toda forma de afrenta o sojuzgamiento a cuenta de fuertes y bien arraigados sentimientos de inferioridad, y de una inadvertida aunque irremediable sólida devaluación. Hombrecitos de barro crudo que se desintegraron un día con las primeras gotas de lluvia.

"Yo percibí una noche el gran temor que sienten los hombres poderosos a pasar inadvertidos. Aparece en ellos una expresión de ira que se muestra en la mirada y una angustia velada que sin permiso alguno modifica los rasgos de su cara. Cuando corren el más pequeño riesgo de no ser los primeros, los elegidos, la sensación de fracaso les es intolerable, y si este riesgo resulta ser patrocinado por una mujer, entonces pueden perder cualquier control".

LA ÚLTIMA BATALLA

El entorno priista para María era insoportable. Sólo pudo cultivar algunas amistades, como la de Porfirio Muñoz Ledo, de quien es amiga de toda la vida. También de Manuel Bartlett, ambos representaban una competencia directa con Sergio García Ramírez. Y finalmente ambos salieron del PRI para unirse al PRD y al Partido del Trabajo (PT), respectivamente.

—Muñoz Ledo es un hombre que yo respeto. Tiene defectos horrendos de personalidad, también. Pero es una gente congruente y enormemente inteligente. A Sergio le molestaba Porfirio. Le tenía celos. Tiene una historia con Bertha, luego María Elena, francesa; y luego con Mariana. Y ahora tiene una novia joven, más joven que su nieta.

—¿Nadie sabía lo que a ti te sucedía con Sergio?

—Yo lo mantuve en privado totalmente.

—¿Hacías confidencias a alguien del entorno político?

—Porfirio algo sabía por María Elena, su mujer. Y Porfirio a mí me quiere mucho y yo también. Somos amigos de toda la vida. Sergio le tenía mucha envidia a Porfirio. Era su coco. Él y Manuel Bartlett. Tampoco lo quería para nada. Eran competencia. Me llevo bien con ambos.

—¿De tu familia alguien sabía la violencia en la que vivías?

—Cuando me separé, una hermana me dijo que sabían toda la historia. Él me prohibía ver a mi familia y les prohibía que fueran a mi casa. Había un rollo familiar muy pesado. No los quería. Él no quiere a nadie. Ni a sus hermanas, ni a nadie. Mi psicólogo me ayudó enormemente. Estuve en terapia varios años y luego en terapia familiar. Para que todo quedara muy claro en la familia. Me decía: "Me gustaría darte de alta, pero no te puedo dar, porque sigues pensando que Sergio va a cambiar algún día en su vida. Y no. Un hombre como Sergio va a ser así siempre. No va a cambiar".

Sin conocer la patología psicológica o psiquiátrica de su esposo, María analizó sus ataques de ira y violencia indiscriminada contra ella y sus hijos. Inició tratamiento psicoanalítico y eso la ayudó a sostenerse ante las consecuencias de la violencia. Un día, de manera directa, le preguntó a su terapeuta:

—¿Qué pasa con la conciencia de Sergio?

—No hay. O tiene una conciencia tan enferma. Tal vez la conciencia le dice que él está muy bien. Hay gentes [sic] que no tienen la capacidad de querer. Están negados totalmente a lo que son los afectos —le dijo.

La etapa final del matrimonio fue desastrosa. Dormían en habitaciones separadas. Debido a los ataques permanentes de ira y a las agresiones, fue lo mejor.

—Un día me corrió de la recámara. Sus crisis de ira eran brutales. Había que estar lejos de él, porque daba miedo. Rompía cosas, todo lo que estuviera en sus manos. Terrorífico.

—La pregunta que muchos te habrán hecho: ¿Por qué no te fuiste antes?

—Me dicen que yo exagero lo que me ocurría, porque si así hubiera sido me habría ido antes. No tienen la menor idea del temor que da un procurador. El miedo es terrible. En casa estaban las metralletas, la pistola en mi clóset. Claro que me da terror. Yo le tenía pánico. ¿Cómo lo iba a denunciar? ¿Cómo me iba a ir? —Respira profundamente y continúa—: Todavía no tengo mucha claridad para saber qué tipo de enfermedad es la que padece. Había una bipolaridad, pero es algo más allá. Llegó un momento en que yo dije: "Hasta aquí". Y claro, para él fue terrible que yo le cerrara mi casa. Se tuvo que ir. Los hijos estaban de acuerdo totalmente. Ellos fueron víctimas en muchos momentos. Y nunca lo volvimos a ver. Me dejó en la ruina. El mensaje era: "Que éstos se mueran de hambre". Estaba esperando que le rogáramos o le pidiéramos dinero. Pero yo dije: "Nunca te vamos a pedir nada. O lo das por ley o ni modo".

Después de vivir en el infierno. Hace dos años se enteró por las noticias de que Sergio García Ramírez sería Consejero del Instituto Federal Electoral (IFE). Le pareció un escándalo, particularmente porque considera que un hombre sin salud mental no puede ocupar ningún puesto público de esa envergadura. El ex procurador terminó su periodo en febrero de 2013, aunque muchos piensan que pronto recibirá un nuevo puesto, debido a que fue parte de las maniobras del IFE que otorgaron "el triunfo" a Enrique Peña Nieto a pesar de todas las irregularidades en la compra de votos a cambio de tarjetas Monex y Soriana. "Se la deben. Seguramente Peña Nieto le dará un puesto. Pero arruinó su 'prestigio' con todo lo que pasó en el IFE".

Sergio fue una negociación. No sabían a quién meter. Lo echaron por delante. Lo utilizó Manlio o Sergio se dejó utilizar. Hubo una oferta muy buena económica. Yo vi venir la catástrofe, vi toda la película de lo que iba a pasar en el IFE con él ahí. Pensé inmediatamente: 'Va para sacar a Peña'. Iba directo a esto. Él habló que la gente de Monex eran sus amigos de toda la vida, pero yo en mi vida los conocí, jamás. Es mentira. Si había sumado prestigio de mucho tiempo, su paso por el IFE lo hizo quedar muy mal. Una vergüenza lo que hizo. La venta de su voto y su postura. El IFE no significaba nada para él, no creo que creyera ni en el presidente que tenía, Leonardo Valdés Zurita. El final fue de opereta. Es que no se vale, me parece imperdonable, no por mí, por mi país.

”Andrés Manuel López Obrador era lo mejor, pero no el priismo tan brutal que tenemos encima. Ahora están los hijos y los nietos de todos. Yo la verdad, México me tiene en verdadera crisis. Me amedrenta, me asusta. Pienso en mis hijos y en mis nietos que rondan en esta casa todos los días. ¿A dónde van a ir en este país?”

LA LIBERTAD

El divorcio significó para María una liberación. Empezaba una nueva vida en la que lo único que iba a reinar eran la paz, la armonía y el goce de la vida con sus hijos. Vivió las “experiencias más feas” que se pudo haber imaginado. Y la vida le daba otra oportunidad. Organizó su vida laboral. Siguió dando clases, trabajaba además en el Canal 13 y así sacó adelante a sus tres hijos.

Reorganizó la casa. La convirtió en un espacio luminoso lleno de plantas y flores. Por fin pudo decorarla a su gusto y quitó todos los regalos típicos que les dan a los políticos para vestir sus casas con gusto dudoso, y a cambio la decoró al estilo mexicano. Los chicos terminaron de manera óptima sus carreras universitarias. Y, al igual que María, vivieron una nueva etapa en su vida, con la misma ausencia del padre, pero sin la violenta expresión esporádica de sus apariciones. María confiesa que nunca podrá olvidar que fue víctima de violencia. "Nunca logras olvidar. Ni debes olvidarlo, porque es una experiencia que te hace ser mejor. A mí todo esto me ha servido mucho. Créeme que a estas alturas de mi vida soy un ser mucho mejor, mucho más valeroso, talentoso y claro de mente que antes. Salí beneficiada con su ausencia. Cada día digo: 'Qué suerte tuve. Qué afortunada soy de no verlo más'. Cambié mi vida, cambié yo. La terapia me fue muy útil. Tuve que sacar adelante escuela, universidades, trabajé como enajenada. Yo fui muy feliz con mis hijos, son chicos inteligentes, fui una mamá 'muy barco' y me dio muy buen resultado. Nunca los presioné. Eran buenos estudiantes y en la universidad hicieron muy buenas carreras. Y eso me hace sentir mucho mejor que antes. Arreglé la casa, la fui transformando en mi espacio: eso me hace sentir muy contenta. Tengo el jardín más bonito de San Jerónimo".

La "pesadilla" de 28 años con Sergio se compensa con la felicidad de la crianza. Dice que no cree en el perdón. "No es sano". Durante el divorcio surgieron reflexiones sobre el abandono que María pudo expresar, según documentos públicos. "Sergio, para ti, a quien intento, con estas reflexiones, otorgar la oportunidad de resarcir el gratuito abandono que has regalado a tus hijos por muchos años, reintegrando, en un ajuste equitativo y honesto, todo aquello que como padre les debiste otorgar. Sería importante que examinaras cuál fue el instante en que la ambición del poder te atrapó y te sedujo igual que una droga transformándote en ese potencial transgresor capaz de ahogar sentimientos, violentar derechos humanos, ocultar verdades y favorecer un género de enfermedad donde se pierde lo digno, lo justo, lo humano y lo responsable y pronto vuelve difuso el pasado para permitir sobrevivir.

"Luego de esa larga e inolvidable historia que se inició una tarde en la Galería de Arte de Rosita Bal y Gay y te acompañé a la Clínica Londres donde recibías un tratamiento médico, y dio fin el día en que desapareciste de la casa familiar de Hidalgo y junto contigo se ausentaron los temores, las ofensas y amenazas; los castigos y la violencia, y se hicieron presentes finalmente la tranquilidad y los tiempos de paz, es que he decidido recuperar —siempre y cuando no interfiera la cobardía de lo injusto— todo aquello que por derecho nos correspondía a mí y a mis hijos y nos fue arrebatado a cuenta de una vergonzosa componenda donde se acumuló lo deshonesto y lo inmoral.

"Ordenando ahora revistas, fotografías, tus fallidos intentos de novelas, cartas, y numerosos documentos por años guardados, he revisado con detenimiento la sentencia de divorcio que firmamos en el año de 1993, así como las numerosas propuestas que tuviste a bien dirigir a todos aquellos jueces de lo familiar responsables del estudio de la misma, donde fundamentabas razones engañosas con el fin de que la división de bienes de la sociedad conyugal de un matrimonio fincado por parte mía en la confianza se decidiera a tu querer y entender, mellando tu prestigio de 'honorable jurista' (dicen) y la credibilidad y legitimidad del Derecho y de sus Instituciones.

"Como muestra de lo señalado transcribo para ti, de manera literal, únicamente unos cuantos renglones de los numerosos párrafos que contienen dichas propuestas. En todos ellos encontrarás claras evidencias de que aquellas consideraciones que exponías no eran sino razones inductivas con una intención vehemente de justificar tu urgencia de apoderarte de todo aquello que por ley no te correspondía:

"1.- Durante el matrimonio, el cónyuge se dedicó intensamente a trabajar y a perfeccionarse en su profesión de abogado progresando a base de un gran esfuerzo y estudio, llegando ulteriormente a ocupar cargos públicos importantes.

"2.- Debido al esfuerzo común del matrimonio integrado y de la creatividad de ingresos aportados por parte del cónyuge, se ha logrado adquirir con el tiempo y el esfuerzo compartido, el domicilio conyugal que actualmente está establecido en la calle de Hidalgo número 18, colonia San Jerónimo, delegación Contreras, en el Distrito Federal, donde de una manera integral se estableció y ha permanecido el domicilio conyugal, donde por una parte está la vida y relación familiar y por la otra la integración intelectual del suscrito licenciado Sergio García Ramírez objetivada en su propia biblioteca debidamente construida en un lugar apropiado e importante del domicilio conyugal.

"3.- En esta unidad (la casa de Hidalgo 18) ha sido construida una biblioteca planeada y utilizada por el cónyuge como si fuera un bien exclusivamente propio —así lo reconoce expresamente la cónyuge—, haciendo notar asimismo de común acuerdo todo lo que ahí se encuentra es del uso exclusivo del cónyuge y muy especialmente lo que corresponde a los libros, son sus obras de arte, etc., que en relación con su cultura y su profesión son sus elementos propios y esenciales que puede y debe retirarlas directamente el cónyuge por formar parte de su vida integral como jurista intelectual.

"Aclaro:

"La biblioteca fue siempre nuestro sitio de trabajo. Ella fue el espacio íntimo de la familia. Ahí se encontraba albergado todo lo valioso con que contábamos, como eran los libros de la biblioteca familiar más los numerosos volúmenes que heredé por parte de mi familia, y todo aquello que fuimos reuniendo a cuenta de obsequios valiosos recibidos en celebraciones especiales.

"Todo lo habido en la biblioteca fue saqueado por personas que enviaste días después de haber salido de la casa familiar a cuenta de una orden firmada por un notario y presentada por el lic. Arsenio Farell Campa, quien semanas después me llamaría vía telefónica disculpándose de lo ocurrido anteriormente, y señalándome que había decidido no ser más tu representante legal en dicho asunto por no estar de acuerdo con las acciones e irregularidades solicitadas por 'su cliente'.

"4.- (Propuesta de S.G.R.). Se aplican y entregan al licenciado Sergio García Ramírez:

"Todas las inversiones personales que tiene a su nombre (todos los ahorros en su totalidad) y respecto de las cuales no se hace mención individual, y lo que sean dichas inversiones realizadas en efectivo, bienes y valores que corresponden al cónyuge dado el cuidado y creatividad con que ha administrado sus ingresos a virtud de su trabajo y previsión.

"5.- (Y luego se lee en la sentencia): Se aplican y entregan al licenciado Sergio García Ramírez:

"1V.- Inversiones bancarias y de cualquier otra naturaleza, cuyo titular sea el doctor Sergio García Ramírez.

"Aclaro:

"Si se pone atención a los documentos que elaboraste en tu interés por obtener notorias ventajas en la división de bienes, se puede observar una constelación de menciones dirigidas a tu dedicación y crecimiento profesional e intelectual, así como al tiempo entregado a los relevantes cargos oficiales que ocupaste. También se encuentran menciones a la actividad laboral que yo llevé a cabo durante todos los años de matrimonio, mas no aparece mención alguna sobre el tiempo, significado y esfuerzo que resulta la crianza de los hijos de los que nunca te ocupaste, y menos asomó intención de tu parte de otorgarles —no como autocomplacencia sino como obligación— la atención, el cuidado y la estabilidad económica necesaria para su educación y formación.

"Durante los años de matrimonio tanto tú como yo intentamos un ahorro para el futuro con parte de los salarios de ambos; sin embargo, y espero lo recuerdes, la parte restante de mis salarios, infinitamente más modestos que los tuyos, fue invertida siempre y en su totalidad a solventar todos los gastos inherentes a la familia como ropa, escuela, salud, alimento y vacaciones, así como todo aquello de necesidad cotidiana que para ti resultaba imposible proveer, vista la reconocida avaricia que siempre te distinguió.

"El total de las inversiones, ahorros, cuentas, Cetes, etc., que integraban la sociedad conyugal que tú administrabas —con la confianza que me merecías—, y afirmabas serían el sustento futuro de la familia, te fueron indebidamente adjudicadas sin consentimiento alguno por parte mía, ni documento firmado que avalara tu atrevido señalamiento expresado. Menos existió reconocimiento verbal como afirmas, ni convenio alguno a tu favor que te otorgara la totalidad de las inversiones que me correspondía, ni de las propiedades que ahora ostentas como de tu completa propiedad. Todo ello me fue dolosamente arrebatado y da constancia de ello la sentencia final de divorcio.

"6.- El suscrito ha mantenido vigente un seguro de gastos médicos, del que son beneficiarios mi cónyuge y contraparte, así como nuestros hijos.

"Aclaro:

"Quiero creer que no has olvidado que si tus hijos y yo disfrutamos por corto tiempo de un seguro médico fue como resultado de una de las numerosas prestaciones que otorga la UNAM a los investigadores; y fue suspendido pocas semanas después de tu salida de la casa familiar. Lo que deja claro que el costo de este seguro no corrió por tu cuenta.

"7.- Y dice la sentencia: Queda para el Doctor Sergio García Ramírez:

"V.- El automóvil que a la fecha posee y disfruta, automóvil marca Nissan Tsuru 1989.

"Aclaro:

"Merece hacer memoria sobre la historia del automóvil Nissan Tsuru 1989 que disfrutabas en el momento de salir de la casa de Hidalgo. Los dos autos Nissan Tsuru austeros 1989 fueron adquiridos con la venta de un terreno ubicado en el Club de Golf Tequisquiapan, que te fue obsequiado años atrás por el gobernador de Querétaro, Antonio Calzada —a quien yo nunca conocí de forma personal, y menos contaba con nuestra amistad—, habiéndose escriturado para mi sorpresa a mi nombre, quiero suponer [que] para evitar suspicacias. Fue a través de tu secretario particular en la PGR, lic. Manuel López Bernal, que me solicitaste pusiera a la venta esa propiedad para adquirir no uno sino dos autos Nissan austeros, ya que terminada tu responsabilidad como procurador general de la República no contarías con el suficiente dinero para adquirir auto alguno. La venta se llevó a cabo bajo la supervisión del lic. López Bernal, a quien posteriormente hice entrega del 50% del dinero sobrante de la venta. Contornos solamente de una historia que ahora se va volviendo cada vez más y más nítida.

"Admito haber aceptado firmar el divorcio con la abusiva división de bienes que quedó establecida finalmente en la sentencia, pero conviene recordarte que esa firma mía (incapaz de pensar en aquellos momentos que con ella te beneficiabas y nos despojabas) fue propiciada en parte importante por la presión que ejercieron en tu favor en primer lugar el magistrado Saturnino Agüero, que en aquellos momentos fungía como presidente del Tribunal Superior de Justicia del Distrito Federal, a quien acudí para solicitarle equidad en todo aquello relacionado con el divorcio, encontrándome de frente con un poderoso personaje que no hizo sino señalarme la recia amistad que a ustedes los unía, y la conveniencia de finalizar el procedimiento lo antes posible y con total discreción, sugiriéndome confiara en tu probada integridad. Luego llegó la llamada telefónica de tu amiga Victoria Adato, quien en nombre del amigo de ambos Miguel de la Madrid me proponía se conviniera un divorcio armonioso a cuenta de los merecimientos que sumabas como político-jurista de grande respetabilidad. Finalmente recibí la llamada telefónica e invitación a su despacho de la entonces magistrada Alicia Elena Pérez Duarte, a quien yo no conocía, quien invocando abiertamente el poder que sumabas como político y jurista recomendaba de parte tuya aceptara las condiciones por ti señaladas.

"Vistas las sugerencias y recomendaciones de tus emisarios, y el riesgo que conlleva no cuestionarse la naturaleza de poder que suma un hombre que asumió la responsabilidad de haber sido procurador general de Justicia de este país, fue que firmé lo que quedó finalmente como un divorcio de común acuerdo con una división de bienes de la sociedad conyugal llevada a cabo con completa inequidad.

"Adjunto a estos documentos una carta que tú desconoces que me hiciera el favor de enviar el lic. Fernando Illanes Ramos, quien me explicaba con discreción y enorme cuidado los motivos (falta de palabra y manipulación del asunto) por los que prefería no participar como mi representante legal, así como copia de la misiva que le envió mi abogada la lic. Ligia Cuevas de Velasco a la magistrada Carmen Aída Bremauntz M., quien en aquel momento no únicamente no fue reconfirmada en su cargo ni tampoco le darían oportunidad de presentar el trámite requerido para su confirmación nuevamente como magistrada, 'rumorándose' por haber actuado con parcialidad en el juicio de divorcio necesario en contra de Sergio García Ramírez (¿lo recuerdas?) que yo inicialmente promoví.

"En fin, mi deseo es que leas estas páginas y las reflexiones con la atención que merecen, porque rectificar es de sabios; porque es justo que aquello que nos correspondía nos sea reintegrado, porque es conveniente que asumas la realidad que te señala que no eres quien pregonas, porque ser justo es devolver aquello que no nos pertenece, y sobre todo, porque si es cierto aquello de que la mirada del hombre pregona en ocasiones su condición interior, en ti se advierte desde lejos ya esa urgencia que no hace sino pedirte rectificar".

Luz y alegría

"Hoy dancé en mi habitación. No sé si fue Schumann o Brahms quien llenó mi cabeza de sonidos, de colores, de corrientes de aire, de tiempos perdidos y de luz mi cuerpo. Luego, surgió una tentación, vino un recuerdo y en aquel instante transformado, sin proponérmelo, sin pensarlo siquiera, comencé a danzar. Principié dando giros, a desplazar mi cuerpo, a ondular los brazos, y los pies moverlos en un ritmo lento y exacto. Luego torso, cuello, rostro, brazos y piernas se conjuntaron en una danza con armonía perfecta, majestuosa, casi ceremonial. Mi cuerpo ligero volaba, danzaba, ordenaba la armonía musical con su ritmo interior. La luz me pintaba los ojos, reflejos simples de color azul, y mi piel exhalaba aromas que el aire, sensual, apresaba. Después de segundos perfectos, exactos, idos ya, vueltos aire y silencio, a una orden de Brahms o de Schumann, luz, silencio, aire y cuerpo se quedaron quietos, tranquilos, exhaustos, radiantes, terminado el seductor acto de bailar".

María volvió a bailar. Su espíritu se resistió a dejar de bailar. Libre, reincorporó la creación de la danza, desde la enseñanza o la práctica por placer. La danza estaba en sus venas. Es una creadora y recordó la difícil convivencia que representaba estar junto a la mayoría de las esposas de los políticos. En otra de sus tarjetas lo cuenta: "Hace dos días nos reunimos en Los Pinos. Esta vez, la invitación corrió por cuenta de Paloma. Somos unas cuantas mujeres que se reúnen a comer de cuando en cuando. Grupo de disonancias, sin objetivo alguno y donde alguien ha decretado que no se debe ser auténtico ni hablar con la verdad. Me pongo una falda larga y unas sandalias negras con un suéter blanco. Voy a cometer el desacato de ir sin medias. Hace mucho calor. Al mediodía comenzó a llover, y para cuando llegué a la residencia habíamos dejado atrás un gran encharcamiento en el Periférico. Es claro que todas estamos llegando algo retrasadas por esta lluvia de primavera. Una bebida fresca antes de la comida, agua de limón, y la conversación gira alrededor de Cuba. Una de las invitadas acaba de llegar de allá. Mucha pobreza, dicen sorprendidas, y siguen hablando. Están horrorizadas por la prostitución entre la juventud cubana, la carencia de alimentos, la pobreza evidente, las calles rotas, los autos viejos. La señora Soberón, siempre propia, siempre justa, siempre moderada, dice que la sociedad cubana parece estar ahora sí sumamente degradada. ¡Las llevo a visitar Chalco y La Merced, finas señoras!, digo en silencio. Cuando estoy nerviosa se me apaga la voz, y estas comedias me alteran de tal forma que para la tarde me encuentro completamente afónica. Sé que me invitan únicamente porque les causo curiosidad y yo asisto porque las coloco siempre en mi personal y privado microscopio. ¡Cómo me gusta volar a contracorriente! Hablan de Fidel sin mayor entusiasmo. Comento con intención dirigida que Castro estudió con los jesuitas, y Paloma se sorprende y guarda silencio. Alguien vuelve el tema, Victoria Adato. Insiste en que Fidel debe dejar ya el gobierno. Yo, necia, insisto sobre los beneficios de la igualdad. Me agrada, digo segura, que todos anden con igual ropa, coman los mismos alimentos y vivan en casas similares. Lo mismo los intelectuales que los políticos, los artistas, los estudiantes de Santiago, los obreros de Pinar de Río y hasta el propio Fidel. Las diferencias sociales y económicas me acaban, termino diciendo, y seria, me callo. En el lujoso comedor privado de la familia presidencial comemos. Servicio de plata, cristalería deslumbrante, mozos de guantes blancos. Un precioso candil de cristales, encendido, cuelga del techo. Recupero tranquilidad y vuelvo a colocarme mi inseparable disfraz de cordero, mi expresión se transforma de inmediato y la conversación amable y tonta fluye. Sopera de la plata para el primer plato. Una rica crema de cilantro. Nuevamente, porque lo he hecho en otras ocasiones, le pregunto a Ángela Gurría sobre la tienda donde venden blusas como la que lleva puesta. Me gusta su blancor. Únicamente —contesta igual que en otras ocasiones— se venden en Nueva York, en una *boutique* exclusiva. Sé que deberé olvidarme de una camisa igual. ¡Y para hablar tantas estupideces nos reunimos! Paloma se encuentra acatarrada. Generalmente la veo acatarrada, frágil, nerviosa. La esposa de Soberón dice de su enésimo viaje a Suiza. Viaja siempre con su tejido, dice para no aburrirse, y yo hablo de mi casa de Cuautla, y de la hortaliza que finalmente he logrado a base de intentarlo una y otra vez. Presumo orgullosa de lo bien que he aprendido a mover la tierra con el azadón, y cómo siembro acelgas y espinacas. Paloma dice de lo poco que va a su casa de campo, y a mí me da la impresión de que la ciudad de Cuautla es la que no satisface sus expectativas. No resulta tan refinado como tenerla en Cuernavaca, donde va lo mejor de lo mejor. '¡Al señor Presidente sí le agrada la casa que tenemos por allá!', comenta Paloma, y a mí un escalofrío me recorre el cuerpo. '¿Te refieres al presidente la Madrid, señora primera dama, o únicamente a Miguel, tu marido?' Detrás de cada frase de Paloma aparen unas finas hebras de poder, y en las demás mujeres, en cada una de ellas intuyo, sumergida, una antigua y especialísima prisión…

"Tomo nota de algo importante que destacar: la palabra 'gracias' para dirigirse a cualquier mozo o empleada de los que nos atienden durante la comida no es posible escucharla. Es absolutamente ajena al vocabulario de estas respetables señoras. La plática decae y la retomo, el pretexto, el habano de Ángela y vuelvo a Cuba. Presumo de un cartel del Che Guevara de los primeros que se hicieron, y de un texto memorizado igualmente del Che: 'Caminamos una hora por la senda, a la luz de la luna, durmiendo en el camino. Salimos con carga de comida para unos diez días. Y el agua del arroyo sabe amarga…'

"Así fue que terminó la reunión. Todas teníamos prisa, seguramente de salir de Los Pinos más que de otra cosa. Aquella vez debí atender lo que decía mi horóscopo. Todas son exactamente iguales, las insensibles las llamo yo. Las mujeres de estos círculos parecen todas moldeadas con un mismo patrón. Son la clase selecta que sólo repite lo que se oye, compra lo que más cuesta, piensa únicamente lo que le enseñan y desconoce de su país todo, o casi todo. Y a cuenta de qué, me repito una y mil veces esa misma tarde, quiero yo que estas señoras le sonrían a una india oaxaqueña o chiapaneca o guerrerense que les está sirviendo. A cuenta de qué quiero que al mozo, que les acerca la sopera de plata para que se sirvan la crema de cilantro, le otorguen la palabra 'gracias'. A cuenta de qué, insisto neciamente, quiero que toda esta sociedad acaudalada mire de igual a igual a los indios de mi país. ¡Claro que quiero, pero de mujeres como éstas no espero!

"Tengo tres fobias que me persiguen y que saliendo de la comida vinieron a mi cabeza. Una, al servilismo del que son expertas tantas mujeres; otra, a la constante vejación a la gente de los pueblos, y la tercera, a la deslealtad para quien brinda su amistad".

En el entorno de los políticos además de las esposas es necesario agregar a las amantes. Para María la vida personal debe estar vinculada a la vida pública. Un mal esposo también será un mal profesional. Un hombre violento en su casa no tendrá la suficiente salud mental para desarrollar su actividad productiva. Por lo tanto, insiste en ese binomio utilizado por las feministas en los años 60 y aún reivindicado: "Lo personal es político". Una frase que cuestiona la necesidad de hacer públicas las prácticas privadas de violencia doméstica y sexual a fin de exhibirlas al debate y a la opinión pública. De esta forma, se intenta reducir esa desigualdad de poder entre hombres y mujeres centrada en la división del trabajo o la distribución sexual del poder.

"En México los políticos son intocables. Recuerdo al gobernador Alfredo del Mazo, cómo le pegaba a Carmen Maza de Del Mazo; hubo un escándalo porque la golpeó y ella no podía ir a los eventos. Y después supe que lo mandaron a la OCDE".

Cuando se enteró se fue a desayunar con Carmen y le soltó la pregunta a bocajarro:

—Te vas, ¿y si te vuelve a dar otra tranquiza?

—Llevo mi boleto de regreso en la bolsa —le contestó.

Una de las constantes en el entorno político es la presencia de las y los amantes, debido dice, a la alta incidencia de bisexualidad entre ellos, particularmente. "Las amantes las tienen todos. Es como una obligación. El que no tiene las amantes es considerado un 'marica'. Además, el *staff* de los políticos está compuesto por mujeres inteligentes que trabajan con ellos: asesoras, secretarias, asistentes. Siempre están allí, viajan, comen con ellas. Son las 11 de la noche y continúan juntos. Son mujeres muy dispuestas a enredarse con el señor que representa el poder y el dinero".

Al pensar en Sergio, siente una "enorme lástima" por él. Cada vez que ve su rostro observa un hombre lleno de amargura. La vida finalmente le ha pasado factura. Es investigador del Instituto de Investigaciones Jurídicas de la UNAM y tiene una pareja.

"Hay que ser muy valiente para vivir con él. Tener tus intereses muy claros para ver qué buscas. Afecto, atención, amor, él no tiene. Si no se los pudo dar a tres hijos divertidos, sensacionales e inteligentes, no podrá darle nada a nadie. Ni sabe que tiene nietos. Sergio representa la imagen de la derrota, la amargura, la soledad. No ha sembrado nada, no va a recoger nada. Mi presencia fue lo único sano que ha tenido en su vida. Ni su madre, [ni sus] hermanos, ni su trabajo; ni sus amigos o su trabajo, ni nada. Yo fui lo único saludable que pasó por su vida. Es el hombre más contradictorio que he conocido. En él no hay nada bueno por dentro. No es un hombre que reflexione, que un día se siente a pensar qué hizo de su vida. Hizo muchos libros. Eso lo debe tener orgullosísimo".

La vida de María transcurre en la placidez de la felicidad junto a sus tres hijos y siete nietos; junto a su huerto y su jardín, al lado de sus perros y de la gente que la ama. Una vida luminosa, plena. Ha trascendido su propia historia.

Para María, terminaron la maldad y la perversidad a su lado. Logró salir del peor de los infiernos. "Aquel mundo que me rodeaba de los hombres del poder afortunadamente se acabó. Me siento muy por encima de ellos. Todo eso ha terminado por serenarme. Me da mucho gusto haber hecho lo que hice".

Ríe, suspira y vuelve a hablar. Por primera vez ha contado su historia completa. Le preocupa sólo una cosa. Quiere saber si, con este punto final, esa doble vida de Sergio García Ramírez, magistralmente escenificada, quedará desmentida, al descubierto, exhibida con total crudeza. Antes de terminar, pregunta intrigada: "¿Tú crees que alguien me va a creer?"

El amor de la señora regenta

Rosario Robles
y Carlos Ahumada

"**N**UESTRO AMOR es más grande que esta brutal prueba que nos han impuesto", le decía Rosario Robles a Carlos Ahumada, su compañero de batallas, su amigo y amante. Esa historia de amor marcó para siempre el destino de la izquierda en México. Fueron una pareja estigmatizada. Ambos representan la abyección del poder, el dinero, la corrupción y la política. Protagonizaron una telenovela de traición, mentiras e intrigas. "Mi error fue enamorarme", intentó justificarse la secretaria de Desarrollo Social del gobierno de Enrique Peña Nieto, después de la tormentosa relación que tuvo con el empresario argentino.

Nadie en México encarna como Rosario Robles la vileza y la deslealtad, observan sus ex compañeros militantes. Y es que al conocer su historia parecería una mujer capaz de traicionar sus propios ideales y principios. Todo en nombre del amor, según ella, del amor "prohibido", una pasión que arrasó la imagen de un partido y destruyó el futuro inmediato de una opción política. Rosario Robles y Carlos

Ahumada son el paradigma del complot, una tragicomedia con final anunciado.

"Rompí las reglas y estoy pagando el precio y el juicio de una visión hipócrita [...]. Soy una mujer como todas. Que se equivoca [...], que se enamora, que tiene afectos y desapegos [...], soy una mujer que ha puesto el corazón en todo. Eso a veces es bueno, a veces no. Pero al igual que todos exijo que se me juzgue por mis actos. Por mis hechos. No por los de los demás", escribió en su libro *Con todo el corazón. Una historia personal desde la izquierda*.

María del Rosario Robles Berlanga, la otrora perredista, personifica todo aquello que combatió y denunció cuando tenía 20 años. Su procedencia la ubica en el lado radical; de hecho, en 1982 formó parte de la Organización de Izquierda Revolucionaria Línea de Masas (OIR-LM), agrupación de corte maoísta. Su libro de cabecera era *Cinco tesis filosóficas de Mao Tse-Tung*, cuyo mensaje es claro: "Es preciso educar a nuestros camaradas en la teoría materialista dialéctica del conocimiento para que orienten correctamente sus pensamientos, sepan investigar y estudiar bien, realicen el balance de sus experiencias, superen las dificultades, cometan menos errores, trabajen bien y luchen esforzadamente para convertir a China en una gran potencia socialista y ayudar a las grandes masas de los pueblos oprimidos y explotados del mundo". ¿Cuánto ha modificado su ideología la ahora secretaria de Desarrollo Social Rosario Robles? Estudió en el Colegio de Ciencias y Humanidades, plantel Naucalpan; luego ingresó a la Facultad de Economía de la UNAM. Allí conoció a su primer amor, Julio Moguel, profesor universitario con quien tuvo en 1984 a su hija Mariana. En 1987 pasó de la militancia política universitaria a lo que en ese entonces fue el PRD, el Partido del Frente Cardenista de Reconstrucción Nacional, cuando conoció a su maestro, mentor y padrino Cuauhtémoc Cárdenas. Y se consolidaba como una luchadora de izquierda radical.

Su historia de amor con el empresario argentino nacionalizado mexicano, Carlos Ahumada, se convirtió pronto en un *thriller* de corte psicológico. Como después salió a la luz, ambos construyeron una red de corrupción marcada por los videoescándalos que planearon junto a Carlos Salinas de Gortari y Diego Fernández de Cevallos con el fin de exhibir en Televisa la financiación ilegal del PRD y destruir a su acérrimo enemigo Andrés Manuel López Obrador y sacarlo de la carrera presidencial. Ambos intentaban evadir la cárcel. Sus operaciones turbias y corruptelas iban a engrosar los expedientes judiciales, y todo indica que antes de eso Rosario Robles prefirió entregar las cabezas de sus compañeros y amigos.

Tras la estrepitosa caída de los dos —él en la cárcel, ella "renunciada" del PRD—, su intensa y clandestina relación íntima pasó a primer plano.

De acuerdo con el expediente judicial folio 078 del tomo XIII de la averiguación previa identificada con la clave AP/PGR/SIEDO/UEJOFM/018/2004, uno de los documentos que traía Carlos Ahumada Kurtz a su llegada a México luego de su deportación de Cuba era una carta de su amada Rosario. El documento consta de cuatro fojas con letra manuscrita en tinta color azul. Está dirigida a "Carlos": "No sé cuándo nos volveremos a ver. Hoy te dejo aquí, lejos de todos y de todas, no porque así lo hayas decidido, sino porque las circunstancias despiadadas te obligaron a ello. Lamento mucho que estos últimos días juntos no hayan sido los mejores. Quise estar a tu lado para tomarte de la mano y apretarla muy fuerte y decirte con ese gesto tan sencillo que estoy contigo sin reservas, sin dudas, plenamente. Quise estar a tu lado para avivar la llamita de la esperanza, para encenderla diciendo que nuestro amor es más grande que esta brutal prueba que nos han impuesto. Quise estar a tu lado para pedirte que me perdones, para encontrar en tus ojos aunque sea un destello de esperanza para sentir que en algún momento podrás perdonarme por no haber traído nada bueno a tu vida. El otro día mientras cenábamos fuiste muy claro. Puros cojines buenos de mi lado, de lo que tu has significado en mi vida, de lo que me has traído. De tu lado sólo cojines malos. Mi amor no ha sido suficiente. Ni mi deseo de curar, de lamer tus heridas. No hay palabras, ni siquiera sentimientos que puedan compensar lo que estás viviendo. Lo sé, por eso no puedo perdonarme mi egoísmo, mis deseos de salvarme sin saber que te estaba condenando a ti. No puedo perdonarme que estés lejos de tus hijas, que es lo más importante en tu vida, que estés lejos de tu familia en la que tienes tranquilidad y paz, eso que yo no te he podido dar. Por eso no te culpo de tu indiferencia, de tu desamor, de tus gritos, no te culpo por nada, ni siquiera por el rencor y resentimiento. No te culpo incluso si me dejas de querer como ya lo estás haciendo. Sólo puedo decirte que quiero que sepas que mi corazón te pertenece, que pase lo que pase nunca dejaré de amarte, nunca dejaré de agradecerte por lo que has hecho por mí. Que, como dice la canción que te dejo (la no. 1 del CD de Ana Belén, 'Ahora'): 'Aunque me encontrara un ángel dudaré que me haga volar tan alto como tú', porque contigo he volado alto, he recuperado mis sueños, mis fantasías y mis deseos. Por eso, si es necesario, y a lo mejor llegó el momento de hacerlo, soy capaz de hincarme, de arrodillarme, de firmar mi carta de rendición para que a ti no te toquen. Tal vez llegó el momento de tocar una puerta y entregarme a cambio de tu libertad. O tal vez ya es demasiado tarde. Sé que a partir de ahora se irán las noches y casi no dormiremos, que los segundos serán muy lentos, que seguramente querré prenderle fuego a nuestra cama ante el dolor de tu ausencia, porque me estaré secando por dentro y por fuera, porque no tendré tus besos, ni tus caricias, ni tu mirada. Ay, amor, sólo te pido que cuando la angustia, la impotencia y el dolor sean más fuertes, pienses que, además de tus hijos, está un corazón cuyo amor no tiene límites, que al escuchar el sonido de las olas del mar sientas susurrándote al oído que contigo en la distancia, amado mío, estoy".

La carta de Rosario dirigida a Carlos mientras éste se encontraba en prisión es reveladora, muestra la cara más personal de esta política camaleónica. Es una muestra del deseo y el delirio, del torbellino de pasiones desatadas en torno al sexo. Pero más allá de la pasión y la cursilería de la misiva escrita por Rosario Robles, el documento tiene especial significación en un juicio que aún deja secuelas en el sistema político mexicano. La carta fue integrada al expediente de la averiguación previa contra René Bejarano, protagonista del videoescándalo que se difundió en *El Mañanero*, programa conducido por el actor Víctor Trujillo, en su personaje de *Brozo, el Payaso Tenebroso*, donde se veía que Carlos Ahumada le entregaba un maletín con dinero. En su declaración, Bejarano analiza: "El contenido de esta carta, si bien es

de carácter personal, contiene elementos que muestran en forma me-
ridiana la clara comprensión de la que suscribe respecto a la ilicitud de
las conductas perpetradas, como lo es el empleo de la expresión 'mis
deseos de salvarme sin saber que te estaba condenando a ti', la cual
muestra cómo Rosario Robles Berlanga está plenamente consciente de
que ha cometido un acto ilegal que podría haberle representado una
consecuencia de la que se tuvo que 'salvar', aun a costa de condenar al
destinatario de la carta. Asimismo, el uso de frase 'Tal vez llegó el momento de tocar una puerta y entregarme a cambio de tu libertad' denota que Rosario Robles Berlanga se asume como conocedora de situaciones cuya veracidad, según su propia estimación, la incriminarían
a ella, en lugar de al ahora recluido Carlos Agustín Ahumada Kurtz".

Y lo más importante, en el anverso de la carta, en esas cuatro hojas escritas por Rosario Robles con tinta azul, hay una instrucción de
edición de los videoescándalos presentados en el Canal 4 de Televisa
la noche del 3 de marzo en el noticiero *Nueva Visión*, conducido por
Carlos Loret de Mola [respeto la escritura original]: "Eliminar toda la
siguiente parte cuando empieza la otra persona diciendo quiero que
oigas y es toda una parte en la se está buscando un mensaje y luego se
lo pasa, para que lo escuche. Todo eso quitarlo, incluyendo la parte en
la que dice que es una orden de pago, no son 18 millones de pesos, es
una orden, no, es una lanita pero eso es un pago de uno de tantos…
Todo eso quitarlo y empezar otra vez en lo que sigue. Después también quitar la parte que dice como yo te dije del distribuidor vial que
no se iba a arreglar enfrente de un contrato… Empezar otra vez en
yo sé y los problemas de finanzas en el gobierno del Distrito Federal.
Eliminar desde pero acuérdate que aquí como el que abre la puerta…
hasta la frase que dice con eso es más que suficiente, que más… Empezar de nuevo es y yo te digo una cosa, y la verdad entre otra de mis
alegatos quien paga con los platos rotos… todo sigue normal hasta
la siguiente frase que hay que hacer una corrección yo lo ubicó así, el
poder político económico y social de nuestra alianza es un obstáculo
para varios. En la frase yo voy a ver mañana, quitar Darío y poner
Thalía. En la frase y bueno no se ve bien en fin, debe decir y bueno no
se dio en fin. En la frase que dice en lo sabe ni me pregunta porque

no, no tiene caso, sigue otra frase después que debe decir pues como le hice para financiar muchas cosas…"

En las siguientes tres páginas continúan las instrucciones no solamente para editar los videos, sino para incluir subtítulos que no tenían nada que ver con el audio original. En realidad todos los videos fueron manipulados, según el expediente judicial. Del folio 296 al 209 del tomo I de la averiguación previa, el perito oficial de la Procuraduría General de la República Michael Kasis Petraki rinde un peritaje y llega a la conclusión de que en el video de entrega del dinero se va el audio en cuatro ocasiones, que hasta en 19 ocasiones existen cortes de edición para pasar de una escena a otra, que en una ocasión hay incluso un corte de imagen y que los subtítulos no corresponden con el diálogo que se escucha.

La carta de amor citada no fue la única. De hecho, sus cartas de alcoba quedaron registradas para la posteridad, los juegos eróticos, el devaneo voluptuoso, los arrebatos carnales de una mujer que aspiraba a ser presidenta de México; son documentos incluidos en el grueso expediente del proceso judicial.

"Mariana tuvo la idea de que en esta Navidad, además de regalos, hiciéramos un intercambio de cartas. Me pareció espléndida, pues tuve la oportunidad de decirle a mi hermano Paco muchas cosas, pues él fue el que me tocó. Recuerdos de nuestra niñez y de nuestros padres. Todo lo que hemos compartido a lo largo de tantos años, el CCH, la carrera de economía, la política y ahora esta nueva aventura que emprende como candidato. Se me ocurrió entonces que a ti y a Marianita tendría que escribirles también. Ustedes son mi sol y mi luna, mi este y mi oeste, mi razón y mi corazón. Por eso, a pesar de la confusión que me han generado estos días, quise escribirte estas líneas. Tiempo de ángeles, así le llamo a esta inmerecida segunda oportunidad que estoy viviendo contigo. Llegaste en un momento en el que mis sueños se habían convertido en pesadillas. Apenas unos meses antes era reconocida, querida, aclamada. De pronto me había quedado sin nada. Sólo mi Mariana, a la que adoro, mis amigos más cercanos y mi familia. Nadie más. El hombre con el que había compartido más de 20 años de mi vida me dejó en el peor momento. Otro hombre, al que sin condiciones acompañé en sus sueños de libertad y esperanza, se convertía en mi peor enemigo. Estaba sola, confundida. Sólo cuando murió mi padre sentí tanto dolor y tanta tristeza. Había vivido mi gobierno con alegría, con pasión, con intensidad, con una gran entrega. Trabajé por mis convicciones y por mis ideales. Lo hice de manera honesta. No me arrepiento porque sé que todo eso representó un granito de arena para que en esta ciudad el corazón siguiera latiendo a la izquierda. Sin embargo, todo eso ahora se volvía contra mí, me amenazaba y dirigía sus dardos justamente hacia lo que más me dolía, lo único que tenía. Mis padres me entregaron las alforjas llenas de valores y principios, fue lo que me dieron antes de emprender la tarea de abrirme paso en la vida y fue, también, lo que me permitió que al dejar el gobierno de la ciudad saliera en efecto con las manos llenas de satisfacción y de cariño. Y, sin embargo, después de sentirme tan grande, ahora me sentía pequeña, vacía. Hasta que llegaste tú. Como un ángel. Me estaba desmoronando y me tomaste del brazo. Me ayudaste a continuar. Me abriste otra vez un horizonte. Me diste un hombro en el que podía recargarme, me cuidaste y me quisiste sin tener obligación alguna, y cada vez que me sentía desfallecer me bastaba con sólo mirarte a los ojos para que la promesa de un presente y un futuro volvieran a renacer en mi vida. Todos dicen que soy muy fuerte y que enfrenté esos momentos, tal vez los más duros de mi vida, con entereza y fortaleza. Pocos saben que sin ti hubiera sido imposible, que sin tus alas no hubiera podido volar. Todavía está aquí el dolor, pues una lluvia intensa cae sobre mi rostro, tan sólo al recordar y evocar esos recuerdos. Pero también está la alegría y esta constante interrogante de cómo es que tuve la suerte de que aparecieras en mi vida. Nadie, sólo tú, sabe lo que viví en esos momentos. Sólo tú compartiste ese dolor enorme y eso me unirá a ti toda la vida. No sé cuántos segundos, minutos, días, años, me quedan. Espero que muchos. Pero nunca serán suficientes para agradecerte, para decirte que fue ahí cuando aprendí a quererte, cuando empecé a pensar que quería que formaras parte de mi vida. A ti menos que a nadie puedo engañar. Una Rosario murió en aquellos días. Y la que quedó tiene profundas cicatrices y algunas basuritas en el corazón. Aun así, aquí estoy, enamorada, viviendo otra vez de sueños e ilusiones. Con la sonrisa enorme, y con la pasión a flor de piel. Te amo y me cuesta trabajo creer lo que en tan poco tiempo hemos vivido. La palabra intensidad no es suficiente para describirlo. Tal vez es la incertidumbre, el no saber qué pasará mañana, pero como niños nos hemos comido nuestro amor a borbotones. ¿Te acuerdas de Berlín, de sus calles, del *hot dog* en el changarro de la esquina de un parque?; ¿y de Los Cabos y nuestro sospechoso ir y venir como si trajéramos algo entre manos (lo que nunca nadie imaginaría es que era un plato)? ¿Recuerdas Madrid y el primer bar-restaurante que visitamos con sus tapas y su vino, y qué decir de Barcelona; y de la noche mágica en Huatulco justo al año, y de Tamarindo y su paisaje; y de La Habana y los daiquirís del Floridita; y de Brasil, la alegría del triunfo, su árbol enorme y sus noches de travesura y de *sex-shop*? Pero lo que más recuerdo es lo que nos hemos dicho al recorrer esas calles o al visitar esos lugares. Nunca olvidaré cuando, caminando en la ciudad germana, me hablaste de tu madre y tus hermanas. Y te sentí tan cerca porque percibí tu dolor y también tu miedo. Y te volví a sentir muy cerca ahí en La Habana, no en la ciudad que después visitamos, sino en aquel nocturno y maravilloso lugar en el que me abriste tu corazón. Recuerdo cuando te hablé de mi padre y de su muerte, ahí en Madrid, y de cuando tú me platicaste de la muerte del tuyo. También cuando en un lujoso restaurante de Miami me dijiste sin más que me amabas, y aunque no era la primera vez, guardé esas palabras en mi corazón como uno de mis más grandes tesoros. Llegaste tú. Y contigo llegó otra vez a mis manos la magia. Llegaron también las mariposi-tas en el estómago y las luciérnagas que inundaron con su luz nuestro amor. Contigo he vuelto a ser mujer, plena, llena, radiante de amor. Soy muy afortunada, pues me ha tocado aprender que con un poco de audacia los amores imposibles no lo son tanto, por lo menos por algún tiempo. Y sé que nada de esto merezco. En el lienzo de tu vida son otras manos las que han delineado sus principales trazos. Tampo-co he logrado que tú sientas que tus sueños también son los míos. Soy una forastera que se metió sin permiso, cuyo nombre está prohibido, que puede mañana recoger sus maletas y no pasa nada. Nada cambia. Y yo que quisiera llenar de flores tu jardín, bajar las estrellas y decorar con ellas cada uno de los rincones de la casa, traer el sol y también la luna sin entender que nada de eso le está permitido a las intrusas. No es mi culpa, tampoco la tuya. Nadie nos dijo nunca que yo llegaría a respirar a través de tus propios poros. Por eso tu amor es más sabio. El mío es insensato, alebrestado, y por eso reclamón e inapropiado. Sé que he fallado. Que para amarte libremente tengo que volver a ser Rosario, construir mi propia vida, ser mi propio eje, y desde ahí quererte, amarte, entregarte todo lo que tengo sin temores. ¿Quiere decir que te voy a querer menos? No. ¿Qué significa entonces? No sabría decirlo. Sólo sé que para que todo lo que hemos tenido permanezca, florezca, siga vivo, las cosas tienen que ser diferentes. Por lo menos en lo que a mí se refiere. Sólo así volverá la magia. Sólo así esto que sentimos, que es muy fuerte, nos cobijará como un remanso de paz. Sólo así mi amor te hará grande, como grande me ha hecho el tuyo. Por mi parte, sólo te pido un favor. No quiero nada que no me puedas dar, que no me quieras dar. Te quiero a mi lado, pero sólo si es por amor. Otra cosa sería insoportable. Te amo".

UNA ESTRATEGIA DE COMUNICACIÓN

El romance entre Carlos Ahumada y la actual secretaria de Desarrollo Social del gobierno de Enrique Peña Nieto incluía no solamente tórridos encuentros y pasiones prohibidas. Detrás de la libido de ambos había otro plan mucho más ambicioso que consolidar su amor. Para alcanzar sus objetivos de poder político en el caso de Rosario Robles, y de negocios y más dinero en el de Carlos Ahumada, tenían primero que eliminar un adversario: Andrés Manuel López Obrador.

Así que, como se supo después, en cada encuentro clandestino de alcoba también se tejieron los entresijos de lo que llamaron "estrategia de comunicación". Dicho plan fue diseñado para desestabilizar al gobierno del Distrito Federal de López Obrador e impedir su avance hacia una candidatura presidencial. No estaban solos. Tenían los cómplices perfectos: el ex presidente Carlos Salinas de Gortari y el senador panista Diego Fernández de Cevallos.

La idea del "complot" contra Andrés Manuel se le ocurrió a Rosario Robles, mujer cercana hoy en día a Cuauhtémoc Cárdenas. El plan era ideal para que Carlos Ahumada siguiera acumulando riqueza. Dicho plan, la "estrategia de comunicación", lo escribieron en computadora y luego lo imprimieron en hojas blancas tamaño carta. Este documento, incautado a Ahumada luego de su deportación de Cuba, también está integrado al expediente judicial.

El texto dice lo siguiente:

"I.- Objetivos:

"1.- Detener la escalada de persecución contra RR [Rosario Robles] y CA [Carlos Ahumada].

"2.- Obtener garantías de cese de hostilidades, pago de adeudos y márgenes de participación política.

"II.- Acciones

"2.1 Primer Día:

"1.- Entrega de video informativo con Bejarano recibiendo el dinero en efectivo.

"2.- Relato breve preciso, preferentemente un statement por escrito con los términos en que se pactó la transferencia.

"Recomendaciones: Construir bien la argumentación para hacer convincentes los términos de la entrega de los recursos. Por ejemplo, si es el caso, sería verosímil argumentar que se trató de un financiamiento, y que el acuerdo fue con AMLO, de manera abierta. Y que en él se convino que la entrega física se hiciera a través de Bejarano. Puede darse el matiz de que Bejarano fue a pedir los recursos diciendo que iba a nombre de AMLO, si se le quiere dejar una salida de reparto de responsabilidades entre estos dos actores, pero en todo caso decir que también fue explícito el acuerdo de que el financiamiento se otorgó con la condición de su devolución y bajo la premisa de que se estaba contribuyendo a consolidar el cambio democrático.

"3.- Responder a la primera cuestión de la difusión actual de imágenes captadas tiempo atrás.

"¿Por qué se hace hasta ahora del conocimiento público?

"Respuesta: Porque el Jefe de Gobierno no sólo ha incumplido con la primera condición–pagar la deuda, sino que lo pretende perseguir judicialmente, tanto para no pagarle el financiamiento entregado en efectivo a través de Bejarano, como para evitar también el pago de la obra pública realizada por su compañía constructora en el D.F. y contratada por las administraciones de su partido que le antecedieron.

"4.- Ofrecer el primer mensaje clave, concluyente de la situación en que se encuentra y la hace extensiva a la audiencia buscando su empatía.

"Mensaje clave:

"1.- En el DF se ha regresado a las épocas de la 'burocracia de botín' de los cargos públicos —como lo llaman los estudiosos— y como lo exhibió en días pasados el propio Jefe de Gobierno al ventilar su estilo de asignar puestos y salarios a sus allegados.

"Pero también como se exhibe una vez más en este nuevo ejemplo de la forma en que se usa la pagaduría del gobierno local y la facultad de repartir el patrimonio territorial de la ciudad, lo mismo para pagar adulaciones y apoyos con ánimo de magnanimidad a sus nuevos aliados, que para no pagar lo que les debe a quienes lo hemos apoyado en otras épocas, con ánimo de arruinar y eliminar de la escena a quienes se resisten a seguir alimentando un proyecto que cada vez muestra más sus magnitudes catastróficas para el país.

"6.- Él ofrece un segundo mensaje clave para llevar el episodio particular más claramente al interés general.

"2.- Lo más grave: en el DF se está dando el regreso del abuso sistemático de los aparatos de persecución del Estado. Para desacreditar o eliminar del escenario a los acreedores del poderoso o a quienes el poderoso ha erigido en enemigos de sus ambiciones.

"Recomendaciones:

"1).- Usar una palabra como 'botín' que además está legitimada por los estudiosos de la administración pública, desde Max Weber, es un llamado a 'cabecear' por allí con el apoyo de la imagen a ser entregada con esta declaración.

"2).- Empezar a construir el argumento de la victimización: mayores privilegios para los privilegiados que ahora le ofrecen apoyos para 2006 y traición y persecución para los que apoyaron a llegar donde está pero ya no le son útiles y ya ni siquiera es redituable pagarles lo que se les debe.

"3.- Propiciar inferencias de lo que les espera a quienes ahora lo apoyan, una vez que cumpla sus propósitos, así como de la regresión que le espera al país en todos los órdenes.

"2.2. Segundo Día:

"1.- Abrirle a AMLO un nuevo frente, ligado al anterior, para adicionalmente darle un giro a las acusaciones contra RR [Rosario Robles] y transferirle al mismo AMLO los costos del linchamiento surgido a propósito de la auditoría a su gestión.

"2.- Intervención de RR [Rosario Robles], contundente, precisa, con su conocida habilidad expresiva tendiente a colocar los siguientes mensajes reforzados entre si:

"—Reafirmación de que todo está en orden en gestión en el PRD; ninguna irregularidad.

"—El gasto (o la deuda) del PRD en 2003 fue aprobada por AMLO o fueron acordados o consultados con AMLO.

"Mensaje clave:

"Para el Jefe de Gobierno no había que detenerse ante nada para darle una muestra de fuerza electoral, particularmente en la zona centro del país, para lo cual él se comprometió a resolver los problemas de los compromisos adquiridos.

"2.- Relacionar así los dos frentes noticiosos, propiciar inferencias de aliados informativos; en los 2 casos hay transferencia de dinero aprobadas por AMLO, en los dos hay incumplimiento de lo pactado —pagar— por AMLO, y en los dos hay persecución política o legal de AMLO contra aquellos a quienes les ha incumplido para eliminarlos del escenario.

"2.3 Tercer Día:

"Retar RR a AMLO a debate público para esclarecer los hechos.

"Recomendación: Aquí (casi) todo sería ganancia. Si se echa para atrás o si acepta (sería muy remoto), irracional para estrategia, pero no descartable a la vista del comportamiento ante el caso Nico [Nicolás Mollinedo, chofer de AMLO]. En todo caso, hay que prepararse para esa eventualidad o para cualquier provocación, por ejemplo, un contra-reto de M.B. o de otro personaje u otros personajes todavía menores que le puedan poner marcaje personal cada vez más hostil en radio y tv (¿se contaría con mujeres que ante ello subrayan —con su contra marcaje— la cobardía y el envilecimiento del poder en el GDF?).

"2.4. Cuarto Día:

"Si AMLO ha respondido en los días anteriores — y en su caso hay que procurar que se le hagan las preguntas correspondientes que no pagará ni el financiamiento en efectivo ni la obra pública.

"Mensajes:

"2.4.1 Ya basta de que el Jefe de Gobierno insista en su pretensión de decidir por sí mismo, por encima de la ley, de los jueces o de evidencias tan contundentes como el video mostrado, lo que debe pagar, cuánto, cuándo y a quién sí y a quién no, mientras les paga por adelantado, con dinero y patrimonio público a los proveedores y patrocinadores de su proyecto político, tanto en el centro histórico, como en las obras viales.

"2.4.2 Ya basta del manejo autoritario, discrecional de los aparatos de persecución judicial para intereses personales o ambiciones políticas; de la manipulación de los valores, de la honestidad —porque el abuso de poder es corrupción y de la valentía— porque ensañarse desde el poder con los débiles es cobardía.

"En este caso, el mensaje clave a cargo de quien o quienes resultaran víctimas de una acción de este tipo sería el de la denuncia de la traición y el efecto buscado sería una percepción de que la persecución se da por oponerse a la ambición presidencial del Jefe de Gobierno.

"2.4.3 Cobardía y traición: AMLO (persigue, reprime, aplasta) a quienes lo llevamos al Gobierno del DF. La acusación (o el citatorio o la consignación) busca escarmentar a quienes nos oponemos (o enfrentamos) a su ambición y a su sed de poder fuera de control.

"2.5. A partir del Quinto Día.

"Anticipar saldos y ofrecer disposición a la conciliación:

"Mensaje clave 1:

"La ofensiva de AMLO contra RR, más nociva para el PRD y el Proyecto de AMLO que la de Madrazo contra Gordillo.

"Mensaje clave 2:

"Llamados a la unidad y al acuerdo bajo la premisa inicial: no hay nada irregular que perseguir y mucho qué perder si se insiste en la confrontación. (Mucho qué ganar si se dejan atrás las divisiones y se trabaja conjuntamente para el 2006).

"Si no hay respuesta, o ésta es adversa, volver sobre los mensajes clave dirigidos a desvirtuar los cargos atribuyéndoles móviles de ambición personal y sed de poder a fin de ampliar los márgenes de defensa política y legal.

"III. Recomendaciones generales:

"1).- Esperar la reacción del adversario:

"a).- Silencio de AMLO —como lo hizo el domingo tras el informe de auditoría contra RR.

"b).- Bajo perfil con un mensaje de que su decisión es dejar que se aclaren las cosas en el orden judicial.

"c).- Remotamente, una solicitud de licencia de Bejarano para dar la guerra frontal contra RR y CA [Carlos Ahumada].

"d).- La más previsible: rasgadura de vestiduras de AMLO, descalificaciones al acusador, desafíos a 'corruptos, hampones, derechistas'.

"2).- En todo caso no responder, resistir sin pasar a la defensiva ante los cargos rutinarios contra sus acreedores, incluyendo la previsible consignación del caso a la pgjdf (para esta eventualidad tomar prevenciones legales) como hizo en el caso paraje San Juan. Tampoco bajar la mira aceptando el previsible reto de Bejarano, incluso —o menos aún— si pidiera licencia.

"3).- Coordinar la estrategia de comunicación con la estrategia legal que se podría requerir (por ejemplo, un abogado de CA, que a propósito de cualquier cosa, anticipe cómo al pasar un escenario en el que, si se avanzara judicialmente contra CA y RR, AMLO se pasaría los siguientes meses en juzgados, llamado como testigo, para careos, o incluso como indiciado en averiguaciones previas o procedimientos jurisdiccionales formales).

"4).- Conveniencia de una separación temporal del cargo para aclarar todo lo que haya que aclarar sin la ventaja de la inmunidad —impunidad— que le otorga el cargo (aquí habría aliados informativos espontáneos de otros partidos, dispuestos a divulgar y/o apoyar este mensaje).

"5).- Que estos casos se sustraigan del ámbito y de las autoridades del DF, por razones legales y para fines comunicacionales: la proclividad del Jefe de Gobierno a pasar sobre la ley y a poner las decisiones de la autoridad al servicio de sus convicciones, posiciones y proyectos políticos (aquí también habría aliados informativos espontáneos de otros partidos, dispuestos a divulgar y/o apoyar este mensaje).

"IV. Notas sueltas para statments diversos.

"Hago del conocimiento público estos hechos porque mantenerlos en silencio ya no contribuye a la construcción de un proyecto de cambio.

"Seguir callado sólo sirve a la restauración en curso de los peores métodos de traición que llevaron a la caída del viejo régimen, de manejo discrecional de la legalidad, de manipulación de los valores de la honestidad y valentía; de represión de todo aquel que caiga bajo sospecha de no estar al servicio incondicional de las ambiciones del caudillo iluminado en turno; de abuso de las decisiones administrativas —ajenas a todo principio de rendición de cuentas— dirigidas a otorgar por adelantado mayores privilegios a los más grandes exponentes del capital monopólico mientras se despoja o se retrasa el pago de lo justo a quienes hoy detentan el poder político en la capital.

"No se trata sólo de la traición por parte de un poder político que ahora se revierte con furia represiva e ilegal contra quienes contribuimos a construirlo. Sino de la represión a los peores tiempos en que era común usar el pago o el no pago gubernamental como instrumento político: el pago anticipado de las arcas del gobierno y la entrega del patrimonio público para privilegiar a los más privilegiados; los que están en gracia del caudillo porque alientan su sed de poder y el no pago de la gracia del caudillo por mostrar resistencia a esa sed insaciable del poder.

"Las regresiones del poder caudillista en el orden político han generado una regresión más en el orden administrativo: los avances hacia el ideal del servicio civil de carrera en México y en el mundo se han revertido en el GDF a las más atrasadas realidades de la así llamada por los estudiosos 'burocracia de botín' de los cargos públicos. Así lo exhibió en días pasados el Jefe de Gobierno al ventilar su estilo de asignar cargos públicos y sus allegados y así se muestra hoy con la forma en que usa la pagaduría del gobierno local y la facultad de repartir el patrimonio territorial de la ciudad: lo mismo para pagar adulaciones y apoyos con magnanimidad que para no pagar lo que se debe, con el ánimo de arruinar a quienes se resisten a seguir alimentando un proyecto de magnitudes catastróficas para el país".

Como se aprecia, el diseño del plan de Rosario Robles y Carlos Ahumada contenía de manera detallada todo lo necesario en materia de información, desinformación y manipulación noticiosa para alcanzar su principal objetivo con el apoyo de Televisa. El diputado federal del PAN, Federico Döring, fue el primero en poner en práctica, en el programa de *Brozo*, los lineamientos de comunicación diseñados al señalar que Andrés Manuel López Obrador "ordeñaba" a algunos empresarios. El contubernio, más allá de su relación íntima, entre Rosario Robles y Carlos Ahumada contra AMLO, era su venganza a la investigación que se había iniciado contra la actual secretaria de Desarrollo Social por corrupción en las finanzas del PRD. Y pese a todo, López Obrador decidió no actuar judicialmente contra ella.

OPERACIÓN CUPIDO

Los presentó la actriz María Rojo. El encuentro fue durante la entrega de trabajos de remodelación del monumento Cabeza de Juárez, en la delegación Iztapalapa, al oriente de la Ciudad de México. Era el año 2000, cuando Rosario se desempeñaba como jefa de Gobierno del Distrito Federal y Carlos Ahumada había realizado la obra a través de su entramado de empresas.

Ambos registraron aquella primera mirada con intenciones similares. Ahumada tenía fama de valerse de sus artes de "Don Juan" para acrecentar su poder y patrimonio; ella necesitaba un *affaire*, una nueva ilusión y por supuesto un empuje político. La mezcla de intereses profesionales y furor amatorio les dio excelentes resultados durante unos cuantos años. Todo indica que el empresario argentino percibió que en Rosario había un territorio importante por explotar para alcanzar sus ambiciones económicas. Lo primero que hizo fue ofrecerle de manera espléndida atenciones para construir sutilmente un romance. En marzo de 2001 estaba comiendo en el restaurante Bellinghausen, ubicado en la Zona Rosa de la Ciudad de México, con Ignacio Morales, Ramón Sosamontes y Patricia Olamendi; Rosario se encontraba en la mesa de al lado comiendo con otros, entre ellos Mario Saucedo. Ella se levantó a saludar a Sosamontes, quien la presentó con Ahumada. Hablaron unos minutos, y de pronto Sosamontes le preguntó al empresario si podía conseguirle hospedaje en Huatulco a Rosario, que deseaba irse de vacaciones con su hija y unas amigas. Astuto, sagaz, Ahumada aprovechó la oportunidad que le brindaba el destino. Le ofreció la *suite* presidencial del Hotel Quinta Real en esa playa oaxaqueña. Ella quedó maravillada con el gesto generoso y desinteresado. Había picado el anzuelo.

A los dos meses, el 27 de mayo de 2001, Rosario Robles viajó a Alemania, cuenta Olga Wornat en su libro *Crónicas malditas*. El jueves 31 de mayo, cerca de las nueve de la mañana, sonó el teléfono en su habitación del hotel, en Berlín.

—¿Sí, bueno?

—Hola, me gustaría tomar un café a solas contigo.

—Estoy en Berlín.

—¿Qué haces?

—Tengo reuniones y algunas juntas de trabajo. ¿Por qué?

—Rosario, ¿puedes bajar? Estoy en el *lobby* y vine especialmente a verte en mi avión privado. Te extraño. ¿Vas a decirme que no puedes?

El detalle conquistador de Ahumada fue suficiente para que ella cayera rendida. En esa ocasión pasearon por Berlín, la capital alemana y antes del Reino de Prusia, de la República de Weimar y del Tercer Reich. Caminaron por esas calles que son historia y belleza cultural y artística. Un encuentro reducido a lo más pueril por Rosario en una de sus cartas: "¿Te acuerdas de Berlín, de sus calles, del *hot dog* en el changarro de la esquina de un parque?"

La pareja recorría mar y tierra para sus encuentros. En helicóptero y *jet* privados se trasladaban para dar rienda suelta a sus placeres. Berlín, Madrid, Miami, Londres, Marbella, Huatulco, Los Cabos,

Punta Cana… En este último lugar, en 2002, Ahumada le celebró a Rosario su cumpleaños de manera sorpresiva.

—¿Qué haces hoy en tu cumpleaños?

—Nada, no tengo planes. Lo que tú quieras.

—Prepara una maleta con ropa fresca y un vestido elegante. Pasa en unos minutos mi chofer por ti para llevarte al aeropuerto.

Llegó en su avión privado. Él la esperaba en Punta Cana en el *resort* Casa de Campo, donde tenía todo preparado para la celebración con una cena romántica, champaña, música y velas. Así fue como llegaron, según describió ella en su propia confesión epistolar, "las mariposas en el estómago y las luciérnagas que inundaron con su luz nuestro amor".

Ahumada, como buen casanova, conocía las técnicas de la conquista. Era un mujeriego empedernido. Para el siguiente cumpleaños le tenía preparadas más sorpresas. Una espléndida comida japonesa en el restaurante Suntory con su familia y amigos: "En la puerta aguardaba el regalo: una modernísima camioneta Jeep roja. Y la sorpresa del reloj Cartier, el anillo con brillantes comprado en Tiffany, de Bal Harbour, y el Mercedes Benz o el lujoso *spa* de estilo oriental en Miami, la Costa del Sol española y el viaje especialísimo a Londres y a Madrid", prosigue con detalle la periodista Olga Wornat.

Cupido hacía su trabajo. Carlos Ahumada llevaba a su amada a tocar los linderos de la gloria y ella se lo agradecía desde lo más profundo de su corazón, citando una canción de Ana Belén: "'Aunque me encontrara un ángel dudaré que me haga volar tan alto como tú', porque contigo he volado alto, he recuperado mis sueños, mis fantasías y mis deseos".

La luna de miel continuaba: "Contigo he vuelto a ser mujer, plena, llena, radiante de amor. Soy muy afortunada, pues me ha tocado aprender que con un poco de audacia los amores imposibles no lo son tanto, por lo menos por algún tiempo".

¿Amores imposibles? Efectivamente, Ahumada estaba casado por segunda vez. Su esposa, Cecilia Gurza González, ingeniera en alimentos, y sus tres hijos eran lo más importante para él. Se llenaba la boca en público diciendo que amaba a su esposa y que su familia siempre había sido y sería su prioridad. Había otras mujeres presentes en su vida: Lidia Uribe Corona y Karla Servín, ambas colaboradoras en sus empresas.

El galán tenía las ideas claras. Sabía cuáles eran sus objetivos y no los perdió de vista, ni siquiera por las "maripositas" que revoloteaban en el estómago de su amante más poderosa, Rosario Robles.

DINERO Y PODER

Carlos Ahumada Kurtz nació en 1964 en el Sanatorio Británico de la ciudad de Córdoba, en Argentina. Fue el quinto hijo de Carlos Aníbal Ahumada Ferreira y de Mercedes Kurtz Salvatierra.

Cuando cursaba el sexto año de primaria viajó con su hermana Graciela a la Ciudad de México, donde terminó la educación básica. Se graduó del Colegio de Ciencias y Humanidades (CCH), Plantel Sur, de la Universidad Nacional Autónoma de México (UNAM), y en 1983 ingresó a la Facultad de Ciencias, también de la UNAM, donde dejó inconclusa la licenciatura en actuaría.

Ahumada siempre ha presumido de que empezó desde abajo, que trabajó duro para gozar de los lujos que tiene. Su biografía oficial señala que a la edad de 15 años comenzó a trabajar lavando coches en la glorieta de Etiopía y que en 1979 adquirió carritos de *hot dogs* y un taxi, que él mismo trabajaba. Entre otros empleos que tuvo, fue mesero, "cadenero" y gerente de la discoteca Chamonix, antes llamada Lady Disco. Hasta vendió tacos; compró una taquería ubicada en la avenida Miguel Ángel de Quevedo.

El joven Ahumada era emprendedor. Sostiene que en 1983 fundó Maderamex, una empresa dedicada a la fabricación de productos de madera, y que gracias a un pedido de la cadena de supermercados Aurrera construyó mesitas de juego de triple uso, un trabajo por el cual le dieron el único premio que ha recibido en su vida: Premio Nacional de la Juventud en 1983, otorgado por el presidente Miguel de la Madrid Hurtado.

Posteriormente incursionó en la agricultura sembrando sandía y melón. También empezó a invertir en las minas de antimonio en el poblado de Los Tejocotes, Oaxaca. Su actividad productiva tan versátil lo llevó a criar pavos canadienses para comercializarlos en las fiestas de diciembre en Chalco, comprar un equipo de futbol como el Club León o fundar un periódico, *El Independiente*, dirigido por los periodistas Raymundo Riva Palacio y Javier Solórzano.

Trasladó el negocio de la minería a La Suriana, en Arcelia, Guerrero, donde creó una planta de oro y plata. Pero la crisis de la industria minera provocó su cierre, por lo que utilizó su maquinaria en el ramo de la construcción; así, ofreció maquinaria y camiones de volteo en renta al gobierno del Distrito Federal, y prestó servicios adicionales como pavimentado y reciclado de pavimento, conservación y mantenimiento de unidades habitacionales, asfaltados, guarniciones y adoquinamientos, entre otros.

Su habilidad para entablar relaciones personales lo benefició financieramente. Extendió sus dominios en la capital del país. Se supo después que fue tejiendo una red de corrupción a través de sus empresas y sus vínculos con el poder, en especial con Rosario Robles.

Cuando la justicia lo alcanzó como un *boomerang* después de los videoescándalos, escapó a Cuba el 27 de febrero de 2004. Desde allí mantuvo comunicaciones vía telefónica y por Internet con sus cómplices del complot contra López Obrador. Desde su escondite se comunicaba con Carlos Salinas de Gortari. Con el folio 110 del tomo XII de la averiguación previa, uno de los mensajes dice: "Tocayo: ¿Qué va a pasar? [...] El Peje ya declaró que atrás de esto está Usted y el Gobierno de los Estados Unidos, además de Martha Sagún [*sic*]".

El texto íntegro de la carta dirigida al ex presidente, incautada después de su deportación, está contenida en el folio 265 del tomo IX de la averiguación previa y da instrucciones para actuar en México [respeto la redacción original]:

"Con la aportación de dos nuevos videos se puede:

"I. Citar a declarar a René Bejarano para demostrar que él afirmó que AMLO estaba enterado y como inicialmente lo va a negar, se le puede procesar de inmediato por falsedad en declaración y detenerlo.

"II. Derivado de lo anterior, se puede llamar a declarar a AMLO, con respecto a las afirmaciones hechas por René Bejarano, si va, será un golpe mediático brutal verlo entrar a la PGR, y si no va, hay que tener una estrategia de vas [*sic*] donde se haga memoria de todas sus declaraciones al respecto en el sentido que ningún político debe escudarse en el fuero para aclarar cualquier asunto relacionado con la ley.

"Queda con el segundo video claro que me amenaza veladamente de muerte y corro peligro inclusive si me voy a la Patagonia y aun si eso lo consiguiera me puede pasar como le pasó a Carlos Salinas que se chingaron a su hermano Raúl o sea se desprende que también mi familia corre peligro.

"Hay un oficio de principios del 2001 que René Bejarano le turna a Ortiz Pinchety [*sic*], con una supuesta queja ciudadana sin firma que relize [*sic*] varias acciones en mi contra y con respecto a las obras que venía realizando en ese momento en la delegación Iztapalapa.

"Hay que preguntarle a René Bejarano qué día, mes y año me conoce y lugar y por primera vez y por qué circunstancia, como seguramente faltará a la verdad se tendrá que llamar al Senador con licencia, Raúl Ojeda para que de fe que fue por instrucciones de AMLO derivado instrucciones de un acto que yo consideraba ilícito que fue que el delegado de Tlalpan Gilberto López y Rivas se ubiera [*sic*] metido en mi rancho tumbando una puerta, acompañada por veinte personas. De esto hay denuncia de hechos que por supuesto a pesar de contar con varias pruebas fotográficas y testimoniales prosperó la denuncia.

"Existe un oficio firmado por René Bejarano atendiendo supuestamente una queja ciudadana sin firma, donde pide a Ortiz Pinchety [*sic*] que por instrucciones de su jefe realize [*sic*] varias acciones donde se puede desprender que son para empezarme a extorsionar ya que ese oficio le pide que tome algunas medidas sobre los contratos que tenía aquel entonces con la delegación Iztapalapa, derivado de este asunto y del de López y Rivas, comienza primero a pedirme pagos en especie como es el estudio de mecánica de suelos y diagnóstico de la probabilidad de que se caigan los edificios de la Unidad Nueva Tenochtitlán que construyó su cuñado hermano de Dolores Padierna, dicho estudio nunca me fue pagado y costó más de 500,000. Posteriormente fueron ya directamente las solicitudes en dinero en efectivo.

"Hay una investigación recién acabada y según esto con bastantes elementos de prueba que en Secretaría de Seguridad Pública específicamente en la Subsecretarías al mando de Regino, el Grupo Tigre tortura repito tortura a los detenidos con o sin orden se tiene localizado hasta los lugares donde lo realizan, además de que ya hay más de 50 denuncias presentadas en Comisión de Derechos Humanos, denuncia en la PGJDF y todo lo ha pasado AMLO. Es importante mencionar que dicho Grupo Tigre inició en la delegación Cuauhtémoc con Dolores Padierna.

"El viernes se mentaron la madre Camacho y Marcelo porque este último mandó a quitarme la seguridad, lo cual a Camacho le pareció totalmente una decición [sic] inoportuna.

"El Peje ya declaró que atrás de esto está Usted y el Gobierno de Estados Unidos, además de Martha Sagún [sic].

"A Carlos Ímaz se le dio más y se tiene perfectamente documentado entre el dinero entregado directamente y apoyos en especie como son pintas de barda, pago de espectaculares y otros. Lo cual podría llevar a destituirlo del cargo y realizar nuevas elecciones.

"Es importante mencionar que es el esposo de Claudia Sheinba [sic] otro brazo operador importante de AMLO ya que ella esta a cargo del Fideicomiso que lleva a cabo la construcción de los 2dos. pisos.

"Con Octavio Flores también se tiene documentación suficiente firmada para demostrar que rebasó el tope de campaña.

"Gustavo Ponce me llegó a confesar que él era el conducto y mensajero de AMLO y EZ.

"Peticiones

"1.- Que con todo lo anterior hay elementos suficientes para ser testigo protegido.

"2.- Pedirle a Bernardo que yo le pueda llamar para pedirle dos favores.

"a.- Que me espere unos días con los demás pagos pendientes.

"b).- Que gire instrucciones a Pérez Touffer para que mañana no haya problema y traten de quitarme mis dos equipos de futbol en la junta directiva que hay en la Federación.

"3.- Se me han acelerado más de lo que ya estaban los problemas económicos de toda índole, incluyendo las nóminas. Necesito de manera extra-urgente que se me pueda cumplir con el resto del compromiso inicial que falta mañana lunes y ver de manera o mecanismo se me va ha [*sic*] ayudar o no como se había quedado con el de Las Lomas para resolver mis problemas. Porque como es de obvias razones lo de contratos de construcciones por el momento ni soñarlo.

"4).- Pedir de favor que ya no molesten a mi familia como sucedió en el aeropuerto de León, donde el avión fue rodeado por elementos de la PFP, PJF y miembros del ejército filmando la bajada del avión de mi esposa y de mi hija de 12 años, las cuales fueron interrogadas de mi paradero, lo que provocó que mi hija María soltara el llanto".

La relación entre Salinas de Gortari, Ahumada y Rosario Robles había iniciado antes. Robles era cuestionada por sus finanzas oscuras en el PRD y Ahumada la llevó en septiembre de 2003 a Londres vía Houston, Texas, para que hablara con el ex presidente. Robles debía más de 12 millones de dólares a Televisa y solicitó el apoyo económico. Ahumada y Salinas se habían visto otras dos veces, el 8 y el 15 de febrero, en la casa ubicada en Dulce Oliva número 157-B, en Santa Catarina, Coyoacán. La videotrama, como también se le llamó al escándalo, y como quedó de manifiesto más adelante, tenía cómplices muy aguerridos: Carlos Salinas de Gortari, Diego Fernández de Cevallos, los abogados Collado, Salomón Cámara, Rosario Robles y Lidia Uribe.

La relación entre Ahumada y Marta Sahagún tenía como vínculo la amistad con su hijo Manuel Bribiesca Sahagún. Una amistad que duró poco, porque luego de entrar a la cárcel ni Salinas de Gortari, ni la ex primera dama lo ayudaron.

Su relación con Diego Fernández de Cevallos, en ese momento senador por el PAN, era buena. El *Jefe Diego* desveló los pormenores de su complicidad en el llamado complot en una entrevista realizada por Joaquín López-Doriga en Televisa, la empresa cómplice de los videoescándalos. Fue el 10 de marzo de 2004 cuando reveló que se comprometió con Carlos Ahumada a defenderlo "hasta donde pueda" del gobierno del Distrito Federal. Explicó que conoció a Ahumada a fines de enero y principios de febrero de ese 2004 porque el abogado Juan Collado le pidió una cita para presentárselo. Dijo que Ahumada le pidió su apoyo porque en ese momento era "extorsionado, perseguido y con deudas enormes". Luego le llevó las videograbaciones en una *laptop*, pero en ese momento eran inaudibles y borrosas, por tanto, tuvieron entre cuatro o siete sesiones más de videos. Y fue testigo de algunas ediciones, a manera de "supervisor". Finalmente declaró que se entrevistó con Ahumada en al menos siete ocasiones para preparar todo.

UNA RED BIEN TEJIDA

Tanto Carlos Ahumada como Rosario Robles se beneficiaron de su relación íntima, que les redituó más dinero y poder. Una mezcla de sentimientos e intereses. Combinación de placer y negocios.

Los negocios de Carlos Ahumada crecieron al lado de su amante. Y de eso da fe la Comisión Especial Investigadora contra la Corrupción del Partido de la Revolución Democrática (PRD) que investigaba las sucias finanzas de Rosario Robles. Una de las grandes ganancias para ambos fue la compra de terrenos propiedad de Carlos Ahumada Kurtz a sobreprecio durante la gestión de Rosario Robles Berlanga en la Jefatura de Gobierno del Distrito Federal.

Entre diciembre de 1999 y agosto de 2000, es decir, durante la gestión de Rosario Robles en la Jefatura de Gobierno del Distrito Federal, ésta le compró a Carlos Ahumada tres terrenos en más del doble del precio estimado. Los tres predios se encuentran en la delegación Álvaro Obregón y suman en conjunto 21,628 metros cuadrados. Los terrenos se encuentran marcados con los números 3140, 3180 y 3220 de la calle Prolongación 5 de mayo, colonia Ex Hacienda Tarango.

En un informe de la comisión especial investigadora del PRD, presentado por la diputada Dolores Padierna, se afirma que el pago que Rosario Robles hizo por los tres terrenos fue de 49,174,398.00 pesos, aunque el pago real debería haber sido de 23,757,036.70 pesos, es decir, Robles le pagó a Carlos Ahumada un sobreprecio de 106.9 por ciento.

La historia de esta ventajosa operación inició en 1999, cuando en el gobierno del Distrito Federal se efectuaron trámites para la adquisición de terrenos para la construcción de un hospital y una clínica en la delegación Álvaro Obregón. La operación fue de 15,046.20 metros cuadrados por un importe de 34,209,040.00 pesos. En promedio, 2,273.00 pesos por metro cuadrado. Se le compró a la Empresa Pabellón Tarango, S.A. de C.V. 13,046.20 metros cuadrados y a Federico Kempke Luna 2,000 metros cuadrados.

Fue en septiembre de 1999 cuando la delegación solicitó a la Comisión de Avalúos de Bienes Inmuebles del Distrito Federal (CABIDF) el dictamen de avalúo de los predios que se necesitaban para esos proyectos. El 19 de octubre fue emitido el avalúo con un valor máximo de compra de 1,236.08 pesos por metro cuadrado para el terreno de 13,046.20 metros cuadrados y 889.15 pesos para el terreno de 2,000 metros cuadrados. Entre ambos el costo de compra no debía pasar los 17,904,447.00 pesos. Pero el 30 de noviembre, Rosario Robles encargó un segundo evalúo y consiguió que subiera el costo a 2,273.60 pesos por metro cuadrado para ambos terrenos, representando en total 34,209,040.00 pesos; es decir, un incremento de 16,304,593.00 pesos en relación con el emitido un mes anterior.

Carlos Ahumada tenía todo un entramado de prestanombres para la compra de terrenos cuyos dueños eran, además de él, Cecilia Gurza González —su esposa— y Federico Kempke Luna —su empleado—. Todos aparecían en el gobierno del Distrito Federal como dueños de constructoras, contratos de obra o prestadores de servicios, como arrendamiento de vehículos. En el entramado estaban las empresas Pagosa, Quart, Cascata, Comercializadora Austral. La auditoría descubrió luego que el cheque pagado a Federico Kempke Luna por la compra del terreno fue depositado a una cuenta a su nombre, pero registrada con domicilio que correspondía a oficinas de la empresa Quart.

Otra de las numerosas anomalías en esta operación fue que la delegación reportó la compra de terrenos al Subcomité de Adquisiciones hasta el 25 de enero de 2000 mediante nota informativa, no obstante haberse generado antes los trámites y pagado los cheques respectivos en diciembre de 1999 y principios de enero de 2000.

Luego se supo de la adquisición de un tercer terreno de 6,582.23 metros cuadrados, colindante con los anteriores, y Rosario Robles lo compró a Cecilia Gurza González, esposa de Carlos Ahumada, por la cantidad de 14,965,358.00 pesos, a razón de 2,273.00 pesos por metro cuadrado. Igualmente tiene dos avalúos con precios menores.

El informe de la Comisión Especial Investigadora contra la Corrupción del PRD fue claro: "Se puede advertir serias incongruencias por sobreprecios que limitan la trasparencia de la transacción, así como la eficiencia y economía de la misma, evidenciando una conducta fraudulenta cometida entre el gobierno y las delegaciones, cuyo titular en ese entonces era designado directamente por el Gobierno del Distrito Federal".

Nuevamente Rosario Robles y Carlos Ahumada podían cantar victoria. Consumaban su amor y sus negocios, sus pasiones y sus dineros. La vida de ambos iba mejorando considerablemente. También sus cuentas bancarias. Y su estilo de vida. Cuando Rosario Robles negoció la compra de los terrenos de su amado, era jefa de Gobierno del Distrito Federal y vivía en un inmueble ubicado en el Pueblo de los Reyes, delegación Coyoacán, que compró con un crédito hipotecario cuando fue diputada federal en 1995, según narra la auditoría que la investigó: "Pero hacia mediados de ese mismo año, el proyecto Ahumada-Robles derivó en una relación sentimental, y Robles se fue a vivir a una residencia ubicada en San Ángel, a una casa que el propio Carlos Ahumada Kurtz le compró a la ex delegada Guadalupe Rivera y puso a nombre de su esposa, Cecilia Gurza. Es pertinente notar que todas estas personas mostraron un evidente enriquecimiento después de ese mismo año 2001".

Carlos Ahumada es especialista en entramados financieros. Para eso creó una red de empresas de su propiedad o bien con prestanombres con más de 27 denominaciones con Sociedad Anónima y Capital Variable: Cascata, Construcciones Limen, Grupo Quart, Asfa Construcciones, Pagoza Urbanizadores y Constructores, Sistemas y Proyectos Futura, Fabricaciones y Suministros Tecnofutura, Edificaciones Consultoría y Administración, Cima Internaiconal, Grupo Concoar, Edifica del Centro, Montealban Construcciones, Rague Construcciones, Robledo Construcciones e Instalaciones, Constructora Cruz Torres, Constructora e Inmobiliaria Topete, Akumal Construcciones, Constructora B&J, ZG, Sr. Capistrán, Construcción Kalpe de Morelos, Copei, Proyectos y Arquitectura Aplicada, Constructora Alvic, Construideas Innovación y Desarrollo, Ingeniería y Evaluación, y Edificaciones y Construcciones.

Pero cuando su amada dejo el puesto las cosas cambiaron. No todo fue miel sobre hojuelas para Ahumada, que se endeudó de manera considerable, mientras el gobierno del Distrito Federal le cerraba las puertas. Al ser deportado de Cuba aparecieron sus deudas en documentos y agendas. En total, tenía pasivos por la cantidad de al menos 625,800,000 pesos. Su negociación con Banca Afirme, según consta en el folio 249 del tomo X de la averiguación previa, consistía en préstamos recibidos: un crédito simple cuyo saldo al 22 de marzo de 2004 era de 135.5 millones de pesos, un crédito en cuenta por 60 millones, un factoraje de proveedores por 30 millones, un factoraje de clientes contrarrecibos por 42 millones y un total de intereses no pagados al 22 de marzo por 5 millones. En total: 271 millones de pesos.

Su agenda 2004, color café marca Banca Afirme, fue incluida en el expediente judicial. En el folio 188 del mismo tomo X del expediente de la averiguación previa obra un documento escrito a computadora en tarjeta tamaño media carta blanca donde detalla los siguientes pasivos:

"Televisa: 26 millones
"TV Azteca: 8 millones
"Radio Centro: 48 millones
"Proveedores varios: 31 millones
"Vencimientos bancarios: 40 millones
"Préstamo personal: 40 millones
"Crédito Sare: 3,700,000 pesos
"PBI: 3,500,000 pesos
"Proveedores varios: 80 millones
"Quartz, Independiente y otras Cías. pasivos en jurídico 18 millones de pesos
"IMSS: 16 millones y medio.
"Impuestos: 45 millones

"2 por ciento sobre nómina: 2,300,000 pesos

"Total: 354,800,000 pesos".

El documento judicial, con estos detalles, dice: "Este monto constituía un elemento de presión que le impelían a Carlos Ahumada buscar recursos económicos que le permitieran cubrir tales adeudos, máxime cuando en el Distrito Federal se investigaba a sus empresas por las irregularidades que ya se tenían documentadas y que le habían significado, hasta antes de esa suspensión, su fuente de ingresos más importante".

UNA VIDA DE ARTIFICIO

La primera vez que Ahumada estuvo en prisión fue en 1994 por fraude genérico, cuando su hermano Roberto lo demandó por las minas de La Suriana. Ingresó al Reclusorio Oriente y estuvo preso 28 días. Jamás imaginó que volvería a ser huésped de tan prestigioso recinto. Su particular concepción de hacer negocios lo ponía en el filo de la navaja. Fundó las empresas Constructora Quartz y Publicorp, esta última dedicada a la publicidad en medios de comunicación y que, durante las últimas administraciones del PRD, en especial la de Rosario Robles, se vio beneficiada con contratos multimillonarios.

Aprovechando ésas y otras relaciones expandió sus territorios. En 1994 compró 47 hectáreas de tierra comunal en San Miguel Topilejo, en la delegación de Tlalpan, al sur del Distrito Federal. El terreno se extiende desde la cima hasta las faldas del cerro conocido como Las Canteras, en el kilómetro 28 de la carretera federal a Cuernavaca. Puso el predio a nombre de su esposa, Cecilia Gurza, según consta en la escritura pública 18745 del Registro Público de la Propiedad.

Su biografía oficial dice que en 2001 Ahumada, en actitud filantrópica, les donó a los comuneros una escuela primaria matutina y vespertina, la cual cuenta con canchas deportivas, biblioteca y 30 aulas con capacidad para más de mil alumnos. Lo que no dice es que fueron los comuneros los que cedieron al empresario 80 hectáreas de tierra comunal mediante el representante Germán Flores, a quien supuestamente le entregó 3 millones de pesos para repartirlos entre los campesinos con la promesa de construir la escuela y también un auditorio. Sin embargo, la operación fue un fraude y Ahumada nunca cumplió la promesa del auditorio. Los campesinos jamás vieron el dinero y el empresario intentó despojarlos de sus tierras. Éste cercó el terreno para impedir la entrada a los comuneros, que denunciaron ante la prensa los despojos y mentiras. Los terrenos forman parte de las 10 mil 365 hectáreas que en 1976 fueron reconocidas como tierra comunal a favor de 446 habitantes.

"Hemos tenido que vender las tierras por pobreza, porque nuestra situación económica está muy deteriorada", contó uno de los comuneros al periódico *La Jornada*. "El empresario, en un tiempo brevísimo, compró los puestos de comida del mercado turístico del kilómetro 28 de la carretera federal México-Cuernavaca. Al menos 26 locatarios ocupaban esa zona desde hacía 40 años y a cada uno le pagó entre 60 y 70 mil pesos. Al dirigente René Morales Paredes le dio 100 mil pesos, y a la señora de los baños, 40 mil pesos", agregó, y reveló que Ahumada utilizó los camiones de la delegación Iztapalapa para luego arrasar con todo.

Iztapalapa era feudo político de Ramón Sosamontes, que fue su delegado. El empresario argentino presionó a los comuneros de todas las formas para que cedieran sus tierras. En una ocasión les lanzó dos camiones de estiércol frente a sus puestos de comida: "Su gente quitó los puestos, aplanó el terreno, construyó una cuneta en la vía federal, sembró árboles". Explicaron que, cuando llegó en 1995, supuestamente compró 42 hectáreas del predio, aunque en realidad fueron más de 80, pero registró nada más esa extensión porque la ley no permite que una sola persona sea propietaria de una cantidad mayor, y pagó en efectivo. Para hacerse con las tierras tuvo que buscar apoyo comunal con los líderes Germán Flores, Francisco Torres y Moisés Madrigal, a fin de obtener la cesión de derechos posesorios del predio. La operación se realizó en una bodega de hortalizas de Topilejo, donde Germán Flores propuso que los comuneros lo reconocieran como "avecinado". Sólo votaron 92 comuneros a favor, menos de la mitad; el resto intentó parar el atraco denunciando los hechos a Rosario Robles cuando era jefa de Gobierno del Distrito Federal y sostenía un romance con el empresario argentino nacionalizado mexicano.

El predio estaba considerado por el Programa Delegacional de Desarrollo Urbano de Tlalpan como área de conservación, pero Ahumada se amuralló y construyó en 2001 su barda perimetral en 357 mil metros cuadrados de piedra braza —el material de construcción más caro del mercado en ese momento—. Además, colocó una maya ciclónica de más de dos metros de altura, impidiendo el paso a los habitantes. De acuerdo con los testimonios de Germán Hernández González, presidente de Bienes Comunales de San Miguel Topilejo, el empresario edificó una casa, con lo que violó el Reglamento de Construcciones para el Distrito Federal porque, señaló, lo hizo sin la licencia correspondiente. Los comuneros dicen que el empresario compró esa cantidad de terreno para construir un centro comercial.

Ironías de la vida… Rosario Robles se graduó como licenciada en economía en 1980 con la tesis *El movimiento campesino en México: una década de lucha (1970-1979)*, investigación de 290 páginas en la que exponía su visión sobre los campesinos y la crítica al sistema político mexicano emanado del PRI. En el capítulo 15, titulado "El marxismo frente a la cuestión campesina", escribió: "Desde nuestro punto de vista, la solución de raíz a la condición de explotación a la que están sometidos los campesinos pobres sólo puede ser resuelta, al igual que la de los obreros, a través de la Revolución Socialista, de la instauración de la Dictadura Proletaria [...]. Es una tarea impostergable para las organizaciones revolucionarias mexicanas desarrollar acciones que tiendan a consolidar la alianza obrero-campesina y avanzar así en el camino de la Revolución". Luego, en 1995, obtuvo el grado de maestra en desarrollo rural por la UAM-Xochimilco con la tesis *Voces de mujeres: la experiencia de las campesinas e indígenas del Valle del Mezquital*.

Esa posición ideológica cambió a la hora de "enamorarse" de Carlos Ahumada. La sucia operación de Las Canteras en contra de los campesinos define claramente las formas de hacer negocios de Ahumada y su desprecio hacia la clase trabajadora. Su relación personal con Rosario Robles le permitió enriquecerse con eso y con la empresa de publicidad, encargada de la campaña "Para una gran ciudad, grandes acciones". Los resultados de la Cuenta Pública de 2000 revelan que esos contratos ascendieron a más de 50 millones de pesos sin licitación pública de por medio.

La pareja iba llenando sus cuentas bancarias. Como presidenta nacional del PRD, Rosario continuó beneficiando a Ahumada. Otorgó a Publicorp toda la publicidad oficial de las campañas electorales del 6 de julio: unos 300 millones de pesos en los comicios para renovar los 500 diputados y seis gubernaturas en el país.

Las acciones de Rosario Robles para beneficiar a su enamorado fueron denunciadas por gente del partido, como Gerardo Fernández Noroña, dirigente del Movimiento de Bases Insurgentes (MOBI), quien acusó a Robles de imponer a Publicorp sin consenso en el interior del partido y "abusando de la falta de normatividad al respecto". Uno de los empleados de Ahumada, Carlos Franco, reveló que dicha empresa inflaba los costos de todo hasta en 300 por ciento. El empresario enamorado también fue casualmente ganador del concurso de adjudicación de obra para edificar los seis tramos en que se dividen los segundos pisos a Viaducto y Periférico. Espléndido como se le conocía para conseguir sus objetivos, regaló una camioneta a los candidatos perredistas de Tabasco y Michoacán, Raúl Ojeda y Lázaro Cárdenas. Más aún, entre los años 2001 y 2004 Ahumada recibió 442 millones de pesos por contratos realizados con el gobierno de Michoacán. Audaz y emprendedor, Ahumada tenía una mina en sus manos; durante la jornada electoral ofreció el servicio de vehículos, personal, apoyo logístico, teléfonos celulares y equipo de radiocomunicación.

Rosario Robles se defendió de todas las acusaciones de corrupción con muy poca credibilidad, pues las pruebas y testimonios la desmentían. Ella insiste hoy en que jamás favoreció a su "amor", a su "ángel", y atribuye los ataques a su condición de mujer. Sin embargo, en el expediente 02/04 y su acumulado 039/2004, que integró la Comisión Especial Investigadora contra la Corrupción, hay evidencias que la desmienten. De hecho, desde el PRD había una iniciativa para llevarla a los tribunales por corrupción, apoyada por la mayoría del consejo con las diversas corrientes: Nueva Izquierda (de Jesús Ortega y Jesús Zambrano), Izquierda Democrática Nacional (de René Bejarano y Dolores Padierna), Foro Nuevo Sol (de Amalia García) y Fernández Noroña con el Movimiento de Bases Insurgentes.

Era el 7 de febrero de 2004. Se desarrollaba el 14 Pleno del Consejo Nacional del PRD y la decisión se pospuso hasta la celebración del próximo consejo, pero antes de eso, Rosario ya tenía preparada su venganza. Así se salvó de ir a la cárcel. El primero de marzo, Joaquín López-Dóriga mostraba al entonces secretario de Finanzas del gobierno del Distrito Federal, Gustavo Ponce, apostando en el casino del Hotel Bellagio en Las Vegas. Era la imagen de la corrupción. Pero faltaba más… Dos días después, el payaso *Brozo* exhibió el video en el que aparecía René Bejarano recibiendo el dinero de Carlos Ahumada. En el complot, como se ha expuesto, participaron muchos actores de muy distinto nivel político y mediático. La grabación de la entrega del dinero se hizo al lado de los estudios de Televisa y Brozo ya tenía planeada la entrevista con Bejarano, en la cual le preguntaría su opinión sobre la corrupción y después, de manera sorpresiva, le exhibiría el video. Bejarano iba acompañado de Alejandra Barrales y al entrar al estudio les quitaron los celulares. Todo estaba perfectamente planeado.

Detrás de los videoescándalos se escondía toda una red de corrupción que implicaba a Rosario Robles y Carlos Ahumada. Por ejemplo, en el caso de la empresa Publicorp, que mediaba para la transmisión de comerciales en Televisa, se determinó que ofreció condiciones muy desventajosas para el PRD, en comparación con otros partidos. Fueron las declaraciones de la actual senadora Dolores Padierna, el 8 de noviembre de 2004, las que demostraron que los *spots* televisivos que pagaba el PRD a Televisa eran más caros que los que pagaban el PRI o el PAN: "Las finanzas del partido tenían un manejo discrecional y arbitrario con Rosario Robles".

Los vínculos entre Ahumada, Televisa y Rosario Robles llenaron de confusión las finanzas. A Publicorp le entregaron un anticipo de 20 millones de pesos para transmitir los *spots* por Televisa, pero utilizaron ese dinero para pagar una supuesta deuda. Luego Rosario Robles y el coordinador de Finanzas, José Ramón Zebadúa González, arreglaron el problema señalando que la deuda sería cancelada bajo el compromiso de invertir en Televisa la misma cantidad en *spots* a través de Publicorp nuevamente. Peor aún, posteriormente hicieron una maniobra para simular ante el IFE menos cantidad de *spots*. Marcelo Arreola, del CEN del PRD, lo explica: "Me propuso hacer unos movimientos de *spots*, y me dijo que de 23 millones se hicieron 11 millones. Le dije que mi monitoreo me indicaba algo diferente. Me dijo que no me preocupara y que el CEN me iba a transferir campaña institucional, y que en lugar de tener pocos *spots* iba a tener más, y que así le quitaba un problema ante el IFE".

Quart, otra de las empresas de Ahumada, obtuvo hasta octubre de 2001 por lo menos 70 contratos de obra pública para el gobierno del Distrito Federal, por un total de 480 millones de pesos. Y todo esto, en medio de una historia de "amor", traición y descomposición del sistema político mexicano.

SEXO, MENTIRAS Y VIDEOS

"Soy una forastera que se metió sin permiso, cuyo nombre está prohibido, que puede mañana recoger sus maletas y no pasa nada. Nada cambia. Y yo que quisiera llenar de flores tu jardín, bajar las estrellas y decorar con ellas cada uno de los rincones de la casa, traer el sol y también la luna sin entender que nada de eso le está permitido a las intrusas. No es mi culpa, tampoco la tuya. Nadie nos dijo nunca que yo llegaría a respirar a través de tus propios poros", se dirigía, pues, Rosario Robles a su amado Carlos Ahumada mientras sostenían su relación clandestina.

Lo mejor estaba por venir. La cancelación de los contratos de construcción en el Distrito Federal, una vez que concluyó el gobierno de su pareja extramarital, enfadó a Ahumada. Fue entonces cuando surgieron los videos que ambos planearon con el ex presidente Carlos Salinas de Gortari y el ex senador panista Diego Fernández de Cevallos. Fueron lanzados al aire por un payaso: la tragicomedia en su máxima expresión. Pues bien, aquel 3 de marzo de 2004 *Brozo* transmitió por Televisa el video en el que se veía que René Bejarano, en ese entonces líder de la mayoría del PRD en la Asamblea Legislativa del Distrito

Federal, recibía 45 mil dólares en efectivo de manos de Carlos Ahumada para la financiación del partido y para favorecer las licitaciones a su favor. Luego, el 9 de marzo, Joaquín López-Dóriga transmitió otro video en el cual aparecía el jefe delegacional en Tlalpan, Carlos Ímaz, mientras recibía paquetes de dinero de manos de Carlos Ahumada.

El empresario argentino nacionalizado mexicano y Robles tenían una videoteca que incluía a sus amigos perredistas Ramón Sosamontes y Gustavo Ponce Meléndez, secretario de Finanzas del gobierno del Distrito Federal, quien, como ya se mencionó, aparecía en un video jugando en Las Vegas. La Subprocuraduría de Investigación Especializada en Delincuencia Organizada (SIEDO) encontró elementos para presumir que los cerca de 6 millones de pesos que recibió de Carlos Ahumada, a cambio de agilizar los pagos que el empresario realizaba en el Distrito Federal a través del Grupo Quart, constituían un delito de "lavado de dinero".

Bejarano, Ímaz y Ponce señalaron a Rosario Robles como la intermediaria con Carlos Ahumada y la que les aconsejó recibir el dinero para que ella posteriormente los favoreciera desde el gobierno de la capital. Un binomio de "donaciones" a cambio de "contratos". El video del profesor Bejarano fue entregado por el diputado Federico Döring a Televisa para informar a la población sobre actos de corrupción. Paralelamente, Ahumada denunciaba ante la Procuraduría General de la República (PGR) que funcionarios del gobierno del Distrito Federal se habían dedicado a extorsionarlo desde el año 2003.

"Fue un complot", dijeron las autoridades y la Procuraduría General de Justicia del Distrito Federal (PGJDF), que llevaba la investigación contra Carlos Ahumada y su *holding* de empresas del Grupo Quart, por el fraude de 31 millones de pesos en agravio del gobierno capitalino. Finalmente encontró elementos suficientes y las principales claves de la conspiración que tenía como objetivo destruir a Andrés Manuel López Obrador en su carrera a la candidatura presidencial.

Sin embargo, había llegado la hora de que René Bejarano hablara. Reveló la existencia de una red de corrupción de Ahumada, de quien dijo era el aval del PRD ante algunos bancos para hacer frente a la enorme deuda que Rosario Robles tenía cuando fue presidenta del

PRD. "También se tiene que saber el contexto en el cual Ahumada tuvo relación con la publicidad del PRD, y por qué Televisa tuvo que ver con eso a través de Bernardo Gómez, quien fue el operador de Televisa en relación con Ahumada y otros elementos como Joaquín López-Dóriga y el payaso *Brozo*, quienes han arremetido contra mí porque tienen 'temor' de que se sepa la relación de Carlos Ahumada con Televisa. Y tiene que ver con eso porque ellos sí recibieron recursos para su empresa, a través de la publicidad del PRD, y se trata de que eso no se sepa [...]. Una de las razones por las que yo estuve platicando con Ahumada fue porque las personas que me solicitaron que fuera a recibir el donativo en alguna otra ocasión me señalaron que el PRD se había endeudado muchísimo para pagar publicidad en medios masivos de comunicación, particularmente con las televisoras, pero una de ellas principalmente Televisa", dijo a Óscar Mario Beteta.

Ahumada manejaba la deuda y sus beneficios: "Para pagar a Televisa, en base a una negociación que hizo Bernardo Gómez Martínez, en donde se descontaban una cantidad de los recursos de la deuda anterior del partido, se asumían nuevos recursos para pagar la publicidad que el PRD había contratado durante la campaña de 2003 y que Ahumada había sido aval para conseguir recursos bancarios. Pero una vez que se había conseguido el dinero, Ahumada amenazaba con dar a conocer esos pagarés y que se conociera lo que se había gastado y el monto del endeudamiento y a mí me pedía, se me pidió, que pudiera hablar con él para tratar de contenerlo para que no diera a conocer esa información, como él era un chantajista profesional, o lo es, y estaba utilizando ese aval que otorgó para financiar una parte de la deuda del PRD, y eso no se dice". La deuda del PRD era de 400 millones de pesos y bajó a 120 millones de pesos antes de que Rosario Robles dejara la presidencia del partido.

El acusador pasó a ser acusado. Las manos no las tenía precisamente limpias. Carlos Ahumada enfrentó una denuncia penal. Fue detenido por la Interpol en Cuba el 30 de marzo, hasta donde había viajado para buscar refugio. La orden de aprehensión era por su supuesta responsabilidad en el delito de fraude genérico en agravio del gobierno del Distrito Federal, por 31 millones de pesos.

Al llegar a México, Rosario Robles acudió a verlo al Reclusorio Oriente. Ya había renunciado al PRD, de lo contrario iba a ser expulsada. La acompañó Cecilia Gurza, la esposa engañada. Ahumada tenía a su amante y a su legítima esposa en la misma visita. "La acompañé porque tenía miedo de ir a la cárcel. Cuando llegó, el trato que le dio el gobierno del Distrito Federal fue infame. Violaron derechos humanos y había mucho miedo de sufrir alguna agresión en la cárcel. Y no puedo darle la espalda a la gente. Ella me lo pidió, él me estaba pidiendo que fuera para conversar conmigo, para que a su vez yo hablara con el gobierno del DF. Justamente de lo que yo padecí fue la traición y de gente que me dio la espalda. ¿Por qué iba a hacer lo mismo? […] Pienso que en las mujeres quedó otra imagen. De lo que vivo en mis giras por todo el país, no creo que sea un punto que esté afectando. Quedó más la imagen de una mujer humana, que no es una superniña, una política que es tocable, más accesible, más cercana, porque vive y siente lo que la mayoría de las mujeres", dijo al año siguiente en Coahuila en una entrevista con la revista *Razones de Ser*.

Rosario se volcó en apoyar al hombre que amaba y así se lo hizo saber en su carta. La actual secretaria de Sedesol, que encabeza la Cruzada Nacional contra el Hambre del gobierno de Enrique Peña Nieto, estaba dispuesta a ofrecer un sacrificio, su propia inmolación para salvar al hombre que la había hecho sentirse "nuevamente mujer": "Si es necesario, y a lo mejor llegó el momento de hacerlo, soy capaz de hincarme, de arrodillarme, de firmar mi carta de rendición para que a ti no te toquen. Tal vez llegó el momento de tocar una puerta y entregarme a cambio de tu libertad…"

Fue el símbolo de su inmolación.

LA REVANCHA

¿Qué pensó Rosario Robles sobre el futuro de su relación amorosa con Carlos Ahumada? ¿Acaso imaginó por un momento que iba a pasar la "brutal prueba" que les había impuesto el destino?

Ahumada salió libre el 8 de mayo de 2007, después de mil 131 días en prisión. Fueron a recibirlo su esposa y sus tres hijos, pero agentes de la Policía Judicial del Distrito Federal ya lo esperaban con una orden de aprehensión y fue detenido nuevamente, acusado de fraude, esta vez en perjuicio de la delegación Álvaro Obregón. Lo trasladaron a la Agencia 50 del Ministerio Público. Las escenas humillantes de cómo cargaron con él para detenerlo nuevamente, entre gritos, quedaron en la memoria de la opinión pública. Luego quedó libre porque la PGR no acreditó la acusación.

Dos años después escribió su revancha: *Derecho de réplica*. El libro significó una venganza contra todos, particularmente contra aquellos con quienes organizó un complot para atacar Andrés Manuel López Obrador y contra la propia Rosario Robles: "No me interesa escribir mis memorias, ni justificar mis decisiones en un soliloquio superfluo. Creo que el tiempo se encarga de poner a cada quien en su lugar, aunque en ocasiones sus ritmos pueden desesperar al más paciente", dice de entrada para luego dar su versión del escándalo político. Confiesa que Carlos Salinas fue el cerebro de los videos y que negoció con él muchas veces en presencia de Rosario Robles. Sobre el panista Diego Fernández de Cevallos, lo identificó como el coordinador del escándalo y el títere del ex presidente Salinas. Y enlista todos los personajes que participaron en el complot: Santiago Creel Miranda, ex secretario de Gobernación; Eduardo Medina Mora, ex procurador general de la República y ex director del Centro de Investigación y Seguridad Nacional (Cisen), y el ex procurador Rafael Macedo de la Concha. Salinas le iba a pagar 400 millones de pesos, pero sólo le adelantó 35 millones que le entregaron Manuel Andrade, entonces gobernador de Tabasco; Arturo Montiel, entonces gobernador del Estado de México; Enrique Peña Nieto, diputado del PRI en el Estado de México en ese momento, Jorge Kahwagi y Elba Esther Gordillo.

"Carlos Salinas me confió que una de las cuestiones que había negociado con el presidente Fox a cambio de los videos, a través de Diego Fernández de Cevallos, era la exoneración de todos los cargos, inclusive el de homicidio, que mantenían en ese momento a Raúl en la cárcel, además de la devolución por parte de la Procuraduría General de la República de todos sus bienes, incluyendo los millones de dólares congelados por la PGR. Y así sucedió finalmente [...]. Raúl fue liberado y exonerado el 14 de junio de 2005 [...]. Salinas fue el cerebro de los videoescándalos. Yo fui el de los videos, él fue el del escándalo. En cuanto a Diego Fernández de Cevallos, él fue el coordinador. [...] en esos días descubrí que Diego realmente era un títere de Carlos Salinas [...] en verdad era impactante que el presidente del Senado y coordinador de los senadores por parte del PAN, se sometiera con tanta facilidad a Salinas [...]. Al tener en su poder algunas copias de los videos, los Collado y sus patrones Carlos Salinas y Diego Fernández me abandonaron e incumplieron todos los acuerdos que habíamos establecido [...]. Salinas y Diego estuvieron en contacto permanente con él [Bernardo Gómez de Televisa] para coordinar la difusión de los videos [...]. Recibí además esta instrucción de Salinas a través de Juan Collado: 'No contestes ninguna pregunta aunque te insista Joaquín [López-Doriga] porque lo va hacer para no verse tan obvio'".

Ahumada exorciza sus demonios y habla de su amada Rosario Robles en términos muy distintos a los que ella se refiere a él. La exhibe en su real dimensión sobre su ambición política y su delirio de ser presidenta de la República, un delirio utilizado por Salinas de Gortari para alimentarle su narcisismo. Los encuentros fueron en su casa de Tlalpan, Londres y La Habana.

"Cuando llegamos a la vitrina donde [Salinas] conserva sus bandas presidenciales, Rosario le comentó que debía de ser un gran honor y un orgullo portar la banda presidencial. Salinas inmediatamente tomó una escalerita para poder subir a abrir la vitrina y sacó una de las bandas presidenciales. Yo creía que nos la quería mostrar, y en efecto así lo hizo, pero no fue sólo eso, sino que la tomó y se la puso a Rosario [Robles] cruzándole el pecho y le dijo: 'Te luce muy bien'".

Recientemente se le preguntó al respecto, y la secretaria de Sedesol respondió que no sólo se la probó, sino que se la llevó a su casa porque Salinas de Gortari se la regaló.

"En septiembre de 2003 realicé un viaje a Londres para que pudieran hablar personalmente Rosario Robles y Carlos Salinas [...]. Comenzaron [Salinas y Robles] a enviarse mensajes a través de mí [...]. Ella tenía terror de ver a Carlos Salinas en México, pero aceptó verlo fuera y se decidió que fuera en Inglaterra, en Londres. [...] De los viajes a Londres y Cuba surgió otra reunión, que resultó decisiva para lo que se dio en llamar los videoescándalos. Para ese entonces, noviembre de 2003, Rosario ya no tenía tanto temor de ver a Salinas en México, por lo que aceptó verlo en su casa de Camino a Santa Teresa.

"Tomamos todas las precauciones del caso para que nadie se percatara de que Rosario lo veía en su casa [...].

"Yo los llevaba en un disco compacto [los videos]. Para verlos [con Salinas] nos pidió que pasáramos nuevamente a la biblioteca. Rosario nos dijo que fuéramos nosotros y que ella nos esperaba abajo, que no quería tener nada que ver con ese tema. Su actitud era ridícula, ya que ella incluso había participado en la edición y selección del material. Debo confesar que durante el tiempo que lo traté [a Salinas], nunca lo vi tan emocionado: le brillaban los ojos y sonreía. Dijo algo así como: 'Es muy, muy duro, devastador. Con esto están acabados'. Aunque hacía todo por disimular su emoción, ésta lo sobrepasaba".

Ahumada deja ver que Rosario Robles no fue solidaria con él cuando estaba en problemas: "La recibí en una sala de juntas en la planta baja del edificio. Me dijo: 'No te voy a firmar nada', de una manera retadora, que no me pareció nada digna de una persona a quien le había confiado tanto, y que además tenía una relación personal conmigo. [...] Ella se fue a sus vacaciones de Semana Santa, como una digna revolucionaria integrante del PRD, invitada por el aquel entonces gobernador de Baja California Sur, Leonel Cota Montaño, al 'modesto' hotel Las Ventanas del Cielo, a una suite con todo lujo, todo pagado por el gobernador. Ella, sus amigas y su hija".

Carlos Ahumada regresó a Argentina en 2007 con su familia. Inició nuevos negocios y compró un equipo de futbol. Dolida, Rosario Robles confiesa que esa etapa fue una de las peores en su vida. Salió de la escena política dos años, aunque no permaneció en el congelador. Se movió y en 2007 fundó la organización "feminista" Sostén para dar asesoría y consultoría a las candidatas a puestos de elección popular; asesoró a Ivonne Ortega Pacheco en Yucatán. Cuando le preguntaron sobre el libro de Ahumada, sencillamente contestó con desdén: "Pobre Carlos, cuánto resentimiento, cuánto rencor, cuánta frustración debe [de] haber en él, para escribir algo tan vulgar y tan fantasioso [...]; las cosas se aclararon, cayeron por su propio peso". Pero no precisó a qué asuntos se refería. "Y seguirán cayendo", le dijo al periodista José Cárdenas, quien le recordó que ella había declarado que se enamoró del "hombre equivocado". Reviró en tono molesto y contundente: "Con mayor razón, cuando escucho tanta bajeza, tanta vulgaridad y tanta ruindad [...]. Creo que lo único que evidentemente a mí me queda de lección de todo esto [...] es que ya pasó, ya quedó atrás. Yo ya soy una mujer que de eso está absolutamente libre".

UNA MUJER CAMALEÓNICA

La actual secretaria de Desarrollo Social ya no quiere hablar del pasado, mucho menos de sus amoríos con Ahumada. No quiere saber nada de esos amores que matan, que consumen, que estigmatizan para el resto de la vida.

Ya no quiere hablar de ese hombre al que se le hincaba y por quien daba la vida. Ese mismo al que se le tiraba al suelo literalmente: "para encontrar en tus ojos aunque sea un destello de esperanza para sentir que en algún momento podrás perdonarme por no haber traído nada bueno a tu vida. [...] Mi amor no ha sido suficiente. Ni mi deseo de curar, de lamer tus heridas [...]. Por eso no te culpo de tu indiferencia, de tu desamor, de tus gritos, no te culpo por nada, ni siquiera por el rencor y resentimiento. No te culpo incluso si me dejas de querer como ya lo estás haciendo. Sólo puedo decirte que quiero que sepas que mi corazón te pertenece, que pase lo que pase nunca dejaré de amarte".

Rosario se reinventó. Superó el papelón, olvidó el ridículo que hizo y continuó con sus aspiraciones políticas. Si alguien creía que era el fin de su carrera, se equivocó. Cultivó su relación con Carlos Salinas de Gortari. En 2005 anunció su intención de postularse para jefa de Gobierno del Distrito Federal e intentó la candidatura por el Partido Socialdemócrata, pero fue rechazada.

El perfil bajo que mantuvo después del escándalo amoroso y el complot contra sus compañeros de partido se esfumó, incluso participó en el teatro con los *Monólogos de la Vagina* y hasta lloró de emoción en el escenario. Luego incursionó en la pantalla chica. Se fue a la Televisión Mexiquense con su programa *Mujeres en el Risco* para exaltar su parte feminista. Y su cercanía con Enrique Peña Nieto se hizo más evidente. Empezó a hacer proselitismo a su favor. "Evidentemente veo una campaña muy exitosa la de Enrique Peña Nieto, que está colocada hoy por hoy en primer lugar, por muchas razones, porque lo conozco, porque tengo una relación personal con él de trabajo, de afecto, porque creo que México necesita un cambio, que no puede seguir por el mismo camino, las mujeres no queremos que se siga masacrando a los jóvenes, no queremos seguir recogiendo los cadáveres de nuestros hijos y en consecuencia creo fundamental que haya una transformación".

En 2012 formó parte de su equipo de transición. El anuncio de su nuevo puesto como vicecoordinadora del área de política social del equipo de Peña Nieto generó rechazo y severas críticas. Para el perredista Alejandro Encinas fue una señal de "vergüenza": "Hace mucho que Rosario Robles se fue del partido y no me extraña verla ahí; no es sino un signo más de las prácticas de corrupción que implica el peñismo y cómo quiere conducir los destinos de este país. Es triste y lamentable que quien fue jefa de Gobierno sustituta y presidenta del partido de izquierda más importante del país hoy dé un brinco y un bandazo de esta magnitud. Esto habla muy mal de los políticos y de las políticas y es una mala señal, porque así como se premian prácticas ilegales en campañas electorales, también se premian los bandazos en política".

Jesús Zambrano, líder del PRD, fue más severo con su ex compañera de partido: "Cada quien tiene derecho a venderse al monto que le pongan enfrente, pero hay que tener vergüenza para hacerlo". ¿Vergüenza? Es lo que perdió Rosario Robles, o al menos nunca se avergonzó de lo que hizo. El poder desenmascara. Peña Nieto la incorporó finalmente a su gabinete como secretaria de Desarrollo Social y, como ya se dijo, al frente de su programa estrella: la Cruzada Nacional contra el Hambre: "Nos debe dar vergüenza que haya hambre con todo lo que tiene México", dijo al presentar sus programas de la mano de las multinacionales Nestlé y PepsiCo. Rosario se convirtió así en la "gran traidora" de la izquierda con su historia llena de ambición desmedida. Las denuncias contra Rosario Robles empezaron al mismo tiempo que sus nuevas responsabilidades en el equipo de Peña Nieto. El PAN en Veracruz la acusó de utilizar los recursos de la Sedesol con fines electorales y sus ex compañeros perredistas fueron más allá. José Manuel Oropeza Morales y Alejandro Sánchez Cordero, presidente y secretario general del PRD en la capital y nacional presentaron ante la Procuraduría General de la República (PGR) una denuncia penal contra ella por uso de recursos federales de programas sociales en favor del PRI, recursos que se supone debían utilizarse en la Cruzada Nacional contra el Hambre. Rosario Robles ha pasado a ser la "villana favorita" del sistema junto a otras mujeres como Elba Esther Gordillo; cómplice de programas sociales demagógicos del PRI con otros fines. Ahora forma parte del monstruo que tanto criticó en su época maoísta. Y tal vez no ha perdido sus aspiraciones: quiere ser la primera presidenta de México.

¿Y qué pasó con Carlos Ahumada, el gran amor de su vida? Él también se reinventó. Apareció en marzo de 2013 exigiendo que la Comisión Nacional Bancaria y de Valores (CNBV) descongelara las cuentas que tiene en instituciones crediticias de México y al mismo tiempo le liberara una tarjeta de crédito. Por si acaso, al volver al país, promovió un amparo y solicitó al juez que lo protegiera de cualquier acción que pudiera ejercer en su contra la PGJDF. Desde el 24 de agosto de 2012 había impugnado la decisión del presidente de la Comisión Nacional Bancaria y de Valores, Guillermo Babatz, de ordenar el congelamiento de sus cuentas y la petición quedó radicada en el Juzgado Cuarto de Distrito de Amparo en Materia Penal. Aprovechó una decisión importante en sus procesos judiciales: el 4 de octubre de 2009, el juez Décimo Segundo de lo Penal en el Reclusorio Norte, Carlos Morales, dejó sin efecto la orden de reaprehensión que había en su contra, después de cubrir el pago de 22 millones de pesos como reparación del daño causado en agravio de la delegación Gustavo A. Madero, según constaba en la denuncia penal.

Ahumada aprovechó para verse con sus amigos. Comió con el panista Diego Fernández de Cevallos —su socio en los videoescándalos— en el restaurante Cuchillerías. No hay registro de nuevos encuentros con Carlos Salinas de Gortari, pero tomando en cuenta su relación personal anterior y la vuelta del PRI al poder, nadie duda que la reaparición del empresario argentino sea para reiniciar sus "negocios" con el nuevo gobierno de Enrique Peña Nieto y su ex pareja sentimental Rosario Robles.

De los demás protagonistas del escándalo, Bejarano logró rehacerse. Es el actual líder perredista de la corriente Izquierda Democrática Nacional (IDN) y, aunque el estigma de "el bejaranazo" lo persigue, ha sabido demostrar un trabajo sólido con las bases de la izquierda. Han pasado nueve años desde los videoescándalos, pero todavía hay mucho que decir y contar. Está sentado en su oficina, donde me recibe al aceptar la entrevista. En una mesilla hay orquídeas bien cuidadas, en el librero sus cuadernos, esos que guarda por miles en cajas. Cada día escribe lo que le sucede, una especie de diario de los últimos 40 años con todos los detalles pormenorizados, análisis, proyecciones y comentarios filosóficos. En esos miles de cuadernos se encuentra parte de la memoria de la izquierda. Atrás de él hay una pecera con una medusa fosforescente. Toma café expreso, es cauto al hablar sobre un tema que no le gusta recordar. Desde hace años decidió dar la vuelta a la página y mirar hacia delante. Pero aquella imagen de él recibiendo un maletín lleno de dinero lo ha perseguido y lo perseguirá por el resto de sus días. Un hecho, según dice, estuvo lleno de hipocresía porque todo mundo sabe cómo se financian los partidos políticos en México, pero todo mundo lo niega. Y todos participan del financiamiento de las actividades político-electorales desde una doble moral. Aceptando el dinero, pero negándolo y criticando el hecho de cara a la opinión pública.

Bejarano se ve tranquilo, dice que se siente con la conciencia limpia porque él nunca se benefició de ese dinero. Después del proceso judicial quedó claro que él no tenía inmuebles, viajes, ni abultadas cuentas bancarias en México ni en paraísos fiscales; ni joyas, ni un estilo de vida que no correspondiera a sus ingresos mensuales. Su mirada es penetrante, le gusta mirar a los ojos cuando habla, sonríe discretamente cuando habla de Andrés Manuel López Obrador, a quien dice le fue leal siempre, incluso hoy en día a pesar de que el líder de Morena haya decidido guardar una distancia con él y con su esposa, la senadora Dolores Padierna.

El líder de Izquierda Democrática Nacional, la fuerza más importante del perredismo en la capital, es un hombre inteligente de bajo perfil, poderoso frente a su grupo, porque mueve los hilos y entresijos de algunas tribus de la izquierda. Es un erudito en teoría política y su pensamiento filosófico se centra en otras ciencias sociales, como la sociología y la economía. Desde Maquiavelo, pasando por Aristóteles, Platón y Rousseau, Bejarano tiene claro que la política está íntimamente ligada al comportamiento humano y es precisamente la naturaleza humana lo que le fascina analizar. Después de décadas de trabajar con gente, de formar cuadros, elegir hombres y mujeres para ocupar puestos de representación popular, sabe que cada cabeza es un mundo y una caja de sorpresas.

Nunca imaginó la magnitud de la traición de Rosario Robles y mucho menos las formas. Aquel mencionado 3 de marzo de 2004 estaba dando una entrevista en un estudio aledaño en Televisa cuando *Brozo* lo invitó a su estudio. El payaso personificado por el actor Víctor Trujillo mostró al aire el citado video que presentó el diputado panista Federico Döring, donde Bejarano, en ese entonces coordinador del PRD en la Asamblea Legislativa del Distrito Federal (ALDF), recibía el dinero por parte de Carlos Ahumada. En ese momento Bejarano, sorprendido y perturbado, dijo que el dinero era para una campaña política y posteriormente reveló que fue entregado a la misma Rosario Robles. La Procuraduría General de Justicia del Distrito Federal solicitó la orden de aprehensión contra él y fue desaforado por la Cámara de Diputados. El 10 de noviembre ingresó al Reclusorio Sur, donde permaneció hasta el 6 de julio de 2005, cuando fue puesto en libertad después de ser absuelto del delito de lavado de dinero y pagar un depósito de 171 mil pesos, que cubrió con la escritura de su casa.

Bejarano, su esposa y sus hijas sufrieron las consecuencias del escándalo. El momento más difícil de ese negro episodio en su vida fue cuando reunió a sus hijas para explicarles lo que sucedía y despedirse antes de ingresar a la cárcel. Con el estigma creado contra el apellido, incluso la creación de la nueva frase "el bejaranazo", ambas lograron asumir con dignidad, junto a su madre, el vendabal de críticas y linchamiento mediático que se les vino encima. Aquello ha pasado, las heridas han sanado, pero las cicatrices siguen allí. Bejarano confiesa que transcribió los aciagos días de prisión en escritura y que algún día publicará su experiencia tras las rejas. Su "cautiverio", como él lo llama, fue de gran aprendizaje e hizo buenos amigos en prisión, compañeros que aún frecuenta.

Con la distancia que da el tiempo transcurrido, al hacer el recuento del juicio considera que lo más importante fueron los documentos, discos compactos y videos incautados a Carlos Ahumada luego de su deportación de Cuba. Las cartas de amor de Rosario Robles significaron una prueba irrefutable de la relación sentimental entre ambos; el complot escrito y llamado "estrategia de comunicación" es una prueba del plan diseñado de manera detallada para el antes y después de los videoescándalos; los correos y la carta a Carlos Salinas de Gortari, como los encuentros con Diego Fernández de Cevallos, fueron fundamentales para mostrar el contubernio y los cómplices del empresario argentino y la actual secretaria de Desarrollo Social de Enrique Peña Nieto.

Normalista, profesor de economía política en la Universidad Autónoma Metropolitana (UAM) y miembro del Comité Ejecutivo del SITUAM en 1979, fue secretario de Organización del Comité Ejecutivo del SITUAM en Iztapalapa de 1978 a 1981 y el primer coordinador del Movimiento Sindical de Trabajadores de la Educación. Fue secretario de Relaciones Obreras del Comité Delegacional del Partido Mexicano de los Trabajadores. Y fue también miembro fundador del PRD, en el que ha sido consejero nacional, diputado federal, presidente del PRD en el Distrito Federal, coordinador de la campaña de Andrés Manuel López Obrador y diputado local.

Con firmes convicciones de izquierda desde muy joven, Bejarano también fue miembro fundador del Partido de los Trabajadores, Partido Socialista Unificado de México y Partido Socialista Revolucionario. De hecho, se hizo amigo de Rosario Robles en el espectro de la llamada izquierda radical. La conoció desde sus inicios maoístas: "Rosario Robles es ahora todo lo que combatió cuando inició en la política, cuando tenía 20 años. De la izquierda maoísta pasó a convertirse en tricolor. Más que a mí, intentó destruir un movimiento. Ella representa un prototipo de deslealtad hasta el extremo de la perversión", dice de entrada.

—El poder, el dinero y los placeres que se obtienen a través de ello deformaron su personalidad. La vanidad, el odio, el estatus, la cambiaron. Se descompuso moral y personalmente y se traicionó a si misma y a los demás. Su relación con Carlos Ahumada es un asunto personal, una cuenta pendiente de ella. Eso le toca a ella decirlo. Me circunscribo a los efectos políticos de una conducta y al tiempo que colocó a cada quien en su real dimensión.

—¿Un complot en medio de una historia de amor?

—La política es pasión. Y la vinculación de las relaciones personales con la lucha política siempre ha estado relacionada. No se puede separar.

—¿Odia a Rosario Robles?

—No.

—¿Nunca la odió?

—Desde luego no es una persona que agrade a sus adversarios políticos. No necesito odiarla para tener claridad de lo que representa.

—¿Cuál será su futuro?

—La ambición, la desmesura, la perversidad en la vida como en la política no tienen futuros promisorios, más allá de lo fugaz del poder que tiende a desgastarse con el uso.

—¿Cómo quedará en el PRI?

—Ella es una imposición de Enrique Peña Nieto. Los priistas no la consideran como parte de ellos; la ven como advenediza. Hay priistas que no le tienen confianza. Nadie le puede tener confianza a una mujer así.

—Una mujer con poder, que se unió a Carlos Salinas de Gortari para armar con Carlos Ahumada el llamado complot contra Andrés Manuel López Obrador…

—Carlos Salinas de Gortari es el artífice de todo esto. Es el poder real que ejecuta. Son facciones, el salinismo es un conglomerado de intereses en diversos partidos y poderes fácticos en México y él es cazador de sus intereses para dañar a quien se opone a sus ambiciones. Ahora está más vigente que antes. Hay que preguntarle a Cuauhtémoc Cárdenas qué piensa de que Rosario Robles se haya aliado con Salinas para evitar que Andrés Manuel fuera candidato y para buscar ser reelecta jefa de Gobierno a cambio de 400 millones de pesos.

—La imagen de usted con el dinero quedó para la historia…

—Eso tiene que ver con el financiamiento político-electoral que todo mundo hace y que todo mundo niega que hace. Yo hice eso, pero yo no me beneficié.

—¿A usted lo siguen atacando por los videoescándalos?

—Los videoescándalos son un instrumento cada vez más desgastado por el uso, pero como no hay nuevas cosas me siguen atacando, pero su efecto tiende a ser igual a cero. Yo logré superarlo, asumiendo los errores y con el autoconocimiento. Yo asumí mis errores. De lo que me acusaban era inocente. No hubo enriquecimiento. Me acusaron de muchas barbaridades. De las acusaciones jurídicas fui exonerado. Yo tenía otras culpas que tenía que pagar por mí y por otros; que estoy pagando y que tengo que reconocer. Nadie es totalmente inocente en la política.

—¿Cuáles son sus culpas, profesor?

—Quizá la ambición, la codicia, la imprevisión; esa vorágine que es la vida a veces te lleva a actuar sin pensar. A veces la ambición tiene que ver con rasgos psicológicos de las personas y se ambiciona trascender. El poder es así. También se ambiciona influir más en otras personas o satisfacer egos, incluido el propio. Y en ese ámbito se pierde mucha gente. A veces, el que se autoconoce es capaz de superarlo, pero el que no se conoce y no se relativiza tiende a endiosarse y por lo mismo perderse en su propio anquilosamiento.

—¿Lo dice por Andrés Manuel?

—No sé. Él tendrá que consultarlo con el psicólogo. Los políticos deberíamos tener la valentía suficiente como para entrevistarnos con los psicólogos para hacernos un diagnóstico.

—¿Es mesiánico Andrés Manuel?

—No podría yo afirmarlo. Es de lo que lo han atacado. Yo creo que él es un hombre bueno.

—¿Pero alejado de usted?

—Yo me la comí toda por Andrés Manuel, pero todos sabemos en política que a veces es difícil transitar en un momento así. Debe uno asumir eso y no vivir de resentimientos. El corazón no debe ser bodega de rencores. Debemos tener la generosidad suficiente para no vivir de frustraciones porque la frustración te deja en el ostracismo.

—¿Qué falta por contar de la trama de los videoescándalos?

—Hay muchas cosas de ese episodio que faltan por decir. Tarde o temprano tendrá que saberse. En su momento; hasta el 2018. Hay documentos inéditos que demuestran cómo entre ellos había un nivel de desconfianza porque existe, por ejemplo, un documento firmado notarialmente del complot y de la autoincriminación.

—Usted confió y lo traicionaron. ¿La condición humana está hecha de traición?

—Y también de lealtad, amor y de nobleza, gratitud. Hay más valores positivos a pesar de todo. Yo viví un cautiverio en la cárcel. Fue una privación de muchas cosas, sobre todo de la autoestima, que se intenta destruir de manera cautiva física y mentalmente.

Bejarano es un hombre con capacidad de movilización. Durante un encuentro con su gente, el *Profesor*, como lo llaman, es abrazado y recibe muestras de cariño:

—Los que me quieren será porque aprecian lo que realmente soy; los que me odian se construyen la sombra de sí mismos. La sombra que niegan. En la política los seres que tienen más conductas reprobables son los que levantan el dedo flamígero a diestra y siniestra contra los demás. Y los que tienen muy bien trabajada la sombra de sí mismos y la parte negativa de ellos no se dejan ir por el envenenamiento. Usar el poder para dañar a los demás es una mala forma de entender el poder. El poder es la capacidad que se tiene para influir en otras personas. Y se puede usar para beneficiar o perjudicar. El político poderoso que usa su poder para perjudicar se describe a sí mismo; en sus necesidades, limitaciones y odios. Son los Dorian Gray de la política.

—¿Qué aprendió con lo que le pasó?

—Aprendí a vivir.

ROSARIO, LA OTRA

Ha pasado a ser la "villana favorita" del sistema. Cómplice de programas sociales demagógicos del PRI. Difícilmente habrá una mujer más odiada que ella dentro del espectro de las izquierdas. Sobre el tema ha hablado muy poco. En Torreón, al participar en un foro de mujeres y luego en una entrevista para la revista *Razones de Ser*, Robles dijo su sentir al preguntarle cuál había sido su principal error: "Mi relación con Carlos Ahumada", contestó para luego añadir: "No la relación en sí misma, sino el vínculo político que se hizo con el tema de la relación. Si todo hubiera quedado sólo en la relación, no me hubieran tocado tan fácilmente".

Rosario Robles se ubica en el papel de víctima del PRD: "Venía de una campaña de ataques desde que dejé la Jefatura de Gobierno. Si perdemos esa perspectiva es que no entendemos. Yo estaba por encima de Andrés Manuel en las encuestas. En diciembre de 2000 lo superaba como político mejor posicionado en todo el país. Y ahí empieza toda esta campaña. Primero fue el 'cochinito', después los gastos de comunicación y todo eso se alimentó desde las oficinas del gobierno del Distrito Federal. No fueron mis adversarios panistas o priistas, que después sí lo utilizaron para golpearme. El tema era bajarme porque ya estaba la perspectiva para ese sector de que Andrés Manuel tenía que ser candidato a la Presidencia".

Las aspiraciones de Rosario Robles a la Presidencia siguen en pie, ahora desde el PRI. Quiere ser la primera presidenta de México.

La periodista Rita Varela, editora de *sinembargo.mx*, la entrevistó en 2008, un texto publicado apenas en 2013. En aquella ocasión, dejó ver su capacidad para reinventarse. Se estaba preparando para salir nuevamente a la arena política.

—¿Qué fue Carlos Ahumada en su vida?

—Pues, pasado, ya pasó, no me gusta hablar de mi vida privada.

—Pero, ¿fue un elemento de la vida privada, porque tuvo una connotación política muy importante?

—Porque se utilizó para golpear políticamente. Afortunadamente, se comprobó claramente: ni un contrato con él siendo jefa de Gobierno, al contrario, siendo presidenta del partido le fue peor a él como empresario, todo eso se aclaró, no sólo con el tiempo, sino judicialmente, eso para mí es un elemento que está más que claro que [...] utilizaron para golpearme, ante el cual yo no tuve una respuesta adecuada, hay que asumirlo de esa manera, yo cometí mis errores.

—¿Cuáles fueron esos errores?

—Bueno, como lo dije en su momento, el no haber diferenciado mi vida privada de la pública, pero forma parte del aprendizaje, son los costos que nos toca pagar a nosotras como mujeres, hay que aprender de mi experiencia, y otras mujeres tienen que aprender de mi experiencia, pero sin sacrificar nuestra libertad, yo no creo que nos debamos meter al clóset, tenemos que defender nuestros espacios y defender nuestros amores y defender nuestras relaciones; pero también debemos entender en qué juego estamos, cuál es la trinchera que hemos asumido y cuyas reglas todavía no son las nuestras, entonces tener la inteligencia para jugar en los dos planos.

—Quiero que me hable de los días negros, que desde el punto de vista político tiene que haber sido lo más difícil que le ha tocado pasar, y quiero que me diga honestamente cómo se sitúa frente a una persona que es usted misma, que tiene un balance muy importante en su gestión de gobierno y que sin embargo hoy es mirada como "la jefa de Gobierno enamorada".

—Qué bueno que es por eso. Lo que dices irónicamente, muchas mujeres me abrazan por eso, porque soy igual que todas, soy un ser humano no soy diferente, creo que es una fortaleza, no es una debilidad, paradójicamente, y la gran fortaleza está en que tiraron a matar y aquí estoy más viva que nadie, teniendo mayor presencia que muchos de esos políticos de izquierda en el imaginario con la gente, con las mujeres. Pienso que lo que he demostrado es que sí se puede, y que se pueden sortear esos vendavales que fueron durísimos.

—La acusan de propiciar una mejor carrera de empresario a Carlos Ahumada por su relación personal.

—No, más bien todo esto surgió cuando empezaron los videos, en donde él aparece con otros políticos del PRD. Obviamente había una relación personal, entonces todo el mundo voltea a mirarme a mí y a culparme a mí por lo que habían hecho los que aparecen en los videos, yo soy la culpable de lo que hacían otros. Yo lo conocía como empresario, pero cuando fui jefa de Gobierno conmigo no tuvo nada que ver, no tuvo ningún contrato a nivel del gobierno central; mi relación personal inició antes de que fuera presidenta del partido, le fue peor, nunca se logró demostrar nada. Creo que la gente tiene muy claro el asunto; como tú dices, "perdió por amor", pero no dicen que haya hecho contratos o que me llevé dinero, ésa para mí es una gran tranquilidad.

—¿Cómo empezó a notar estas maniobras?

—El problema es que nunca las noté, me negaba a verlas. Todo el mundo me decía de dónde venían los ataques, esos ataques venían de la oficina del jefe de Gobierno de la Ciudad de México, que me veía a mí como a alguien a quien había que quitar del camino y golpeándome a mí también se golpeaba al ingeniero Cárdenas y a toda esa corriente, porque yo estaba ahí en las encuestas junto con él, y eso es intolerable para un hombre que tiene una visión autoritaria y que a las mujeres nos ve como "Adelitas", no como sus pares.

—Bajó al Zócalo para hablar con la policía, ¿le tocó la puerta a Andrés Manuel para encararlo?

—Absolutamente, cuando yo iba a ser candidata a la presidencia del partido y vi que él estaba poniendo obstáculos, le toqué la puerta y le dije que él tenía derecho de apoyar a quien quiera, nada más que quería saber por qué estaba obstruyendo mi camino, ya no le dije que estaba ahí gracias a mí, en gran medida, porque yo hice mucho desde la Jefatura de Gobierno para que él pudiera ganar la elección del 2000.

—¿Él es la persona que más la traicionó en la política?

—No sé si llamarle traición, creo que él estaba en su juego de ser el único candidato del PRD en el año 2006, él tenía ese objetivo. Él tiene una visión de sí mismo como el salvador de la patria, entonces en su misión vale todo, pisotear a quien sea. Lo que yo no entendí fue esa lógica, yo debí haber armado mi propio proyecto dentro del proyecto colectivo.

—En esos momentos tan duros ¿qué le decía Cuauhtémoc?

—Siempre hubo palabras de apoyo y de solidaridad, pero yo entendí que era un momento en el que yo tenía que asumir mi responsabilidad, siempre di la cara. Al final de cuentas, creo demostrarle a todo el mundo que tenía el temple y la fortaleza como lo he logrado, porque si algo se valora es eso, no hay político que haya sorteado una ofensiva, porque fue una ofensiva en el terreno personal; yo no era dueña ni de casas, ni de autos lujosos, dueña de nada, nunca lograron sacar un contrato firmado por mí de nada. René Bejarano sacó unas cuentas y en la noche los propios medios se habían encargado de mostrar que eran absolutamente falsas, en ese sentido todos esos ataques chocaron contra pared, porque yo jamás tomé un centavo que no fuera el que me perteneciera por mi salario, pero me dieron en donde más duele, en la parte personal, en la vida privada, en tu exposición como mujer. Se atrevieron a hacerlo conmigo como no se atreven con ningún varón, que esté en una posición de poder, con otras mujeres tal vez no lo han hecho porque su presencia no era tan subversiva como la mía, la mía era profundamente subversiva; venía de hacer una "Ley Robles", que le daba el derecho a las mujeres a decidir sobre su cuerpo, era una mujer que empoderaba a otras mujeres, que subvertía este orden patriarcal, era profundamente peligrosa y había que golpear ahí, yo no tuve una estrategia, no es que no tuviera una estrategia de poder, he sido jefa de Gobierno, presidenta no de un partido chiquito, sino de uno de los partidos más importantes de este país.

—Dígame la verdad, ¿no extrañó el poder?

—Ni cómo extrañarlo, no había manera, lo que quería era salir del vaso en el que me estaba ahogando, evidentemente era una situación de sobrevivencia no había forma de extrañar.

—¿Quién fue su sostén en esos momentos?

—Mi hija Mariana, mi madre, mis amigos, Mariana como algo muy importante.

—¿Qué hacía en esos momentos, escondía los periódicos?

—No, no, Mariana estaba enterada de todo, mi madre, también; fueron mi soporte. La solidaridad de mis amigos, de mi familia fue algo muy importante, porque yo tenía una gran soledad.

—¿Lloró mucho en esa época?

—Mucho, muchísimo, pero siempre digo que uno aprende de esto, yo me siento ahora como una mujer más sabia, pero una sabiduría no en el sentido prepotente; sabiduría frente a la vida, frente a las circunstancias que se te presentan y siento que a mí me tocó abrirle brecha a las mujeres, que me adelanté tanto, me tocó enfrentar circunstancias que dan una enseñanza y que esa enseñanza debe servir para otras, para que lleguemos todas, para que podamos romper ese techo de cristal y estoy convencida de que una mujer sola no puede, tiene que estar ese sostén, que tiene que estar ese soporte, esa solidaridad entre nosotras para poder llegar. Eso yo lo he aprendido mucho y por eso a mí me importa mucho apoyar a otras mujeres, he entendido que a veces somos muy ligeras al juzgar a otras personas, se juzga con mucha ligereza sin pruebas, he aprendido todo este papel de los medios de comunicación que se han convertido en ministerios públicos, que te juzgan por encima de las instituciones, pero que luego no son capaces de pedir una disculpa por haberse equivocado; todo eso forma parte de mi aprendizaje, creo que soy de los pocos políticos que hay en el país que está capacitado para enfrentar adversidades, porque es muy fácil prepararte como político con todo el poder, con todo el dinero que te da un presupuesto, por ejemplo el de la Ciudad de México, y grandes obras, pero prepararte frente a la adversidad cuando no tienes nada más que tu persona y tu convicción de que el que nada debe nada teme, y ahí no tienes ni dinero para pagarle a los medios, ni para hacerte una campaña favorable, sola tú y el mundo, eso lo he superado, es una fortaleza que muy pocos políticos le podemos ofrecer a este país.